U0947709

中国古典诗词名家菁华赏析

马玮　主编

商务印书馆国际有限公司

主编：马　玮

编委（按音序排列）：

曹晨曦　方周立　胡连彬　马佳明　马静婉
马　骎　马　玮　南　方　徐　斌　杨二宁
杨　芳　杨　敏　张　一

责任编辑：解洪科

责任校对：陈桂杰

总　目

凡　例

一、本书选取宋代词人柳永不同时期不同风格的代表性词81首。

二、所收词以《全宋词》为底本，同时参考其他版本。

三、所收词按照创作年代的先后顺序排列。

四、正文前撰有柳永简介，内容涉及词人的生卒年、名号、籍贯、主要仕途或人生经历、创作经历、创作特点、他人评价或在文学史上的地位等。

五、词原文后列有对一些难解字词、生僻字、历史词、方言词、古地名、出典、重要事件等的注释。

六、每首词都设有题解，内容包括词的类型、写作背景（或人物关系）、思想内容以及其他需要交待的内容等。

七、每首词都有赏析，主要阐述词所蕴含的文学性和思想性，对于比较难懂的词，一般有逐句翻译式的串讲，有名句的，大都给予点出。

八、一般对一首词撰写一篇赏析文字，某些内容联系紧密的组诗，也有合撰一篇的情况。

九、本书使用简化字和现代汉语标点，在可能有歧义时，酌用繁体字或异体字。

十、行文中涉及古代年份，一般用旧纪年，其后括注公元纪年，“年”字从略。

十一、行文中如涉及与今地名不一致的旧地名时，在旧地名后括注今地名或其归属地。

序

梁　静

“中国梦”，这个富于诗意的名词，激发了国人对于未来的美好憧憬。这一梦想承载着每个华夏子孙的使命与担当，寄托着无数神州儿女的未来与希冀。中国梦更是面向未来的事业，需要一代又一代青少年励志成长成才，矢志逐梦圆梦，努力让美丽青春焕发绚丽光彩！

实现美丽的中国梦，必须走中国道路、弘扬中国精神、凝聚中国力量。在中华民族五千年悠悠文明史中积淀的优秀传统文化，无疑是凝聚民族精神的思想内核。一代文学大家巴金曾说：“我们有一个丰富的文学宝库，那就是多少代作家留下的杰作，它们教育我们，鼓励我们，要我们变得更好，更纯洁，更善良，对别人更有用。文学的目的就是要人变得更好。”这座文学宝库中，唐诗宋词等闪耀着瑰丽光芒的奇葩，历千年而不朽，给世人以丰润的精神滋养：这里有杜甫“穷年忧黎元，叹息肠内热”的忧国忧民的伟大情怀；有李白“仰天大笑出门去，我辈岂是蓬蒿人”的自我肯定；有王维“行到水穷处，坐看云起时”的随缘自适；有李商隐“春蚕到死丝方尽，蜡炬成灰泪始干”的无私奉献；有苏轼“莫听穿林打叶声，何妨吟啸且徐行。竹杖芒鞋轻胜马，谁怕，一蓑烟雨任平生”的淡定、旷达……每每读之，掩卷沉思，这些诗词不仅给我们带来了唯美的精神享受，帮我们构筑起永恒的精神家园，同时，让我们的人生变得更加诗意。

众所周知，文学即是人学。无论是文学创作，还是文学阅读，出发点与归宿都是“人”，是人的心灵，人的情感，人的精神。“古人为诗贵于意在言外使人思而得之”(司马光语)。对于正处在接受德育、修养品性最佳年龄段的青少年来说，大量阅读唐诗宋词等经典作品，不仅能够让他们突破时空的限制，与千年之远、万里之外的人、生物乃至宇宙的一切生命进行对话，进行思想的沟通与心灵的交流；而且能够让他们从中汲取丰富的精神养料，以此陶冶性情与提高修养；同时，还能够让他们从先贤的境遇中学会如何面对人生，解决人生的种种问题，最终成长为具有美丽心灵的健全的“人”。

此外，大量阅读经典也能够让青少年对汉语的魅力有更深刻的感受。汉语是世界上最精炼的语言文字，唐诗宋词则将汉语的这种优势发挥得淋漓尽致。在这些文学大师的笔下，语言就像是被赋予了生命一般，富有灵气，蕴藉深邃。

随着“国学热”“汉语热”的回潮，以凝聚着民族和时代精神的“文学名作”为主体的大量青少年课外读本被开发、推广。商务印书馆国际有限公司出版的这套“中国古典诗词名家菁华赏析”丛书，首批十本，分别选取了唐代开宗立派的诗人，如王维、李白、杜甫、白居易、杜牧、李商隐，以及宋代成就卓著的词人，如柳永、苏轼、李清照、辛弃疾。每本选取一位诗词大家的具有代表性的作品近百篇，在尽可能尊重原作意旨的基础上，进行深层的赏析与阐发。同时，对作品的创作背景简单介绍，做到知人论世。至于诗作版本方面，则择善而从，一般不作校勘说明。

这套书应时而出，定会对广大青少年提高审美鉴赏能力、提升思想境界起到积极的作用。

柳永简介

柳永（987？—1055后），原名三变，字景庄，后改名永，字耆卿。因排行第七，人称“柳七”，祖籍河东(今山西永济)，后徙居建州（今福建崇安）。柳永少时流连于汴京，后曾西游成都、京兆，遍历荆湖、吴越。宋仁宗景祐元年（1034），在历经生活重压与声名狼藉之后的四十七岁高龄终于登进士第，历任睦州团练推官、余杭令、定海晓峰盐场监官、泗州判官、太常博士，终官屯田员外郎，世称“柳屯田”。晚年流落不偶，卒于润州（今江苏镇江）。

柳永是北宋前期最负盛名的词人，他对宋词的发展做出了卓越的贡献。柳永的创作活动主要是在宋真宗天禧至仁宗皇祐的三十五年间（1017—1051）。这个时代正是北宋社会安定、经济繁荣、文化高涨的时期，词坛上出现了晏殊、柳永、张先等重要词人，由于他们的创作，宋词上承五代和南唐的余绪而掀开了辉煌的一页，最终成为光耀有宋一代的独特文学样式，柳永在其中所起的积极作用是不容忽视的。

柳永是北宋第一个专力写词的作家，因为科举的蹉跌而落魄，之后借词作伸张意气，加之个性疏狂放纵，流连坊曲，偎红倚翠，与坊间曲人打成一片。在此过程中，他采纳市井新声，创作了大量具有新题材、新风格的词作，使文人词的发展呈现了新的趋向。他自觉地以市民情调取代贵族情调，变“雅”为“俗”，改变了词的审美内涵和审美情趣，为宋词开拓出别样的一番境界。柳永对词的贡献主要表现在以下几个方面：

首先，拓展了词的题材范围，主要体现在三个方面：

（一）将离情别绪、男女恋情题材的词作由表现王公显贵的闲情逸致转向表现市民百姓的真实生活。这类词作有的表现了世俗女性大胆泼辣的爱情意识，有的表现了惨遭遗弃的平民女子的痛苦心声，有的抒写了处于社会下层的伶工乐伎的不幸遭遇和美好愿望，皆透露出新的时代气息，反映出经济繁荣和社会进步条件下市民意识的觉醒。

（二）创作了大量表现羁旅行役的作品。柳永善于化用诗歌的语言入词，以之抒情言志，用来描写流落江湖的落寞，抒发别离相思的况味，表现羁旅行役之苦和身世之感。柳永长期奔波于风尘之中，穷困潦倒，饱尝羁旅之苦。他登山临水，往往情因景生，生发出对人生遭际的感慨和思乡怀人的深情。他的《雨霖铃》《八声甘州》等名篇，抒发的是浪迹异乡、飘零无依的旅人之愁，其中隐含着对现实的不满，对目前处境的感喟，在一定程度上反映了封建社会失意士大夫沉沦潦倒的心态。柳永的这类词往往冲破小楼深院的樊篱，把目光投向大自然，善于选取背景开阔、气势恢宏、博大雄沉的气象中又含凄清之意的秋景，以渲染苍凉的气氛，烘托沉郁的感情，这在同时期词人的词作如晏、欧词中是不多见的。

（三）展现了北宋承平之世繁华富庶的都市生活与多彩多姿的市井风情。北宋商业经济发达，都市富庶繁荣，市民生活丰富多彩，但是当时的文人创作和文艺样式中，缺少记录和表现社会风貌的意识，以致未能为后世留下足够充分的历史资料，倒是在柳永的词作中有着较多篇幅的社会风情描写。在他的笔下，有巍峨的宫殿——“连云复道凌飞观。耸皇居丽，嘉气瑞烟葱蒨。翠华宵幸，是处层城阆苑”(《倾杯乐》)；有热闹的街市——“九衢三市风光丽，正万家、急管繁弦。凤楼临绮陌，嘉气非烟”(《看花回》)；有熙攘的游人——“路缭绕。野桥新市里，花秾妓好。引游人、竞来喧笑”(《小镇西犯》)。他的《望海潮》是专咏杭州和西湖的名篇，词中不仅铺叙了杭州的人烟稠密、富庶繁荣，而且还描绘了西湖上三秋桂子、十里荷花的秀丽景色，如此豪华阔大的都市景象，充满市民生活气息的世俗图画，都是以前词人之作中所未曾出现过的。正如范镇所说："仁宗四十二年太平，镇在翰苑十余载，不能出一语咏歌，乃于耆卿词见之。"（《方舆胜览》）

其次，扩大了词的境界。柳词中有大量表现离情别绪和羁旅行役的作品，同时也涉及许多新的内容和题材，如表现都市的繁华、山川的壮丽、怀古的叹喟、对劳动生活的描述以及对官场争逐的厌弃，使词作呈现出较为宽阔的画面和较为深刻的情感。可以说，柳永在词的内容上，并不依循旧有的风气，而进行了多样性多元化的展现，从而使词境突破了前人的樊篱而得到更大的拓展。

第三，革新了词的语言风格和样式。柳永能以清丽的语言写传统的雅词，但他更倾向于创作语言生动、浅近的俚词。他一扫晚唐五代词人的雕琢习气，充分吸收日常生活中的俗语、口语入词，以通俗流利的语言取代雅致绮丽的修辞。正是由于柳永的大胆创作和市民阶层的广泛传唱，使俚词具备了和传统雅词分庭抗礼的资格。词的"雅"与"俗"、文人贵族与平民的分别，自柳永起有了明显的分流趋向。

柳永发展了词的长调体制。他精通音律，勤于创作，才思敏捷，灵感频现，或利用民间原有的曲调，或把小令扩展为慢词，或旧曲新翻，或自创新调，使慢词的曲牌大为丰富，慢词的体式更加完备。慢词扩大了词的容量，丰富了词的表现力，能把小令难以表达的复杂内容，曲折尽致地表达出来，而这也是为大家所能普遍接受，很快成为词的主流的原因。柳永的慢词不仅引起许多词家的注意，而且慢词的创作也蔚为风气。

在慢词创作中，柳永并不以旧有的词牌而满足，他不遵循旧有，大胆地采择俗曲，推陈出新，运用自己的音乐才华，为这些慢词谱写新声，在慢词的创作上推陈出新，对北宋慢词的发展起到了积极作用。正如清代宋翔凤在《乐府余论》中所说："词自南唐以后，但有小令。其慢词盖起宋仁宗朝。中原息兵，汴京繁庶，歌台舞席，竟赌新声。（柳）耆卿失意无俚，流连坊曲，遂尽收俚俗语言，编入词中，以便伎人传习，一时动听，散播四方。其后东坡（苏轼）、少游（秦观）、山谷（黄庭坚）辈，相继有作，慢词遂盛。"

第四，丰富了词的表现手法。柳永把六朝小赋的做法移植于词，创造了铺叙展衍、恣意渲染的艺术手法，写景状物备足无余，叙事抒情淋漓尽致。与铺叙相配合，他还长于白描，不加藻饰而又生动传神。此外，构思细密、布局完整、章法委婉、层次分明也是柳词的重要艺术特征。

善于铺叙是柳永慢词的一大特点。因为形式的需要，慢词长调必须以较长的篇幅和更丰富的内容表达更复杂的主题，采用铺排的手法，有利于将复杂曲折的情感有条不紊地表现出来。善于铺叙正是柳永慢词的一大特色。周济《介存斋论词杂著》曾说："耆卿为世訾謷久矣，然其铺叙委婉，言近意远，森秀幽淡之趣在骨。"如《八声甘州》的下片："不忍登高临远，望故乡渺邈，归思难收。叹年来踪迹，何事苦淹留？想佳人、妆楼颙望，误几回、天际识归舟。争知我，倚阑干处，正恁凝愁。"通过"望""叹""想""识""愁"几个动作，将思念的情感层层铺叙展衍，由写景至抒情，由细微至恢宏，正是善于铺叙的表现。

擅长白描的手法是柳永开拓词境的另一辅助手段。柳词中的白描有两种，一是直言无隐，一是民间俚语。所谓直言无隐，就是说词中没有含蓄隐晦的语句，而能明白尽致地表现出来。刘熙载《艺概》中曾说："耆卿词细密而妥溜，明白而家常，善于叙事，有过前人。"这"明白而家常"，正是直言无隐的表现。所谓民间俚语，是说他不避俗字、白字，能以俚语入词，正因为他的词能让人听了就明白，朗朗上口，并且反映出市井百姓的生活原貌，所以他的作品能够广泛植根于普通民众的心中。

章法结构趋于完备。每首词的组织结构都讲求法度，用心安排，运用蒙太奇式的电影手法，将一个个分立的意象串联组接起来，从而勾勒出一种情境，形成了围绕主题的一种意境和氛围。王灼《碧鸡漫志》:“序事闲暇，有首有尾声。”说的正是这一特点。如《雨霖铃》中的“长亭”“都门”“执手相看”等句对实景的描写，有远景，有近景，有特写，而“念去去千里烟波，暮霭沉沉楚天阔”和“今宵酒醒何处，杨柳岸、晓风残月”，则是对想象中的虚景的描写，虚实相生的画面组合，使主人公的离情别绪得到了充分表现。

音律协婉，使语言的节奏美与音乐的形式美达到了高度统一。柳永精通音乐，所以他在词作上音律之协婉，尤为其他词人所不能及。他不仅创作了许多词牌，而且在句法和平仄上都有创新和发展，对此历代评家多有赞誉，像王灼《碧鸡漫志》:“柳耆卿乐章集，世多爱赏该洽，…… 亦间出佳语，又能择声律谐美者用之。”陈振孙《直斋书录解题》:“柳词格固不高，而音律谐婉，语意妥帖，承平气象，形容曲尽，尤工于羁旅行役。”

柳词因为以通俗的语言和民众喜闻乐见的艺术形式，反映当时的都市生活和新兴市民的思想情趣，因而受到了市民的拥戴，但同时也遭到封建文人们的指斥，如说它“词语尘下”“声态可憎”“多近俚俗”“为风月所使”等等。在写法和艺术成就上，柳词受到了足够的重视，得到了较客观的评价，并对后世产生了深远的影响。他的词作在当时的流行程度是空前的，不仅在皇室和官宦显贵的歌宴上广为传唱，而且在边地甚至外族中也有相当影响，以至于“凡有井水饮处，即能歌柳词”（叶梦得《避暑录话》）。

柳永的词集《乐章集》在当时就很流行，此后“好之者终不绝也”。其词现在尚存二百一十二首。柳词不仅促进了宋代俗文学的发展，而且开元曲的先河，在曲调或内容上都对元曲的发展产生了很大的影响，夏敬观云：“俚词袭五代淫诐之风，开金元曲子之先声。”况周颐《蕙风词话》亦云：“柳屯田《乐章集》为词家正体之一，又为金元已还乐语所自出。”指出了柳词与北曲之间的关系，其影响之广，已超出了词的范围，以至后世有人尊他为“曲祖”。

目　次

巫山一段云

六六真游洞①，三三物外天②。九班麟稳破非烟③。何处按云轩④。

昨夜麻姑陪宴。又话蓬莱清浅⑤。几回山脚弄云涛。仿佛见金鳌⑥。

> 注释

①六六真游洞：谓三十六洞天。道家以天下名山胜境，为神仙所居者谓之洞天。又有三十六洞天、七十二福地之说。真：道家称养成本性或修真得道的人，泛指成仙的人。

②三三物外天：谓世外九天。九天有不同的说法。《太玄经》卷八：“九天，一为中天，二为羡天，三为从天，四为更天，五为睟天，六为廓天，七为咸天，八为沈天，九为成天。”三三：三的倍数，即九。物外：世外。

③九班：原指朝班，此指仙班。麟：仙人以麟为驾。麟稳：谓麟驾安稳。非烟：谓祥云。《史记·天官书》：“若烟非烟，若云非云，郁郁纷纷，萧索轮囷，是谓卿云。卿云，喜气也。”

唐杜正伦《玄武门侍宴》诗："玉池流若醴，云阁聚非烟。"

④云轩：仙人所乘之车。

⑤麻姑：女仙，建昌人，修道于牟州东南余姑山。宋政和中封真人。晋葛洪《神仙传》谓其为建昌人，修道牟州东南余姑山，能掷米成珠，自言已三次见东海为桑田，第四次见蓬莱之水浅了一半。相传三月三日西王母寿辰，她在绛珠河畔以灵芝酿酒，为王母祝寿，称王母献寿。蓬莱：传说中海上三神山之一。

⑥金鳌：传说中大海里的金色大鳌。王建《宫词》："蓬莱正殿压金鳌，红日初生碧海涛。"

赏析

青年时代的柳永游览于故乡的道教圣地武夷山，留下了一组五首《巫山一段云》，这组作品以游仙为题材，描写了想象中的神仙武夷君游乐仙境的情形，是柳永早期的作品。

柳永的故乡福建武夷山市是中国有名的道教圣地。南宋时著名理学大师朱熹亦居武夷山五夫里，筑武夷精舍于五曲大隐屏之南，在此讲学。其《武夷精舍杂咏序》中描述武夷山九曲溪云："武夷之溪东流，凡九曲，而第五曲为最深。盖其山自北而南者，至此而尽。耸全石为一峰，拔地千尺。上小平处，微戴土生林木，极苍翠可玩。而四隤稍下，则反削而入，如方屋帽者，旧经所谓大隐屏也。屏下两麓，坡坨旁引，还复相抱。抱中地平广数亩，抱外溪水随山势从西北来，四屈折始过其南，乃复绕山东北流，亦四屈折而出。溪流两旁，丹崖翠壁，林立环拥，神剜鬼刻，不可名状。"（《朱文公集》卷九）道教文化的熏染使得柳永对他家乡的文化渊源产生了浓厚兴趣，也对他的人生观产生了深刻的影响。

这首词描写武夷山的整体景观。上片"六六真游洞，三三物外天"，描写武夷山天外仙境一般的地理特征。宋人祝穆《方舆胜

>题解

《巫山一段云》，唐教坊曲名，《乐章集》注双调，四十六字，前片四句三平韵，后片四句两仄韵两平韵。《乐章集》中有五首《巫山一段云》，开词中游仙之先河，此即其一。清李调元《雨村词话》卷一：“诗有游仙，词亦有游仙。人皆谓柳三变《乐章集》工于闺帏淫媟之语、羁旅悲怨之辞。然集中《巫山一段云》词，工于游仙，又飘飘有凌云之意，人所未知。”

览》卷十一引《武夷志》云：“（武夷山）周回百二十里，凡峰峦岩石三十有六。此外以名著者复不下十余所。”董天工《武夷山志》卷首：“六六、三三，其名已久，诸志无有实指其数者，令搜订参酌，载于形势之内。”据此解释，“六六”即指武夷山三十六峰，“三三”即指山内九曲溪之九曲，它们皆似尘外之仙境。前两句意为武夷山上有三十六处神仙遨游的洞府，还有超脱凡尘的世外九重天。“九班麟稳破非烟。何处按云轩。”此处“九班”指九仙，即道教中的上仙、高仙、太仙、玄仙、天仙、真仙、神仙、灵仙、至仙九仙，仙人多乘麒麟，驾祥云。这两句意谓仙班的各阶神仙驾着麒麟冲破祥云而来，不知道要降临到什么地方。

下片借仙人麻姑的话，描写武夷山神仙境界的神奇和沧桑变化。“昨夜麻姑陪宴。又话蓬莱清浅”两句，意为在昨夜的西王母寿宴上，麻姑在祝寿陪宴时，又说到了蓬莱仙岛海水清浅的话。“几回山脚弄云涛。仿佛见金鳌”，还说到了她数次见到了海中的大鳌，它背负神山而舞，致使山脚下云海涛涛，如同波浪翻涌。

斗 百 花[①]

满搦宫腰纤细[②]，年纪方当笄岁[③]。刚被风流沾惹[④]，与合垂杨双髻[⑤]。初学严妆[⑥]，如描似削身材[⑦]，怯雨羞云情意[⑧]。举措多娇媚[⑨]。

争奈心性，未会先怜佳婿[⑩]，长是夜深[⑪]，不肯便入鸳被[⑫]。与解罗裳[⑬]，盈盈背立银缸[⑭]，却道你但先睡[⑮]。

>注释

①斗百花：词牌名，同一词牌的词作如无单独标题，则往往以第一句为题，以示区别。

②满搦：粗细刚好一握。宫腰：宫女之腰，据说古时楚灵王好细腰，所选嫔妃宫女皆为腰肢纤细之女子，后来就把细腰女称为楚腰或宫腰。这是以夸张手法描写此少女腰肢之纤细。

③笄岁：少女进入成年。笄：簪子。古时女子到 15 岁时，就把表示未成年少女的双丫髻发型，改而挽上头顶梳成云髻，用簪子别起来。因而把少女进入成年称为笄岁。

④风流：指男女相恋。

⑤垂杨双髻：是双丫髻的形象说法。与合垂杨双髻，是说把她的双丫髻

合并在一起挽成云髻，表示她已成年。
⑥初学：第一次学。严妆：严肃之妆，与少女天真之妆相对应。
⑦“如描”句：像用画笔画出或似雕塑家雕塑出的身材，比喻此少女身材之美。
⑧怯雨羞云：指对男女之事感到又怕且羞。古时文人常以云雨二字代指男女之事。
⑨举措：举手投足。娇媚：妩媚可爱。
⑩未会先怜佳婿：还没学会主动向丈夫示爱。
⑪长是：经常是。
⑫鸳被：男女合盖的双人棉被。
⑬罗裳：女子所穿的衣服。
⑭盈盈：羞怯的样子。银釭：银灯。
⑮但：尽管。

赏析

这首词是以人物为题材的作品，描写了一位刚成年的姑娘不解风情的情状。笔法细腻，刻画生动，不多的笔墨使主人公形神毕现，具有高超的艺术功底。词的上片侧重人物的外貌神态描写，下片是对细节的刻画，以人物自身的表现，让读者领会人物的特点，有画龙点睛之妙。

上片对人物的描写，突出了年龄的特征，主人公刚刚成年，才行过笄礼，正在学着成年女子的装束打扮，词中“方当”“刚被”“初学”表明这位女子年龄偏小，显得稚嫩，不通世事，但是却已经身不由己地被推向了成年人的生活状态。“刚被风流沾惹”是说她还不解男女之事，正当怀春思恋的年纪，但是不管她是否情愿，她就已经开始接触成年之后的生活。词中多处形容这位妙龄女子美妙的身材和娇羞的情态，全是一种赏评的眼光和赞美的语气，而不顾女主人公的内心感受，反映出男权社会将女子当作玩物的腐朽思想意识和生活作风。首句“满搦宫腰纤细”，形容这位姑娘身材苗条，腰肢纤细，其中引用了楚灵王喜好宫人腰细的典故。唐代杜牧有诗“落魄江湖载酒行，楚腰纤细掌中轻”是一范例。这位女子刚刚行过成年及笄

> 题解

此词写一个十五六的少女，刚刚到得成年就被嫁出，因其尚不解风流韵事，因而在婚后尚不能完全适应新的生活的情形。上片写这位少女婚前的美艳和天真，下片写婚后的羞怯。

之礼，才将小丫头的双丫髻合成云髻，学习成年人的严妆打扮，心中不乏新奇和喜悦之感，“如描似削身材”，她不光腰肢纤细，而且身材如描似削。以上描写都是以人物的年龄和外貌特征着眼，突出其年龄和身材之美好。最后两句则突出描写其神情，因为初知男女之事，所以神态羞涩而显得娇媚可爱。“怯雨羞云”隐指对男女云雨之事感到羞怯，既羞且怕，“举措多娇媚”是说她的一举一动，举手投足中都显示着妩媚可爱。

下片转向对人物细节的刻画，使得这位面容模糊的美女显示出一定的性格特征。“争奈”，怎奈何，“怜”是爱怜之意。前四句是说怎奈何这位初成年便已成婚的少妇，还没有领会到先向夫婿示爱以博取欢心，经常是已经到了深夜，还不肯先入衾被安歇，这难免要让爱怜她的夫婿心中着急。但是女子的行为也与上文中“怯雨羞云情意”中的“怯”和“羞”相照应，她对新婚生活的反应，是娇羞而不免还有些害怕的。后三句则描写了一个情节，以镜头式的画面来刻画她既“怯”且“羞”的具体表现，她的夫婿主动替她宽解罗裳，但是她仍然不肯转过身来，在灯烛之下，只给夫婿一个美丽的背影，不但不理会夫婿的情意，反而说你只管先去睡吧。这三句话有动作，有表情，有语言，形象地刻画出人物的神情和心理活动。

斗 百 花

煦色韶光明媚①，轻霭低笼芳树②。池塘浅蘸烟芜③，帘幕闲垂风絮④。春困厌厌⑤，抛掷斗草工夫⑥，冷落踏青心绪⑦。终日扃朱户⑧。

远恨绵绵⑨，淑景迟迟难度⑩。年少傅粉⑪，依前醉眠何处⑫？深院无人，黄昏乍拆秋千⑬，空锁满庭花雨⑭。

>注释

①煦色：美好的春色，春天阳光和煦，因此称煦色。韶光：本指美好的阳光，这里指青春年少的美好时光。
②轻霭：薄雾。芳树：散发着花香的树丛。
③浅蘸：轻轻地挨碰。烟芜：如烟的雾气混合显得凌乱而荒芜。
④闲垂：没有必要的垂挂。帘幕本是用来遮掩夫妻亲昵之用的，由于丈夫不在家帘幕也成了一种没有必要的摆设。风絮：风中之絮飘飘荡荡。
⑤厌厌：精神不振的样子。
⑥斗草：古代民间习俗，农历五月初五有斗草之戏，唐宋时称为“斗百草”。
⑦踏青：春天到郊外去游玩。
⑧扃：门窗的插条，此处是关闭之意。

⑨远恨：远因丈夫不知是在何处眠花宿柳，恨又没有具体对象，因此称远恨。绵绵：连续不断，此处又有情意缠绵之意。

⑩淑景：美好的光阴，此处当指希冀丈夫爱抚的感受。迟迟：缓慢。

⑪年少傅粉：喻年轻貌美的少年男子，此处指此年轻女子的丈夫。傅粉：抹粉，形容面容的美貌就像经过涂脂抹粉一样。

⑫依前：和从前一样。醉眠：酒醉之后的睡眠，此处指眠花宿柳。

⑬乍：刚刚。

⑭锁：关闭、锁住。空锁：关闭和锁住的是空的、虚无的。花雨：落花如雨。

赏析

这首词是闺中怀春之作，词中刻画的是一位独守春闺的怨妇，在大好春光中想念自己的夫婿，也流露出对轻薄浪子的怨恨和责怪之意。

上片前四句写春景，以繁密的景物描写展现出阳春时节明媚艳丽的情景，写景中包含着浓浓的怀春思绪，“煦色韶光”，是美好的春色美丽的时光，其特点便是“明媚”，令人陶醉，引人遐思。这一句不光点明春光之好，也指明女子青春年少，容貌美丽。首句是总写春景明媚的特点，下面的三句是具体描写明媚的表现。淡淡的雾霭笼罩着青翠碧绿的树木，池塘边的芳草上弥漫着薄薄的水汽，柳絮飘荡，闲散地垂落在帘幕之上，牵惹着闺人的思绪。这四句对景物的描写，没有着意刻画景物的鲜明、醒目，而是将景物朦胧化、情绪化，用大笔晕染的方法，增加景物传达人物内心感受的效果，“轻霭”“烟芜”“风絮”这些意象，让人在审美上产生虚幻缥缈、飞扬灵动的内心反应。后四句由景及情，写女主人公空虚、落寞、慵懒的情绪状态。“春困厌厌”，开春后人的身体容易产生乏困之感而显得无精打采，什么都不想干。“抛掷斗草工夫，冷落踏青心绪”，与充满活力的青春女子们相比，她显得落落寡欢，连斗草、踏青这样难得的嬉戏玩乐都不想参与，整日里只是大门紧闭，哪里也不去。人物的表现和明媚的春光格格不入，紧闭的大门将春色关在了外头，这就为描写人物的心理做好了铺垫。

下片点明了女主人公的心事，并做更深层的渲染烘托。“远恨绵绵，淑景迟迟难度”，点明女子的心中充满怨恨，所恨的人距离遥远，使自己空对着淑景度日如年，孤寂清冷的日子着实难挨。“绵绵”形容了恨之悠长，也表现了思的缠绵，“迟迟”形容了时间过得极为缓慢，形象地写出了“难度”的感觉。“年少傅粉”两句，终于在层层设包袱之后道出了个中就里，原来这位闺中女子所思念的人，是一位年少风流的美男，他的容貌俊美，脸色白如傅粉，可是却醉眠他乡，和以前一样不知眠宿何处。这位乐而忘归的郎君，春天里也不想着回家，如同家中没有这样一位青春年少的妻子一样。“深院无人”之句，则进一步表现思妇寂寥失意的心绪。庭院深深，清静冷落，黄昏时分天色变暗，刚刚拆了秋千，空锁住满院的春色，阶前落花如雨。这三句的凄美伤感的意象透露出，黄昏时分，本该应锁住丈夫的心，但是锁住的，却只有满地的落花和青春的凋零。结尾的三句在意境的刻画上极富美感，极具表现力。深院无人，因而悠悠地在秋千上荡着思念，但天色已是黄昏，拆了秋千之后，满眼的又是庭院里像雨点一样纷纷飘落的花瓣。“花雨”极形象地表现了花落之急和时光流逝之快，形象之美和内涵之丰富，令人叹赏。

>题解

这首《斗百花》是一首闺怨词，是六朝诗歌和婉约词派中常见的一种题材，以表达深闺女子的幽怨和孤独情绪为主题，表达对爱情和婚姻生活的向往，也隐含对征伐和行旅的谴责与不满。此词写一年轻女子嫁给了一个如意郎君，但婚后此郎君却浑然没把她当一回事，经常把她丢弃在家中，自己出去眠花宿柳。在春日万物萌发、景色宜人的美好时光，她孤寂地独守空帷，对此美景春色却没有一点儿好的心绪。此词主旨在写由于男子的用情不专，因而导致女子的幽怨。

鹤 冲 天

黄金榜上[①]。偶失龙头望[②]。明代暂遗贤[③]，如何向[④]。未遂风云便[⑤]，争不恣狂荡[⑥]。何须论得丧[⑦]。才子词人，自是白衣卿相[⑧]。

烟花巷陌[⑨]，依约丹青屏障[⑩]。幸有意中人，堪寻访。且恁偎红翠，风流事、平生畅。青春都一饷[⑪]。忍把浮名[⑫]，换了浅斟低唱。

>注释

①黄金榜：谓中进士之榜。

②偶失龙头望：意为因偶然原因而没有考中。

③“明代”句：谓开明的时代，暂时将贤才遗漏了。“野无遗贤”是评价封建皇朝是否盛世的重要标准，《尚书·大禹谟》即谓：“嘉言罔攸伏，野无遗贤，万邦咸宁。”

④如何向：意谓今后该怎么办呢？《诗词曲语词汇释》：“向，语助辞，专用于‘怎奈’‘如何’一类之语，加强其语气而为其尾。……凡用如何向者，犹云如之何也。”

⑤风云便：成龙化虎的好机会。《易经》：“云从龙，风从虎，圣人作而万物睹。”

⑥“争不”句：怎不恣睢放荡？
⑦得丧：得失。
⑧白衣卿相：即没有卿相头衔的卿相，自我解嘲之语。白衣：即布衣。在封建社会，中进士后即换官服，故白衣、布衣成为未中进士者及老百姓的象征。
⑨烟花巷陌：谓妓女住的地方。烟花：本指绮丽的风光，因妓女总是浓妆艳抹，妓女所居之地也是富丽堂皇，故亦以“烟花”指妓女或妓女所居之地。
⑩丹青屏障：画着鲜艳图画的屏风。
⑪一饷：片刻。
⑫浮名：此处指功名。

赏析

这首《鹤冲天》是青年柳永参加科举考试落榜不第后的牢骚之作，词中表现出对自己的才调的自负和对当权者遗漏贤才的抱怨。即已名落孙山之后，心中有所不甘，因为科举的仕途之路仍然是他实现自我价值的最佳选择，但是失落、激愤和难堪之情，必须要有所排解。这首词所流露出来的傲岸狂放、落拓不羁的态度着实令人惊讶，而“言多必失”“祸从口出”，其中的不自矜持和放言无忌也使权贵阶层和封建正统文人对他侧目相看，对他以后的人生道路产生了重大的影响。

词的上片写落第后的失意不满和恃才傲物。“黄金榜上，偶失龙头望”，叙写自己应试不第的尴尬。唐宋时代的人称状元为龙头，一旦高中就可以因“登龙”而身名显贵，而在“失龙头”之前加一“偶”字，则表明作者并没有对科举之路绝望，对自己的才能没有失去信心。“明代暂遗贤，如何向。”以“明代”称当权者的统治是开明的时代，恭敬之下实含讥讽之意。“遗贤”意谓网罗人才的工作出现了遗漏。封建时代圣明统治的标准之一就是“野无遗贤”，这里说自己被封建科举所遗漏，可见柳永的怀才自负和愤懑不平。但他并未将话说绝，而是在“遗贤”前冠以“暂”字，说明这次不第只不过是偶然的、暂时的，自己登科高中是迟早的事情。“如何向”，提出了下一步的

>题解

《鹤冲天》，柳永自制曲。《乐章集》注为“正平调”，《太和正音谱》注为“大石调”。赵令畤词名《思越人》，李元膺词名《思佳客》，贺铸词名《剪朝霞》，等等，是词名随词句或词义而变也。又名《万年枝》《春光好》《喜迁莺》《喜迁莺令》等。此调有小令、长调两种，小令起于唐人，长调起于柳永。全词五十五字，前片四句三平韵，后片五句三平韵。曲调名称出自《史记·滑稽列传》：“淳于髡说之以隐曰：‘国中有大鸟，止王之庭，三年不蜚（飞）又不鸣，王知此鸟何也？’王曰：‘此鸟不飞则已，一飞冲天；不鸣则已，一鸣惊人。’”因鹤飞直上云天，故又以“鹤冲天”喻科举登第。柳永以“鹤冲天”为曲名，可知其用意所在。

与柳词善于铺叙相反，此词则夹叙夹议，抒其初试败北之后的寥落情绪。看似豪迈爽朗，实则自我解嘲，以排解内心苦闷。这首词是柳永早期的作品，它的意义在于真实地记录了词人在人生道路上的第一次严重挫折，充分地坦露了他那任性率真的、颇带几分叛逆色彩的人格与心态，在当时和后来的相当一段时间都对词人的科举仕进产生过重要的影响。

宋人吴曾《能改斋漫录》记载：“仁宗留意儒雅，务本理道，深斥浮艳虚薄之文。初，进士柳三变好为淫冶讴歌之曲，传播四方。尝有《鹤冲天》词云：‘忍把浮名，换了浅斟低唱。’及临轩放榜，特落之，曰：‘且去浅斟低唱，何要浮名！’”可以说，《鹤冲天》既是词人仕途上第一次挫折的真实记录，客观上也是第二次挫折发生的导火线。

出路问题，该怎样面对这次失败，下一步做何打算呢？柳永的特别之处，就在于他不像一般的士子那样“与其临渊羡鱼，不如退而结网”，他既没有苦做功课，也没有奔走权贵之门，而是选择了恣意放荡。“未遂风云便，争不恣狂荡”，不能够成为风虎云龙以逞志向，为什么不恣意放纵寻欢作乐呢？由此可知他选择的是一条悖拗于伦理和世俗价值取向的背叛之路。“何须论得丧”一句，是柳永价值观的表露，即在博取科场功名以求荣华富贵和混迹坊曲之所为歌伎谱曲填词之间，他认为没有什么高低、得失之别，而他的才情和兴趣特长，在后一种道路上更是有着无可比拟的优势。仕途挫折的打击，青春年少的张狂，对填词谱曲特长的自逞和歌楼酒肆的诱惑，拉着他一步一步地走上了反世俗反传统反核心价值观的道路。“才子词人，自是白衣卿相”，足见柳永对自己词曲才能的自信，其白衣卿相的价值取向是有着深刻的动因和基础的。上片的语言简捷直白，造意浅显，而力度铿锵，语气激愤，有不吐不快的气势。

下片接上片的“如何向”的问题，进一步阐述如何“恣狂荡”，以逞他的志气，用他的行动来向当权者和主流阶层显示自己的不平和才干。“烟花巷陌，依约丹青屏障”，勾画出青楼歌舞之地的绮丽。“且恁偎红翠，风流事、平生畅”，写出了他放纵恣睢的生活，他要在这些人中放情行乐，极尽风流，求得平生的畅快称意。这也正是他所说的“恣狂荡”的内容。“青春都一饷”是说时光短暂，青春宝贵，有珍惜时日及时行乐的意思。“一饷”指片刻。正因时光短暂，青春年华只是片刻，所以要“忍把浮名，换了浅斟低唱”，要轻看功名利禄这些虚幻的东西，而抓住眼前的欢乐，去“浅斟低唱”，得开怀时且开怀。一个“忍”字道出词人心中的矛盾，说明他并未将功名真正看穿，或者是超脱到可以不要功名的程度，他一面“浅斟低唱”一面还受着科举仕进出路的牵绊。事实上柳永的前半生，一直在科场之中进出挣扎，直到四十八岁才得中进士而步入仕途，但只做了几任小官，且奔走迁转，做官的艰辛可想而知。

这首词是关系到柳永人生命运的一篇重要作品，是柳永人生道路走向市井民间的宣言，是他有意于与红尘女子为伍，以词曲显才扬名的自白书。关于吴曾《能改斋漫录》所载“奉旨填词”柳三变的故事事实与否姑且不论，柳永的词流传之广、影响之大却是不争的事实。正是因为柳永借助于烟花巷陌的特殊渠道，使得他的词曲能够得到广泛传唱从而流行一时。也因柳永的词作反映了下层人物的生活，表达了对情感追求和人生爱欲的合理愿望，反映出市民阶层的理想志趣，所以使他的作品具有了广阔的社会基础。柳永一生落拓，但是他的才名之盛，妇孺皆知，“凡有井水饮处，即能歌柳词”，风靡当代而流传千古，胜过了许许多多在名利场中蝇营狗苟之辈。

迎 新 春

嶰管变青律，帝里阳和新布[①]。晴景回轻煦[②]。庆嘉节、当三五。列华灯、千门万户[③]。遍九陌、罗绮香风微度[④]。十里然绛树[⑤]。鳌山耸[⑥]，喧天箫鼓。

渐天如水[⑦]，素月当午[⑧]。香径里、绝缨掷果无数[⑨]。更阑烛影花阴下[⑩]，少年人、往往奇遇。太平时、朝野多欢民康阜[⑪]。随分良聚[⑫]。堪对此景，争忍独醒归去。

>注释

①“嶰管”两句：意谓冬去春来，天气变暖，京都到处充满阳和之气。古人以十二律定音调，律又分阴阳，按月为之，每月一律。嶰管：以嶰谷所生之竹而做的律本，略当于今之所谓定声器。青律：即青帝所司之律，对应春天。

②轻煦：轻暖，乍暖。

③当三五：即正当正月十五夜。

④九陌：本指长安的九条大道，后泛指京城大道和闹市。香风：指女子丛中飘动的脂粉香气。

⑤绛树：珊瑚。韦应物《咏珊瑚》：“绛树无花叶，非石亦非琼。”此处以珊瑚喻元宵夜华灯之美。

⑥鳌山：谓饰以彩灯的假山。

⑦天如水：谓天水一色。
⑧素月当午：谓月亮正当中天。午，古人以十二支配方位。午为正南。当午：即正当中天。
⑨香径：谓女子脂粉的气味充盈道路。绝缨：据刘向《说苑·复恩》："楚庄公赐群臣酒，日暮酒酣，灯烛灭，乃有人引美人之衣者，美人援绝其冠缨。……王曰：'赐人酒，使醉失礼，奈何欲显妇人之节而辱士乎？'乃命左右曰：'今日与寡人饮，不绝冠缨者不欢。'群臣皆绝其冠缨而上火。居三年，晋与楚战，有一臣常在前，五合五奋，首却敌，卒得胜之，庄王怪而问曰：'寡人德薄，又未尝异子，子何故出死不疑如是？'对曰：'……臣乃夜绝缨者。'"掷果：刘义庆《世说新语》："潘岳妙有姿容，好神情。少时挟弹出洛阳道，妇人遇者莫不连手共萦之。"又引《语林》："安仁(即潘岳)至美，每行，老妪以果掷之满车。"
⑩更阑：夜深。
⑪康阜：安乐富庶。
⑫随分：随处。《诗词曲语词汇释》："随分，犹云随便也，含有随遇、随处、随意各意。"

赏析

词写东京汴梁城新春时节喜庆元宵佳节的盛况，和东京市民的浪漫情趣，是柳永早期记述北宋真宗时期太平景象和社会繁荣的代表性作品之一。

北宋初年经过休养生息，经济渐渐繁荣起来，文化得到了弘扬发展，中国迎来了多年未有的太平盛世。唐宋以来受到普遍重视的元宵庆典活动得到了政府的大力支持。据史料记载汉时于正月十五日祭祀天神太一。从黄昏到天明，极为隆重，后来发展为夜游观灯。唐代京城长安规定在正月十五日前后各一夜，解除宵禁，让士民观灯游乐。至宋代，又增加十七、十八两日庆贺元宵节，节日灯会达于鼎盛，元宵灯节成了国家升平富庶的象征。朱弁《曲洧旧闻》卷一载："真宗皇帝因元夕御楼观灯，见都人熙熙，举酒属宰执曰：'祖宗创业艰难，朕今获睹太平，与卿等同庆。'宰执称贺。"

词的上片写京城开封元宵节

>题解

《迎新春》，为柳永自制曲，因写新春元宵盛况而得名。《乐章集》注明为大石调。全词一百四字，前片八句七仄韵，后片十一句六仄韵。此调只此一词，宋人再无继其后者。这首词通过对北宋汴京城元宵之夜市民游乐生活的描写，真实地再现了仁宗时物阜民康的社会面貌，披露了词人和光同尘、随俗俯仰的人生态度。在北宋特别注重元宵佳节的社会风气中，柳永投身于繁华的市集，放下了书生的清高脱俗的雅趣，全身心地投入了世俗享受的潮流。从中可以看到柳永身上所具有的新兴市民的人格因子。

的盛况。“嶰管变青律，帝里阳和新布”，写一元复始，新春来临，和煦的春光遍布京城。古时将时令与乐律相配，朝廷礼乐在不同季节演奏不同的音律。因青为春天之色，故将春天演奏的乐曲称为青律。第二句“晴景回轻煦”直叙，表明京都已是春光和暖。“庆嘉节、当三五”，点明元宵节的主题。“列华灯、千门万户。遍九陌、罗绮香风微度。”正月十五的夜晚，千家万户门前彩灯高悬，灯火辉煌，京城的大街小巷里，人们穿着锦绣兴致勃勃地游玩赏灯，掀起了阵阵醉人的香风。这里的香风指妇女们身上脂粉的香气。“十里然绛树。鳌山耸，喧天箫鼓。”这三句形容京城华灯的辉煌壮丽和盛大景象。“然”即“燃”，是“燃”的本字，其四点底即为火部，后来又加火旁，是为了与其衍生的其他意思相区分，所以湮没了其本义。“绛树”是神话中的仙树名称，后来又用作珊瑚的别名，这里指用彩灯装饰的树。“鳌山耸”谓用彩灯装饰的假山高高耸立。据宋代周密《乾淳岁时记》记载：“元夕二鼓，上乘小辇，幸宣德门，观鳌山。山灯凡数千百种，其上伶官奏乐，其下为大露台，百艺群工，竞呈奇技，缭绕于灯月之下。”宋人孟元老《东京梦华录》卷六：“左右门上，各以草把缚成对龙之状，用青幕遮笼。草上密置灯烛数万盏，望之蜿蜒如双龙飞走。自灯山至宣德门横大街，百余丈，用棘刺围绕，谓之棘盆。”由这两段记载可见其灯山的形制和规模的宏大。“喧天箫鼓”指鳌山上伶官所奏的乐曲响彻云天。

下片描述元宵佳节京城士民的活动。“渐天如水，素月当午”谓随着星月推移，时间已过午夜，天色澄澈如水，皎洁的月亮悬挂当空，地面上依然灯火通明。这一句谓人们赏灯的活动持续到很晚。这样热闹非凡的夜晚，为青年人的爱恋和浪漫行为提供了条件。“香径里、绝缨掷果无数。更阑烛影花阴下，少年人、往往奇遇。”观灯赏月的同时，人们更不忘向喜爱的人表达情意。在脂粉飘香的道路上，上演着一幕幕绝缨掷果那样的故事，少年男女都不失时机地大胆表达自己的爱恋或赏悦之情。“绝缨”的故事指男子因狎昵妇女而被摘去簪缨，“掷果”的故事则指女子掷果给俊美的男子。夜阑更深时分，在灯火阑珊的树下花荫，少男少女们往往有着奇妙的际遇。“太平时、朝野多欢民康阜”谓生逢太平盛世，从朝廷到民间都充满欢乐，老百姓安乐富庶乐享天年。“随分良聚。堪对此景，争忍独醒归去。”人们随顺机缘良宵聚会。面对这难得的盛世景况，怎能忍心独自归去而不尽兴大醉呢。词人以白描的手法，绘制出了物阜民康、天子与民同乐的风情画卷，使我们于千载之下，犹能想见当时的阜盛。这首词在记录宋时社会状况方面，其文化意义要大于其文学价值了。

长 寿 乐

繁红嫩翠①。艳阳景，妆点神州明媚②。是处楼台③，朱门院落④，弦管新声腾沸。恣游人、无限驰骤⑤，骄马车如水⑥。竞寻芳选胜⑦，归来向晚⑧，起通衢近远⑨，香尘细细。太平世。

少年时，忍把韶光轻弃。况有红妆，楚腰越艳⑩，一笑千金何啻⑪。向樽前、舞袖飘雪⑫，歌响行云止⑬。愿长绳、且把飞乌系⑭。任好从容痛饮，谁能惜醉。

赏析

①繁红嫩翠：繁密的红花鲜嫩的绿叶，形容美丽的春景。

②神州：指京城。

③是处：到处。

④朱门：指富贵人家，因其将门涂朱，故云。

⑤恣：恣睢，放纵。无限：没有约束，自由自在。驰骤：奔驰。《韩非子·外储说右上》："造父御四马，驰骤周旋，而恣俗欲于马。"

⑥骄马车如水：谓马匹矫健，车如流水。典出《后汉书·马后纪》："前过濯龙门上，车如流水，马如游龙，……"

⑦竟寻芳选胜：竞相寻找优胜的游乐之处。

⑧向晚：临晚，到晚。

⑨起通衢近远：谓大街小巷，无论远近，都因车马归来而起香尘。通衢：四通八达的道路。班昭《东征赋》："遵通衢之大道，求捷径欲从谁。"

⑩楚腰越艳：泛指美女。

⑪"一笑"句：谓一笑何止值千金。五代王仁裕《开元天宝遗事》："宫妓永新者善歌，最受明皇宠爱。每对御奏歌，则丝竹之声莫能遏。帝尝谓左右曰：'此女歌值千金。'"

⑫舞袖飘雪：谓舞袖轻盈如回风转雪。典出曹植《洛神赋》："仿佛兮若轻云之蔽月，飘飘兮若流风之回雪。"

⑬"歌响"句：即响遏行云。

⑭"愿长绳"句：谓希望有长绳能系住太阳。意为愿春常驻。飞乌：亦曰"阳乌"，指太阳。俗传太阳中有三足乌，谓之阳乌。《文选》中左思《蜀都赋》："羲和假道于峻歧，阳乌回翼乎高标。"

赏析

北宋初年经过长久的休养生息，生产经济得到发展，社会安定，民生富足，特别是历代皇帝崇尚文治，科举制度受到高度重视，文化艺术迎来了又一个繁荣期。京城汴梁更是呈现出富庶繁华的太平景象。这首《长寿乐》即描写了汴京城新春时节歌舞升平、车水马龙的热闹景象。

上片展现汴京城富庶繁盛的气象。"繁红嫩翠。艳阳景，妆点神州明媚"，写汴京城春天的艳丽景象，繁红嫩翠为京城披上了艳丽的衣裳，处处是桃红柳绿，鲜花似锦，绿叶鲜翠，艳阳天气将汴京城装扮得分外明媚。神州本指中国大地，在此又有指代京城的特殊含义。"是处楼台，朱门院落，弦管新声腾沸"，描写京城官宦富贵人家的豪华气象，但见楼阁林立，院落参差，高门大户红漆涂门，气势不凡，新春时节，歌舞弦管之声此起彼落，在楼台亭榭之间萦绕飘荡。"恣游人、无限驰骤，骄马车如水"两句，写人们游春踏春的热闹。人们争相外出游玩，骑着高头大马，乘着油壁香车，道路上车水马龙、熙来攘往，兴

> 题解
>
> 《长寿乐》，《宋史·乐志》注明为仙吕调，《乐章集》注有平调与般涉调两体，此为般涉调。全词一百三字，前片十一句五仄韵，后片十句五仄韵。词极铺叙之能事，上片写尽汴京太平景象，下片写歌舞升平之乐。从这首词中即可看到宋仁宗时的太平景象。

致勃勃地想要看尽人间春色。“竟寻芳选胜，归来向晚，起通衢近远，香尘细细。”这四句则是踏访春色的游人们归来时的情景，因为贪恋春色，探寻景色优美的胜地而回来较晚，远近的道路上都飘荡着游人脂粉的芳香。

下片写京城少年寻红访翠，千金买醉，纵情行乐的场景，展现出奢华淫靡、一味追求享受的社会风气，可视为柳永京城生活的一个侧面。“太平世”三字点明主旨，概括了本词描写太平盛世的主题。“少年时，忍把韶光轻弃”一句是反问语气，即青春少年怎能忍心将这样的美好时光轻易放过，京城中有着让他们流连忘返的去处，除了大好的春光美丽的景色，还有秦楼楚馆。“况有红妆，楚腰越艳，一笑千金何啻。”更何况还有红妆艳饰的烟花女子，她们身姿曼妙容貌艳丽，足以让你千金买笑。“楚腰越艳”形容青楼女子的美艳，“楚腰”指女子腰肢纤细，出自楚王好细腰的典故。“向樽前、舞袖飘雪，歌响行云止”形容酒宴歌席之上舞袖翻卷，歌声动听的景象。承接上文对楚腰越艳的交代，具体描写歌伎是如何能“一笑千金何啻”的，她们殷勤劝酒，尽力展现舞姿和歌喉，以使客官们满意。“愿长绳、且把飞乌系。任好从容痛饮，谁能惜醉。”极写少年公子们沉溺歌舞之场，行乐不厌的心理。眼前的景象使他们醉心忘返，恨不能让时间止歇日月停转，好让他们从容地饮酒尽情地欣赏，饮到大醉而不惜酒量。

北宋朝廷推行以文臣治国的方略，为了阻止权贵和建立战功的武将干政，皇帝倡导他们尽情享乐，加之连年太平，国阜民康，所以奢侈的风气渐渐滋长，逐渐造成了民弱兵惰的结果，为北宋后期统治的失利埋下了隐患。从柳永词中描写太平盛世的词句可以看出，富豪官绅们乐而忘忧、不思进取的迹象。从这一角度来看，柳永的词作也有其珍贵的社会史料价值。

破 阵 乐

露花倒影①，烟芜蘸碧②，灵沼波暖③。金柳摇风树树④，系彩舫龙舟遥岸⑤。千步虹桥，参差雁齿⑥，直趋水殿。绕金堤⑦，曼衍鱼龙戏⑧，簇娇春罗绮⑨，喧天丝管⑩。霁色荣光⑪，望中似睹，蓬莱清浅⑫。

时见⑬。凤辇宸游⑭，鸾觞禊饮⑮，临翠水⑯，开镐宴⑰。两两轻舠飞画楫⑱，竞夺锦标霞烂。罄欢娱⑲，歌《鱼藻》⑳，徘徊宛转。别有盈盈游女，各委明珠㉑，争收翠羽㉒，相将归远。渐觉云海沉沉，洞天日晚㉓。

>注释

①露花：带露的花。

②烟芜：笼罩在淡雾中的青草。蘸碧：这里指青草挨着碧水。蘸：沾湿之意。

③灵沼：指宋代琼林苑中的金明池。

④金柳：金黄色的垂柳。

⑤彩舫：指供皇帝乘坐的龙舟和准备供戏游的彩船。

⑥参差雁齿：指虹桥上的台阶高低排列如雁齿般整齐。雁齿：喻排列整齐之物。庾信《温汤碑》："秦皇馀石，仍为雁齿之阶。"

⑦金堤：旁植柳树之堤。上引同书同卷同条载："临水近墙皆垂杨，两边皆彩棚幕次，临水假赁，观看争标。""其池之西岸，亦无屋宇，但垂杨蘸

水，烟草铺堤。”
⑧曼衍：古代百戏的一种。
⑨“簇娇春”句：聚集着一群穿着鲜艳来闹春的美女。
⑩喧天丝管：音乐声喧天。
⑪霁色：天气晴朗。荣光：花木的光泽。
⑫蓬莱：指蓬莱池，在陕西长安区东蓬莱宫附近。清浅：清澈而不深。此处为偏意，指清澈。
⑬时见：突然看见，不期然而看见。
⑭凤辇：皇帝所乘之车。宸(chén)：北极星所在为宸，皇帝如北极之尊，故后借用为皇帝所居，又引申为皇帝的代称。
⑮鸾觞：刻有鸾鸟花纹的酒杯。
⑯翠水：清莹的水。
⑰镐宴：天下太平君臣同乐的御宴。此指皇帝宴群僚的禊宴。崔湜《奉和春日幸望春宫》：“即此欢娱齐镐宴，唯应率舞乐薰风。”
⑱舠：小船。
⑲罄欢娱：尽情欢娱。
⑳《鱼藻》：《诗经》中歌颂武王的诗篇。
㉑各委明珠：每个人都佩戴着明珠。委：委佩，委垂。
㉒翠羽：翠鸟的羽毛，可作饰物。典出《洛神赋》。
㉓洞天：指风景胜地。

赏析

这首词描绘北宋仁宗年间，每年三月一日后在汴京金明池和琼林苑赏春游乐的盛大情景，形象地刻画出宋朝社会昌盛兴旺的景象。这首词里对都城景象的集中描写，是记录宋朝社会情景的真实资料，再现了都市生活的风貌，展现出一幅广阔繁密的社会风情画卷。对都市繁华景象的描写，是柳永词的一大特色，也是在题材上的新开拓。柳永在多首词中都以描写都市的繁华和壮丽的风物为题材，表现出他驾驭词调的高超能力和过人才华。词的上片写金明池的景色，前三句“露花倒影，烟芜蘸碧，灵沼波暖”，真切地描写了金明池艳丽的水边景象——鲜花含露带雨，在池中浮现清晰的倒影，笼罩在一片淡淡烟雾中的青草延伸到碧水池边，池水暖洋洋的。花朵带露，草笼轻烟，水温微暖，正是阳春三月温暖和煦的

>题解

《破阵乐》，唐教坊曲名，《宋史·乐志》注正宫调，《乐章集》注林中商，一百三十三字，前片十四句五仄韵，后片十六句五仄韵。此调有数体，以柳词为正体。这首词写于宋仁宗庆历元年（1041）至庆历二年间，柳永在汴京时所见的东京琼林苑盛况。上片集中笔墨写金明池与琼林苑的景观，下片则写大宋皇帝与民同乐的情景。叙事闲雅，疏中有密，动中有静，为柳词中名篇。

早晨。首句的“露花倒影”，构成了极为美丽极有表现力的意象，深得词人嘉许，苏东坡曾有评为：“山抹微云秦学士，露花倒影柳屯田。”可见此句深入词家法眼。“金柳摇风树树，系彩舫龙舟遥岸”，池边的景象，是大自然的手笔和人工造巧的结合，一树树金黄的杨柳迎风摇曳，树下系着一艘艘色彩艳丽的龙船。“金柳”的色彩，正配得上皇家的富贵华丽，金柳彩船，遥隔对岸，生意盎然，气象不凡。接着，词人的视线由岸边转向水上飞架的虹桥，“千步虹桥，参差雁齿，直趋水殿”，“虹桥”点明桥的形状和气势，如彩虹飞架，凌空而起，色彩绚丽，引人联想。“参差雁齿”，这里形容桥上的台阶高低排列，整齐如雁齿，一直通到池中的五殿之上。“绕金堤”四句，着重描写金明池喧嚣热闹的游乐场面。“曼衍鱼龙戏”指池边上演的百戏花样繁多；“簇娇春罗绮”指聚集的穿着华丽的美女在这里娱乐闹春；“喧天丝管”形容音乐声响彻云霄。这几句描绘金明池上美女成群、百戏竞演、乐声喧天的热闹景象，以高度概括的笔法，勾画出一幅繁杂喧闹的生活场景。“霁色荣光，望中似睹，蓬莱清浅”是此前现实描写的升华，由景象的描写转到总括其整体印象，仿佛让人进入到了仙境之中，但见景色晴明，云气焕彩，金明池就像唐时的蓬莱池一样清澈。

下片转向描写皇帝与民同乐的景象。“时见”，不期然看见，“凤辇宸游”四句，描写皇帝临幸金明池并赐宴群臣的景况。宸游、禊饮、镐宴，都是皇帝游宴的一种活动。皇帝乘坐凤辇出游，在进行了祓禊的祭祀之后饮酒，大摆与天下同乐的御宴，一派歌舞升平的太平景象。接着铺叙君臣赏龙舟竞渡的比赛，“两两轻舠飞画楫，竞夺锦标霞烂”，只见轻快的龙舟之上双桨飞举，奋力向前，那作为获胜标志的锦标像彩霞一样鲜艳。“罄欢娱”三句，极写宴会上群臣咏唱赞美天子的诗歌的盛况。“别有盈盈游女，各委明珠，争收翠羽，相将远去”四句，由写皇帝的游宴活动转向叙述佳丽游赏的情景。姿态轻盈的游女们佩戴明珠，捡拾翠羽，相伴着归来，显得别有情致。其中“各委”二句，化用曹植《洛神赋》中的典故写游女各自争着以明珠为信物馈赠所欢，以翠鸟的羽毛作为自己的装饰。“相将归远”，相偕兴尽而归，形容她们游春情态十分传神。由皇帝群臣写到游女，在极热闹宏大的场面中，写到了安静舒缓的场面，显得有放有收，有张有弛。结句“渐觉云海沉沉，洞天日晚”，将金明池比作了仙境，不觉得时近傍晚，云海沉沉，弥漫空际，显得广阔深邃。

这首词为长调慢词，字数长达一百三十余字，因而非常注意层次安排和结构布局。由上片的风光景物，写到下片的热闹景象，将一系列的大型活动，浓缩在简洁的叙述之中，使词的内涵更加丰富，意境更加广阔，使金明池这样的京城盛景成为一幅高度浓缩的画卷。全词以时间为顺序，从晨景开始，到晚景结束，叙写了一天之内池上的景色和活动，乐曲场面宏大，旋律高亢，令人振奋之余不断回想。词中将繁复的内容融为一体，前后连贯，首尾照应，体现了“层层铺叙，情景兼容，一笔到底，始终不懈”（夏敬观《手评乐章集》）的特点和“音律谐婉，语意妥贴，承平气象，形容曲尽”（陈振孙《直斋书录解题》）的妙处。

二 郎 神

炎光谢[①]。过暮雨、芳尘轻洒[②]。乍露冷风清庭户[③]，爽天如水、玉钩遥挂[④]。应是星娥嗟久阻，叙旧约、飙轮欲驾[⑤]。极目处[⑥]、微云暗度[⑦]，耿耿银河高泻[⑧]。

闲雅[⑨]。须知此景，古今无价。运巧思、穿针楼上女[⑩]，抬粉面、云鬟相亚[⑪]。钿合金钗私语处[⑫]，算谁在、回廊影下[⑬]。愿天上人间，占得欢娱，年年今夜。

>注释

①炎光谢：谓暑气已退。
②“过暮雨”句：为“暮雨过、轻洒芳尘”之倒装，意谓暮雨过后，尘土为之一扫而空。芳尘：此处指尘土。
③乍露：初次结露或接近结露的时候。
④玉钩：喻新月。南朝宋鲍照《玩月城西门廨中》：“蛾眉蔽珠栊，玉钩隔琐窗。”
⑤星娥：指织女。李商隐《海客》：“海客乘槎上紫氛，星娥罢织一相闻。”飙轮：指御风而行的神车。唐陆龟蒙《和〈江南道中怀茅山广文南阳博士〉》之一：“莫言洞府能招隐，会辗飙轮见玉皇。”
⑥极目处：远望所及。
⑦微云暗度：淡淡的薄云在不知不觉

中慢慢移动。微云：指高空中天河旁的薄云。
⑧耿耿星河：明亮的天河。耿耿：明亮。星河：天河。
⑨闲雅：紧承上句，谓景物雅致。闲：通“娴”。
⑩“运巧思”句：意谓女子在彩楼上乞巧。农历七月七日，女子在院庭设瓜果向织女乞求智巧。南朝梁宗懔《荆楚岁时记》：“七月七日为牵牛织女聚会之夜。是夕，人家妇女结彩缕，穿七孔针，或以金银鍮石为针，陈瓜果于庭中以乞巧，有喜子网于瓜上则以为符应。”
⑪相亚：相压。晋干宝《搜神记》卷二：“吴孙峻杀朱主，埋于石子冈。归命即位，将欲改葬之，冢墓相亚，不可识别。”
⑫钿合：亦作“钿盒”，镶嵌金银玉贝的首饰盒。金钗：女子首饰。
⑬“算谁在”句，指唐玄宗李隆基与杨贵妃。算：推测，料想。

赏析

这首词以中国民间的传统节日七夕为题材，描写了七夕之夜的乞巧活动，并联想到神话传说中的美丽故事和前朝的历史旧事，表达了对美好爱情的赞颂和对有情人的衷心祝愿。

上片描写七夕之夜的美丽景象，借牛郎织女七夕相会的传说，为景物增添了神秘奇幻的色彩。首句“炎光谢”，表明夏天的暑气已经消退，节气已经到了初秋。“过暮雨、芳尘轻洒”交代七夕之夜的天气状况和环境特点。傍晚时分，刚刚下过了一场秋雨，将空中的尘霾清扫得干干净净，仿佛专为这个节日做出的准备。接下来两句就描写雨后景物的清朗明净。“乍露冷风清庭户”，由气候带出活动的场景，刚刚凝结的露珠带着清凉，秋风清冽，庭户中显得格外清爽。庭户是七夕节女子们乞巧的场所。古时这一天女子们要举行乞巧的活动，不同时代乞巧的方式方法也不一样。其中的一种就是穿针乞巧。敦煌《杂抄一卷》中说：“七月七日何谓？看牵牛织女，女人穿针乞巧。”观赏牵牛织女星和乞巧就是七夕节的主要活动之一。“爽天如水、玉钩遥挂”是天空的景象，天空明净如水，

爽天如水、玉钩遥挂

>题解

《二郎神》，唐教坊曲名，此调有两体，前片起句三字者名《二郎神》，前片起句四字者名《转调二郎神》。《乐章集》注林钟商，一百四字，前片八句五仄韵，后片十句五仄韵。此亦为节序词，写七夕，具体作年莫考。作者一反以往七夕诗词的伤感情调，把天上牛郎织女鹊桥相会的美丽传说和人间李隆基杨玉环马嵬死别的动人故事，演绎、融汇为一个纯情浪漫、晶莹剔透的意境，抒发了对纯真爱情的美好祝愿和热烈向往。

一弯新月如玉钩一样挂在空中。“应是星娥嗟久阻，叙旧约、飙轮欲驾”，借描写织女星而巧妙地引出了古时的传说。因牵牛星与织女星遥隔银河的两端，因此古时便有了牵牛星与织女星结为夫妻的故事，他们因偷下凡界享受凡人的情爱，违背了天界的法则，因此便被隔开在天河的两边，每年的七月七日才得一次相见。所以词人在这里便想象织女嗟叹与丈夫长久分离，急于再叙前约，于是便乘驾飞轮想要渡过银河。“极目处、微云暗度，耿耿银河高泻”，此三句则又从赏月人的角度来写眼中看到的月亮。放眼眺望夜空，只见秋雨后的天空中飘动着微微的云朵，星光熠熠的银河如同从高处倾泻下来一样。词中对夜空景物的描写极为形象传神，因雨后晴空，所以放眼无碍；又因七月七日新月初升，所以“玉钩遥挂”；而新月的光亮较弱，所以星河才分外璀璨，如同飞泻的瀑布。上片写天上之景，便引到有关天界的传说，物归其类，显得自然流畅。

下片便写到人间七夕节乞巧的活动，以此彰显这个美丽节日的独特风味和魅力。“闲雅”两字做一按语，道出人们此时的兴致和心情。人们在此初秋时分，准备观看牵牛织女二星隔河相会。无论宫中还是民间的年轻女子们，都想要向上天乞得一份聪慧灵巧，她们或是用特制的七孔针或者九孔针在月下穿针引线，或是用金、银、鍮石之类的东西为自己打磨一根针，以求得到机巧，或是向牵牛织女星祈祷能够生儿育女。再供奉上一些秋季的瓜果、糕饼之类，这份情致，不可谓不浓厚不可谓不闲雅。“须知此景，古今无价”，直言七月七日的节日景况之珍贵，因为有了牵牛星与织女星的难得的相会，而让这一天有了亘古不灭的价值，实际上突出的是情义无价、真爱无价的主题。“运巧思、穿针楼上女，抬粉面、云鬟相亚”两句，为我们刻画了一位青年女子七夕乞巧的真实画面。这位女子在楼台之上运用巧思，想要将彩线穿过针孔，因而神情专注而又虔诚，只见她仰起粉面，乌黑的云朵状发鬟向后低垂，显得姿态可爱，形象传神。接下来“钿合金钗”两句，则描写了与七夕相会有关的内容，写男女之间爱情的美好珍贵。“钿合金钗私语处”一句，化用了白居易《长恨歌》中描写唐玄宗和杨玉环的爱情故事的诗句。在杨玉环香消玉殒之后，唐玄宗思念不已，就派方士寻觅杨玉环的魂魄，并最终在海上仙山找到了杨玉环，与她在梦境中相见。诗中说“惟将旧物表深情，钿合金钗寄将去。钗留一股合一扇，钗擘黄金合分钿，但令心似金钿坚，天上人间会相见”。钿合是用珠宝镶嵌的一种首饰，用两片合成，另一说法是用珠宝镶嵌的金盒。诗中说仙境中的杨玉环向唐玄宗寄来了表达深情的信物，将钿合一分为二各留一扇，将金钗分成两股各留一股，用以表达坚贞和忠诚之情。这是“钿合金钗”的出处。“私语处”则来自同一诗中的名句“七月七日长生殿，夜半无人私语时”。诗中李、杨相会之时，正是七月七日牛郎织女鹊桥相会的时间，场景也是神仙幻境这样的缥缈虚无之所。这两句在词中的字面意思是说，是什么样的人们，在回廊影下这样的隐秘地方互相赠送表达深情的信物，并且窃窃私语，互相倾诉爱慕之意思念之情。深层的寓意，则是对唐玄宗和杨玉环爱情悲剧的讲述，和对他们缠绵爱情的祝愿与歌颂。在面对清宵乞巧的欢快场面，观赏着牛郎织女二星相会的景象，体味着牛郎织女和唐玄宗杨玉环凄美的爱情故事之后，词人禁不住发出感慨叹息，喊出了对美好爱情的礼赞和歌颂：“愿天上人间，占得欢娱，年年今夜。”希望这样的爱侣团聚的幸福时光永远保持下去，岁岁年年都和今天晚上一样，不论天上人间，都充满欢乐！

诗词创作中的七夕的题材，因其寄寓的深厚情感和充满想象的爱情故事而为众位文人所运用，写下了众多作品，其中不乏精妙之作，如宋代秦观的著名作品《鹊桥仙》：“纤云弄巧，飞星传恨，银汉迢迢暗渡。金风玉露一相逢，便胜却人间无数。柔情似水，佳期如梦。两情若是久长时，又岂在朝朝暮暮。”其词中对景物的描写和对爱情的歌颂与本篇极为相似，可将此二首词对照着阅读。

望远行

长空降瑞①，寒风剪②，淅淅瑶花初下③。乱飘僧舍，密洒歌楼，迤逦渐迷鸳瓦④。好是渔人，披得一蓑归去，江上晚来堪画。满长安，高却旗亭酒价⑤。

幽雅。乘兴最宜访戴，泛小棹，越溪潇洒⑥。皓鹤夺鲜，白鹇失素⑦，千里广铺寒野。须信幽兰歌断，彤云收尽⑧，别有瑶台琼榭⑨。放一轮明月，交光清夜。

>注释

①降瑞：指降下瑞雪。

②寒风剪：寒风扑来。剪：扑来，扑打。

③瑶花：即瑶华，玉之美者。此处谓雪花。

④迤逦：缓行貌，此指雪慢慢飘落的样子。鸳瓦：即鸳鸯瓦。

⑤江上：因用郑谷诗意而顺及之，非实指“江上”。长安：此时柳永官华州，故云。旗亭：酒楼。悬旗为酒招，故称。唐刘禹锡《武陵观火》：“光县与琴焦，旗亭无酒濡。”

⑥小棹：指小船。越溪：指剡溪。潇洒：洒脱不拘，超逸脱俗。

⑦“皓鹤”二句：谓白鹤及白鹇与雪相比，也显得不那么白了。化用谢惠连

《雪赋》:“庭鹤夺鲜，白鹇失素。”
⑧幽兰：即春兰。彤云：红云，亦即夏云。
⑨瑶台琼榭：台、榭为雪所染，故云。谢惠连《雪赋》:“庭列瑶阶，林挺琼树。”

赏析

这首词着重描写景物，集中笔力展现冬天的雪景。词中大量引用和化用前人的诗文及典故，达到了形式上的完美和内涵的丰厚，是柳永深厚的文学修养和高超的诗词技巧的集中体现。作为以雪为主题的作品，词中并没有说破，通篇无一“雪”字出现，不得不提到时，便以别称代替，体现了含蓄蕴藉的特点。

上片写下雪时的景象，“长空降瑞”三句描写雪花飘落时的景象，天空降下瑞雪，寒风吹来，洁白美丽的雪花飘飘洒洒地下起来。“寒风剪”以寒风为主语，以剪字为谓语动词，而省略掉了动作的承受者，以语法上的断缺形成空白，让我们想象正是寒风剪出了天空的雪花。“淅淅”状雪花之声，“瑶花”形容出雪的质地之美。唐张九龄诗《立春日晨起对积雪》云：“忽对林亭雪，瑶华处处开。”词人以简练的语言将雪花描写得有声有色。“乱飘僧舍”以下六句，是描写雪中的景象，但并非是作者亲见的实景，而是通过联想和想象，勾画出富有画景和深长意味的景象。这里化用了郑谷的诗《雪中偶题》:“乱飘僧舍茶烟湿，密洒歌楼酒力微。江上晚来堪画处，渔人披得一蓑归。”对郑诗的内容加以

>题解

《望远行》，唐教坊曲名，同题的小令词始自韦庄，慢词始自柳永，《乐章集》注仙吕调，一百六字，前片十一句四仄韵，后片十二句五仄韵。

此词以长安冬景为题材，是柳永词中以学力见功夫，然而难免有“掉书袋”之嫌的一首词。词中咏雪，然始终不曾直说雪的主题，也没有明里点破雪的字眼。全词清雅不俗，但是多沿用而少创意，到底没有跳出前人的窠臼。

改写，词句几乎原封不动，表达的内容却是自出一辙。郑诗中选取僧舍和歌楼两个场景，以描写雪花来反映人生的两种境界，对比鲜明，意味独特，所不同之处，增添了“迤逦渐迷鸳瓦”这样的描述性语句。鸳瓦，即鸳鸯瓦。出自《三国志·魏书·周宣传》：“（魏）文帝问宣曰：‘吾梦殿屋两瓦堕地，化为双鸳鸯，此何谓也？’”白居易《长恨歌》：“鸳鸯瓦冷霜花重，翡翠衾寒谁与共？”后遂称瓦之成偶者为鸳鸯瓦，简称鸳瓦。“满长安，高却旗亭酒价”，指因为天气寒冷，长安城里酒价高涨。大雪天饮酒，既可驱寒又有兴致，正是饮酒的好时间，因而酒价上涨。这里通过酒价侧面写雪，更显有力。

下片写雪后玩赏的闲情雅致。“幽雅”可谓词眼，点出通篇感情基调。“乘兴”三句，引用晋人王徽之雪夜访戴安道的故事。《晋书·王徽之传》记载：“（徽之）尝居山阴，雪夜初霁，月色清朗，四望浩然，独酌酒咏左思《招隐》诗，忽忆戴逵。逵在剡溪，便夜乘小船诣之，经宿方至，造门不前而反。人问其故，徽之答道：‘本乘兴而行，兴尽而反，何必见安道耶！’”词人在这里满怀逸兴，借这个历来为人们所称道的故事，突出其人赏雪情致之“幽雅”，其人个性之“潇洒”，这种洒脱超逸的风格，是魏晋时知识分子“人”的自我意识觉醒时的追求典范。“皓鹤夺鲜，白鹇失素”，连仙鹤、白鹇这样洁白的小鸟，也在雪中显得不是那么白了。“千里广铺寒野”，形容漫山遍野都被白雪覆盖。“须信幽兰歌断”三句，意为在春、夏季之外，更有这样银装素裹的美丽景象可以与之媲美。“幽兰歌断”，指春兰开过，春天过去，“彤云收尽”指夏云消散，夏天结束。这里用对比的手法，突出冬天雪后景象之美，“瑶台琼榭”多指仙人居住的地方，这里指雪花装扮过的美丽景物。“放一轮明月，交光清夜”，展现在明月之夜，雪光与月光交相辉映，天空与大地浑然一体的清朗空阔的景象，引人遐想。

这首词正反开合，多角度多方位地突现主题，围绕雪的中心层层拓展，将不同时节不同情景的雪景逐一展现，通篇清雅不俗，唯觉引用的句子太多，有雕琢堆积之感。

木兰花慢

拆桐花烂漫[①]，乍疏雨、洗清明[②]。正艳杏烧林[③]，缃桃绣野[④]，芳景如屏[⑤]。倾城。尽寻胜去，骤雕鞍绀幰出郊坰。风暖繁弦脆管，万家竞奏新声[⑥]。

盈盈。斗草踏青[⑦]。人艳冶、递逢迎[⑧]。向路旁往往，遗簪堕珥，珠翠纵横[⑨]。欢情。对佳丽地，信金罍罄竭玉山倾[⑩]。拚却明朝永日，画堂一枕春酲[⑪]。

>注释

①拆：绽裂，开。

②乍疏雨、洗清明：乍来一阵稀疏的微雨，将清明节时的景色洗得更加明丽。《荆楚岁时记》："去冬节一百五日，即有疾风甚雨。"清明节前后多雨，故云。

③艳杏烧林：谓艳杏染红了树林。

④缃桃绣野：谓子叶桃铺满了原野。《花谱》谓子叶桃为缃桃。缃：嫩黄色。

⑤芳景如屏：美丽的景色就像屏风上画的一样。

⑥雕鞍：代指马。绀：略带红的黑色。幰：车幔。绀幰：代指车。郊坰（jiōng）：泛指郊外。繁弦脆管：泛指音乐。弦：谓弦乐。管：谓管乐。

⑦斗草：亦作"斗百草"，古代女子的

一种游戏。竞采百花，比赛多寡优劣。常于三月与端午戏之。踏青：春季郊游。秦味芸《月令粹编》卷四引冯应京《月令广义》云“蜀俗正月初八日，踏青游冶”，又卷五引费著《岁华纪丽谱》云“二月二日踏青节，初郡人游赏，散在四郊”，旧俗以清明节为踏青节。《荆楚岁时记》：“五月五日，四民并踏百草，又有斗百草之戏。”

⑧艳冶：艳丽，犹言妖冶。递：驿车，驿马。递逢迎：互相打招呼。

⑨簪：簪子。珥：玉饰品。

⑩金罍（léi）：古器名，容酒或盛水用。《诗经·周南·卷耳》有“我姑酌彼金罍”，《尔雅·释器》郭璞注云“罍形似壶，大者受一斛”。玉山倾：谓喝醉酒而倒地。

⑪永：长，兼指时间或空间。春酲：春醉。酲：酒醉而神志不清。《诗经·小雅·节南山》：“忧心如酲，谁秉国成。”

赏析

这首《木兰花慢》开头便不易解。元沈义父《乐府指迷》：“近时词人，多不详看古曲下句命意处，但随俗念过便了。如柳词《木兰花慢》云‘拆桐花烂漫’，此正是第一句，不用空头字在上，故用‘拆’字，言开了桐花烂漫也。有人不晓此意，乃云：‘此花名为拆桐。’于词中云：‘开到拆桐花。’开了又拆，此何意也？”这首词以描绘清明的节日风光，侧面地再现了宋真宗、仁宗年间社会升平时期的繁盛场面。清明时节风和日暖，百花盛开，芳草芊绵，人们习惯到郊野去扫墓、踏青。这首词就以北宋江南清明郊游为再现对象，生动地描绘了旖旎春色和当时盛况，是一首典型的“承平气象，形容曲致”之作。

起首六句二十四字，兼写清明乍雨、群花烂漫，点出春日郊游的特定风物。紫桐即油桐树，三月初应信风而开紫白色花朵，因先花后叶，故繁茂满枝，最能标志郊野清明的到来。一个“拆”字，写尽桐花烂漫的风致。“洗清明”，经过夜来或将晓的一阵疏雨，郊野显得特别清新，点出“清明之明”。

>题解

《木兰花》原为唐教坊曲名，后作词调名。《木兰花慢》则始于柳永，全词一百一字，前片十句五平韵，后片十一句七平韵。《唐宋词格律》例词注为慢调正格。此亦为清明词，历代词家多所赞誉，谓为“得音调之正”。

作者选择了“艳杏”和“缃桃”等富于艳丽色彩的景物，使用了“烧”和“绣”具有雕饰工巧的动词，以突出春意最浓时景色的鲜妍如画。不过，这首词的重点不在于对动人春色的工笔描绘，所以自“倾城”句始，词进入游春活动的描述。作者善于从宏观来把握整体的游春场面，又能捕捉到一些典型的具象。“倾城。尽寻胜去”是对春游盛况做总的勾勒。人们带着早已准备好的熟食品，男骑宝马，女坐香车，到郊外去领略大自然的景色，充分享受春天的欢乐。结尾两句，以万家之管弦新声大大地渲染了节日的气氛，词情向欢乐的高潮发展。词的上片，作者用浓墨重彩绘制出一幅生机盎然的清明踏青游乐图。

词的下片着重表现江南女子郊游的欢乐。柳永这位风流才子将注意力集中于艳冶妖娆、珠翠满头的市井妓女身上。在这富于浪漫情调的春天郊野，她们的欢快与放浪，在作者看来，为节日增添了浓郁的趣味和色彩，而事实上也如此。“盈盈”以女性的轻盈体态指代妇女，这里兼指众多的妇女。她们占芳寻胜，玩着传统的斗草游戏。踏青中最活跃的还是那些歌伎舞女们。她们艳冶出众，尽情地享受着春的欢乐和春的赐予。作者以“向路旁往往，遗簪堕珥，珠翠纵横”，衬出当日游人之众，排场之盛，同时也暗示这些游乐人群的主体是豪贵之家。这是全词欢乐情景的高潮。而作者对春之美好和生之欢乐的体验也抒发到了极致。继而词笔变化，作者继以肯定的语气，设想欢乐的人们，在佳丽之地饮尽樽里的美酒，陶然大醉，有如玉山之倾倒。“罍”为古代酒器，即大酒樽。词的结尾“拼却明朝永日，画堂一枕春酲”。一句意思是，这些欢乐的人定是拼着明日醉卧画堂，今朝则非尽醉不休。我们不能把这一句简单用“醉生梦死”去界定，实际上，柳永在这里讴歌的是古代女子在这难得的自由机会和场合中所迸发的生命的快乐。

这首《木兰花慢》充分体现了柳词善于铺叙的表现特征。作者依赖调式变化与句式的参差，造成了一种急促的节奏和繁密的语势；同时又通过特色景物的点染，大量细节的描写和场面的铺陈，将描写对象加以铺张渲染，为全词带来一种繁复之美。这是两宋时期广为传唱的“欢乐颂”和“春之歌”，体现了柳永创作风格的多样性。

凤栖梧

帘内清歌帘外宴①。虽爱新声②，不见如花面。牙板数敲珠一串③，梁尘暗落琉璃盏④。

桐树花声孤凤怨⑤。渐遏遥天，不放行云散⑥。坐上少年听不惯⑦，玉山未倒肠先断⑧。

>注释

①清歌：清亮的歌声。
②新声：指新制定的歌曲。词依一定的曲调填词而唱，谓之“依声”，按新制定的曲调填词而唱，谓之“新声”。
③牙板：歌女演唱时用以拍节之板。
④梁尘暗落：形容歌声嘹亮，可以吹动梁上之尘。典出刘向《别录》：“鲁人虞公发声，清晨歌动梁尘。”陆机《拟东南一何高》：“一唱万夫叹，再唱梁尘飞。”琉璃盏：琉璃做的酒杯。
⑤“桐树”句：意谓歌声如凤凰之哀怨。
⑥“渐遏”两句：形容歌声嘹亮可遏止天上的行云。
⑦坐上少年：作者自谓。
⑧玉山：喻男子之美。南朝宋刘义

庆《世说新语·容止》载："嵇叔夜（即嵇康）之为人也，岩岩若孤松之独立；其醉也，傀（guī）俄如玉山之将崩。"傀俄，即巍峨。肠先断：喻歌声感人之深。典出《世说新语·黜免》："桓公入蜀，至三峡中，部伍中有得猿子者，其母缘岸哀号，行百余里不去，遂跳上船，至便即绝，破其腹中，肠皆寸寸断。"

赏析

这首词着重表现妇女歌声的美妙绝伦，是集中笔墨描写声音的作品。在文学作品中，单独写声音的比较少见，因为声音的抽象性更难以用文学来表现。文学家们大多用比喻、夸张、联想的方法，调动读者的多种感官来体会声音，从而使音乐描写达到可以令人感知的效果。如唐代诗人白居易《琵琶行》中"别有幽愁暗恨生，此时无声胜有声"，李贺的《李凭箜篌引》中"昆山玉碎凤凰叫，芙蓉泣露香兰笑"，都是以描写和表现声音的高超技巧而见长的千古名句。柳永此词对歌声的描写，也是多用比喻、夸张的手法，而其出处多来自典故，因而于古奥之中现新意，在持重之中显变化。

词的上片描写这位歌女歌声的美妙动听，但是只闻其声，不见其人，给读者留下了广阔的想象空间和强烈的悬念。首句"帘内清歌帘外宴"，交代当时独特的表演形式，那就是隔帘倾听，尽显声音的纯粹美感。不知是主人特别擅长对歌声和音乐的欣赏方式，还是不想让俗客一睹自己歌女的芳容，这种表

>题解

《凤栖梧》，即《蝶恋花》，此调名称颇多，又名《鹊踏枝》《卷朱帘》《一箩金》《黄金缕》《明月生南浦》《细雨吹池沼》《鱼水同欢》等。《乐章集》注明为“小石调”，是教坊十八调之一。全词六十字前后片各五句，仄韵。这首词描写歌伎的歌声之美，以虚实相间的手法，多处运用典故，寓意于典，含意丰富，令人回味。

演着实吊足了听歌人的胃口。“虽爱新声，不见如花面”，是对首句的进一步说明，虽然其演唱的是新声而且填的词调很让人喜欢，但是却看不见那花朵一样的面容。其实这里的词人未免有点主观臆想的嫌疑，因为唱歌的女子显然不是他所认识或者见过的人，他怎么就知道伊人貌美如花呢？“牙板数敲珠一串，梁尘暗落琉璃盏”两句，形容其歌声的动听美妙，意为牙板数次敲响，歌声有如一串珍珠清亮圆润，其嘹亮飞动之处，吹动梁上的微尘暗中飘落在酒杯之上。这两句的描写都化用了前人典故。

下片继续描写其歌声产生的效果和影响，以想象和夸张来突出歌声的美妙之处，足以让词人为之倾倒。“桐树花声孤凤怨”以凤凰的鸣叫来状写其声，因凤凰栖身梧桐之上，且其声如箫乐，这种传说中的祥鸟，其叫声之美，自然非寻常的声音可以形容。梧桐乃凤凰所栖之佳木。《诗经·大雅·卷阿》：“凤皇鸣矣，于彼高冈。梧桐生矣，于彼朝阳。”疏云：“梧桐自是凤之所栖。”词人以凤凰之鸣声，喻歌女歌声之美，又以凤见桐花而来花落则去，喻歌女色美则以歌声娱人，色衰则漂泊流落的命运。“渐遏遥天，不放行云散”形容歌声嘹亮，响彻云天，阻遏行云，其穿透力可传播云天之外，其优美之处可萦绕云断，令行云为之纡滞不流。典出《列子·汤问》：“薛谭学讴于秦青，未穷青之技，自谓尽之，遂辞归，秦青弗止，饯于郊衢，抚节悲歌，声振林木，响遏行云。薛谭乃谢求反，终身不敢言归。”“坐上少年听不惯，玉山未倒肠先断。”这两句描述歌声对听者产生的震撼，也即对词人内心产生了强烈震动。“坐中少年”即是词人自谓，“听不惯”是说自己很少听到这样的歌声，因此初听之后感受非常强烈。“玉山”用来形容俊美男子的身躯，这里指代自己的身体。听着这样的歌声，加上酒馔助兴，还没有兴尽醉倒，心中就早已纷乱如麻了，这里形容词人内心的感触之深，足以让他为之倾倒，为之心动，为之心生爱意而思绪纷纷了。

玉女摇仙佩

飞琼伴侣[①]，偶别珠宫[②]，未返神仙行缀[③]。取次梳妆[④]，寻常言语，有得几多姝丽[⑤]。拟把名花比[⑥]，恐旁人笑我，谈何容易。细思算、奇葩艳卉，惟是深红浅白而已[⑦]。争如这多情[⑧]，占得人间，千娇百媚。

须信画堂绣阁，皓月清风，忍把光阴轻弃。自古及今，佳人才子，少得当年双美[⑨]。且恁相偎倚。未消得、怜我多才多艺[⑩]。愿奶奶、兰心蕙性[⑪]，枕前言下，表余深意。为盟誓。今生断不孤鸳被。

>注释

①飞琼：许飞琼，神话中的仙女名，西王母侍者。至唐宋时成为文人笔下美人的典型。

②珠宫：神仙所居之宫。《太平广记》卷五十六引《集仙录》曰：“(王母)所居宫阙，在龟山、春山西那之都，昆仑之圃，阆风之苑，有城千里，玉楼十二。琼华之阙，光碧之堂，九层玄室，紫翠丹房。”

③行缀：行列。

④取次：《诗词曲语词汇释》：“取次，犹云随便或草草也。”此以女子之淡妆喻其美。

⑤几多姝（shū）丽：意谓说不完的漂亮。姝：美丽。

⑥拟：打算。

⑦奇葩艳卉：奇异艳丽的花卉。深红浅白：形容花朵鲜艳、洁白等品质。
⑧争如：怎如。《诗词曲语词汇释》：“争，犹怎也。”
⑨当年：正当好年华。
⑩消得：抵得，值得，配得。
⑪奶奶：对已婚妇人之尊称与昵称，犹夫人、太太。据《词律校勘记》：“愿奶奶”三字为后人之误，应按宋本“但愿取”。

赏析

词的上片描写女子的容貌，极力突出她不同常人的美，如同神仙下凡。“飞琼伴侣，偶别珠宫，未返神仙行缀。”这位妇女如此脱俗，好像是天上的仙子下凡到人间，而未及返回神仙的班列。“飞琼”指仙女许飞琼。珠宫，道家传说天上上清宫有蕊珠宫，为神仙所居。唐人元稹《清都春霁寄胡三吴十一》：“蕊珠宫殿经微雨，草树无尘耀眼光。”行缀，指行列。“取次梳妆，寻常言语，有得几多姝丽。”她随意的梳妆，平常的话语，都有着说不完的漂亮。“拟把名花比，恐旁人笑我，谈何容易。”她的美让人无法形容，说不出来，想要用天下的名花来比拟，又恐怕别人笑话，要比拟出来谈何容易。“细思算、奇葩艳卉，惟是深红浅白而已。”细细想来，要想用奇花异卉比拟出她的美实在太困难，那些花朵也不过是色彩的深红浅白罢了，怎么会有这位女子那样的仪态气度呢？“争如这多情，占得人间，千娇百媚。”奇葩艳卉怎能够比得上这位充满风情的女子，占据了人间的千种娇万种美。

下片向这位女子表达爱慕之意，希望能和她成就世间难得的“双美”，结成才子佳人那样的佳偶。“须信画堂绣阁，皓月清风，忍

> 题解

《玉女摇仙佩》，柳永自制曲名，《乐章集》注明正宫调。全词一百三十九字，前片十四句六仄韵，后片十三句七仄韵。词中描写一位市井妇女的出众容貌，表达出艳羡渴慕之情。

把光阴轻弃。”表明要珍惜良辰美景，不使光阴虚度，不让美好的青春被浪费。“自古及今，佳人才子，少得当年双美。”古往今来，很少有佳人和才子能够在青春年华时相遇。意谓他们的相遇是古来少有，机会珍贵，应该彼此惜爱，珍惜上天的安排。“且恁相偎倚，未消得、怜我多才多艺。”意为即使这样相依相偎有多美好，也抵不上你喜爱我的多才多艺。此句表示这位佳人最爱的应是自己过人的才华，正所谓女爱郎才，郎爱女貌，这样才符合“才子佳人”这样的人间绝配。“愿奶奶、兰心蕙性，枕前言下，表余深意。”期望这位佳人与自己两相情好，在枕边互诉深情，表白对我的心意。“奶奶”是宋人俗语，用来称主妇，这里是对女子的昵称。“兰心蕙性”则是形容女子的天质高洁芬芳。“为盟誓。今生断不孤鸳被”承接上句的“表余深意”，继续说要相互盟誓彼此恩爱，今生永远也不分开。这位才子信誓旦旦，表达自己的一片痴情。词中有像“愿奶奶”这样的俗语入词，被一些词评家斥为不雅。但其语言平白流利，形象鲜明，情感热烈真挚，反映出市民阶层的审美需求，表达了自由的爱情观念，却有着它的进步性，受到当时新兴市民阶层的喜爱。

迷　仙　引

才过笄年[①]，初绾云鬟[②]，便学歌舞。席上尊前，王孙随分相许[③]。算等闲、酬一笑，便千金慵觑[④]。常只恐、容易蕣华偷换[⑤]，光阴虚度。

已受君恩顾。好与花为主。万里丹霄[⑥]，何妨携手同归去。永弃却、烟花伴侣[⑦]。免教人见妾，朝云暮雨[⑧]。

>注释

①笄（jī）年：女子成年。笄：发簪，古时女子盘发插笄，表示已经成年，可以出嫁。

②绾（wǎn）：盘结。云鬟：像乌云一样的发髻。

③随分：随意，随便。相许：赠予，指赠送给歌舞伎的缠头、彩头。

④觑（qù）：看，偷看，窥探。

⑤蕣（shùn）华：木槿花，夏秋时节开花，花期短暂，朝开暮落，古人常用以比喻女生容颜易老。

⑥丹霄：指云霄，天空。

⑦烟花伴侣：指沦落风尘中的女伴。

⑧朝云暮雨：出自宋玉的《高唐赋》，古代楚王在高唐梦见巫山神女向他自荐枕席，成欢娱之好，辞别时对他

说："妾在巫山之阳，高丘之阴，旦为朝云，暮为行雨。朝朝暮暮，阳台之下。"后人遂以"云雨"借指男女之事。此处除喻指男女私情之外，还有朝三暮四之意。

赏析

这首《迷仙引》刻画了一位正当妙龄，歌舞出众，追求自由自在的正常生活的烟花女子的形象，表达出她希望跳出火坑，追求幸福生活的强烈愿望。

词的上片描写这位女主人公出众的才艺和千金一笑的身份。前三句交代女子的美好年华，才过成年之礼，刚刚将双髻挽成云鬟模样，就学习歌舞，培养博取客人欢心的技艺。"席上尊前"两句，表示她出色的才艺得到王孙公子的赏识，他们在歌舞酒宴的场合随意地对她表示赞许和做出奖赏。"算等闲、酬一笑，便千金慵觑"，这位姑娘对客人们的这种狂热已经司空见惯，不以为奇，即便是一掷千金，她也懒得看一眼，只把它看成是很平常的事情，报之以淡淡的一笑。这里将"算等闲"这句结论性的话前置，实际上是她在"一笑"和"慵觑"时的内心态度。"常只恐"三句披露了女子的想法和担心，她只怕青春逝去，年华虚度。"舜华"，指木槿花。朱熹在《诗经·郑风·有女同车》中注为"舜，木槿也。树如李，其花朝生暮落"。郭璞的《游仙诗》中说"舜荣不终朝"。古人多用来形容女子的青春短暂，有如木槿花朝花暮落，虽然美艳却难久驻。这位烟花女子，虽然身处风尘，却并没有安于庸俗的生活，贪恋缠头赏礼的丰厚，而是保持着清醒的头脑。词中她在席上尊前的态度委婉地表现出她的自尊和希望得到尊重理解的品行。

在对女主人公的形象完成刻画之后，下片便转而描写她的内心世界。原来这位矜持自尊的女子已经心有所属，所以对歌舞酒宴中的男子们不屑一顾。她已然与心上的人有了恩爱之情，且打算以身相托。“已受君恩顾。好与花为主”，她终于寻觅到一位自己赏识和信任的男子，并且以身相托，希望他能救助自己，做自己的贵人和恩主。她以“花”自比，自己虽然美艳如花，但同时也孱弱如花，在男权主义的社会中，充其量不过是男人玩乐的工具，命运不能自主，未来不能自己选择。这是令她们彻骨伤痛的所在。“好与花为主”在反映出她弱者身份的同时，也表露出她央求的口吻。“万里丹霄，何妨携手同归去。”她大胆地想象着获得自由生活的快乐。长空万里，天地如此广阔，为什么不手拉着手回到属于我们自己的生活中去

>题解

这首词运用白描手法，借一位歌伎的自述语气，表现了她不甘沦落风尘、以沉浮污泥浊水之间的高洁品性，传达她内心深处渴望同情与理解，向往自由和爱情生活的心灵呼声。这首词的价值在于表达出对沦落社会底层不幸女子的真切理解和同情，传达出这些边缘女子发自内心的呼声。对于不甘沦落娼籍、以色艺事人的风尘女子而言，从良是最迫切的愿望与唯一的出路。她们的身世凄苦，渴望通过“良禽择木而栖”的方式跳出苦海，过上正常人的家庭生活，这是人性最基本的愿望。正因为词人对下层女子的高度关切和认同，才使他人性的光彩得以展现，用心地倾听她们的心声，并通过女子第一人称的自述，产生了真切感人的艺术效果。

呢？“丹霄”指绚丽的天空，这里形容广阔的晴空。她的愿望是如此美好，但是同时分明是不切实际的凭空设想，而没有实在的基础。“永弃却、烟花伴侣”，要和风尘路上的伙伴们断绝来往，与那个卖笑生涯一刀两断，可见她已厌恶自己的生活，痛恨自己的生活方式。“免教人见妾，朝云暮雨”，她要远离烟花生活，洗刷世俗偏见的耻辱，改变人们对她朝秦暮楚、招蜂引蝶的看法，过上有尊严的堂堂正正的生活。这位女子的愿望是如此恳切、热烈，是她发自心底的呼声和呐喊。但是最终只不过仍然落在虚幻的向往阶段，并没有变为现实的任何条件出现。

这首词模拟妙龄歌伎的口吻，展现出她厌倦烟花生活，追求爱情幸福和生命尊重的心灵世界。作者用白描纪实的手法娓娓道来，字句中流露出对这些不幸女子的深切同情和救助她们的善良愿望，情真意切，真挚动人，是一篇具有社会现实意义的词作。

秋 夜 月

当初聚散[①]。便唤作、无由再逢伊面[②]。近日来、不期而会重欢宴[③]。向尊前、闲暇里，敛著眉儿长叹[④]。惹起旧愁无限。

盈盈泪眼[⑤]。漫向我耳边，作万般幽怨[⑥]。奈你自家心下，有事难见。待信真个，恁别无萦绊[⑦]。不免收心，共伊长远。

>注释

①聚散：字面义为相聚与分散，这里是偏义复指，词义侧重在散，谓分离之意。
②伊：他或她，单数第三人称代词。
③不期而会：没有约定而偶然会面。期：约定。
④敛：聚敛，皱起。
⑤盈盈：盈满，充盈。
⑥幽怨：隐藏在心中的怨恨，也指埋怨但又无可奈何。
⑦恁(nèn)：那么，那样；如此，这样。萦绊：牵绕，牵挂。

>题解

秋夜月，词牌名，仄韵。因尹鹗词起句有“三秋佳节”及“夜深，窗透数条斜月”句，取以为名。以尹鹗体为正体。柳永词为别格，八十三字。全词以第一人称的方式叙述自己和情人的一次重逢。时空关系上没有任何跳跃，章法结构上没有任何曲折，自始至终，娓娓道来，这是一种典型的线型美，亲切深厚而耐人寻味。著名词学家任二北先生即称此词“情节颇生动，在半信半疑、可圆可破之间”(《敦煌曲初探·杂考与臆说》)。

赏析

这首词写与烟花旧好的相逢感怀，从词中口吻来讲似为书信，从其功用来讲又如赠人之作。词中交代了与这位女子分别后的不期然重逢，他们重叙旧好，但又难以长远地继续下去，所以不免又生幽怨之情。而男主人公的角色则掌握着主动权，词中点明了不能保持情爱长久的个中原因，但是说破表象而没能透露隐衷，因此给人以悬想和揣测的疑问。

词的上片介绍重逢欢聚的经过。前两句介绍前次的分别和预料。“当初聚散”实则为当初分手，“聚散”为反义词并列，语意侧重在“散”而用“聚”作陪衬。“便唤作”一句是说，主人公情下以为，分别之后便不会再次见面，言下之意，至少他们中的一方生活的方式或状态会发生大的改变，使他们的重逢看起来不再可能。“近日来”一句，则交代了他们意外重逢的惊喜和欢乐。词中女子的身份，应是一名歌伎，相会的地点，应是在饮宴作乐的场合。惊喜之情来自于他们都对此出乎意料，而背后的故事，则透露出男女双方都经历了一场人生的变迁，可谓“同是天涯沦落人”了。“向尊前”以下三句，则由重逢的欢乐牵惹起这位女子满腔的愁怨。她在酒宴上强作笑颜，而私下里则皱眉长叹，心事重重。“惹起旧愁无限”一句联系到他们两人曾经的欢好和不得已的分离，如今相逢之后，回想着欢爱的中断和人生的离合，心中无限悲愁。旧情已断，新欢难续，愁情更深。

下片描写他们重叙旧情，双方进行的感情交流。“盈盈泪眼”三句，写女子在男主人公的枕畔、耳边，倾诉离情，表白心中的愁怨和不满，她双眼盈泪，柔肠百结，对男子倾诉中的埋怨，是对他的钟情和爱的要求。但从男主人公的角度来讲，其中却有着令人不解的情由。“奈你自家心下，有事难见”，女子的心中，到底有着什么事情不能向他表白呢，他们的关系如此亲密，彼此属意而两情欢好，不能说给他的事情，必然是无法说，或是不能说的事情，而这事情显然会影响到他们以后的生活状态。这种令人悬测的隐曲更增加了女子的神秘感和悲剧性，暗示了两人中间有着无法逾越的障碍。“待信真个，恁别无萦绊”，如果让男子相信，他们之间真的没有什么事情阻绊，心中没有什么无法开解的事情缠绕，那该多好，他就可以“不免收心，共伊长远”，收起自己放荡的心思，和她长久地相爱了。

词中的女子表现出对男主人公的爱慕和依恋之情，她希望与男主人公长久相爱，表现出对安定美好生活的强烈向往，然而似有难言的隐衷。男子的态度则似乎是贪一时之欢，并不抱长远相爱的幻想，而是给“共伊长远”加了一个条件，而这条件似无实现的可能，内中有着无奈之感，但并不排除对她的爱。这种遗憾的爱，好似“带泪的微笑”一样，凄美之中别有动人之处。从这首词也可以看出，词人柳永“偎红倚翠”生活的一个侧面。

法曲第二

青翼传情①，香径偷期②，自觉当初草草③。未省同衾枕④，便轻许相将⑤，平生欢笑。怎生向⑥，人间好事到头少。漫悔懊。

细追思，恨从前容易，致得恩爱成烦恼。心下事千种，尽凭音耗⑦。以此萦牵，等伊来，自家向道。洎相见⑧，喜欢存问⑨，又还忘了。

>注释

①青翼：青鸟，神话传说中西王母的使者。此借指书信。
②偷期：两性相约幽会。
③草草：草率仓促，敷衍了事。
④衾：被子。
⑤相将：相共。
⑥怎生向：怎向，怎奈，奈何。
⑦音耗：音信。
⑧洎（jì）：及，到。
⑨存问：问候，探望。

>题解

《法曲》是一种古代乐曲，东晋南北朝时称作法乐。因其用于佛教法会而得名。原为含有外来音乐成分的西域各族音乐，后与汉族的清商乐结合，并逐渐成为隋朝的法曲。其乐器有铙钹、钟、磬、洞箫、琵琶。至唐朝又掺杂道曲而发展至极盛阶段。著名的曲子有《赤白桃李花》《霓裳羽衣》等。唐白居易《江南遇天宝乐叟》诗："能弹琵琶和法曲，多在华清随至尊。"在宋人曹勋的《松隐乐府》中，能见到一套由"散序—歌头—排遍—入破"四个完整曲段构成的《法曲道情》，这就是说，宋时法曲尚有"定格联套"式的体段样式。今人对法曲的研究还有很多未解的问题。

清代文学家李渔用"如话"二字来形容词的语言的最高境界。柳永这首词的语言特色正是明白如话，词中没有晦涩朦胧的诗文词汇，也没有游戏猎奇的方言土语，全是流行于市井之中、活跃在市民群众口头的通用语言。让文人作品走向大众走向市井，这是柳永的词作得以长久流传的一条成功道路。

赏析

这是一首代言体词作，假托女子的身份，叙述该女子与情人暗中相好的懊恼心情和矛盾心理，她一方面为自己的草率行为和预料到的不长久而后悔，一方面又沉溺于这种难得的欢乐之中而不能自拔。

"青翼传情，香径偷期，自觉当初草草"三句是女子的自我反省，想当初他们私下交好，暗中幽会，现在回想是多么草率仓促。"青翼传情"指他们之间借助书信互通情意，最终"香径偷期"，在花中小径上偷偷约会。"期"用作动词，约定时间，即约会。"自觉当初草草"，意为当初他们一见钟情而私下里便以身相许，这种自作主张的恋情毕竟是偷偷摸摸的，自然不会得到双方父母的同意和社会的认可，处于一种悖拗于伦理之外的叛逆行为，因而自觉草率，不够稳妥。"未省同衾枕，便轻许相将，平生欢笑。"反映出女子对风情之事的懵懂无知，对自己终身大事的马虎轻率。她还没有完全明白衾枕之间的男女之道，便将自己平生的欢乐幸福都轻易地许诺与他了。"怎生向，人间好事到头少。漫悔懊。”但是令人无可奈何的事情是，人世间的好事最终很少能有好的结果，这让她感到非常后悔和懊恼。凭着有限的人生经验和对社会秩序的粗浅了解，她预感到这种有悖常情的恋情最终不会有好的结果。“细追思，恨从前容易，致得恩爱成烦恼。”这句描写女子的心理活动，她悔恨自己从前没有从长远考虑，做出的事情容易将恩爱之情变成无尽的烦恼。“烦恼”二字，道出了女子目下的心理和情感状态。这种秘密的恋情固然充满诱惑，但是却无法突破世俗的樊篱而赢得公开相处的权利，她在等待和揣测中度日，因而烦恼常常伴随着她。“心下事千种，尽凭音耗”，谓女子的心中纵然有千种想法万种揣测，也只能寄托在等待他的音信上，他们之间显然有着种种不便，需要有恰当的机会才能实现沟通和相见。“以此萦牵，等伊来，自家向道。”因为有“千种”的心事萦绕在她心头，她要把这些心事在等他到来之后，亲口告诉他知道。“等伊来，自家向道”二句以口语化的语言，勾画出女子急切想见到他的心理和似有满腹话要说的神情。可以想见，这种殷切的思念和等待的煎熬让她坐立不安。“洎相见，喜欢存问，又还忘了”，等到终于把他盼来，相见之后，她又是高兴又是问候，又把那些想说的话全都忘记了。相逢的喜悦冲走了烦恼，爱情的欢乐如同毒酒让她忘掉了思念和担忧。恩爱和烦恼并生，甜蜜与痛苦并存，验证了文学评论家的一句话：“爱情是文学永久的主题。”

浪淘沙令

有个人人[①]。飞燕精神[②]。急锵环佩上华裀[③]。促拍尽随红袖举[④]，风柳腰身[⑤]。

簌簌轻裙[⑥]，妙尽尖新[⑦]。曲终独立敛香尘[⑧]。应是西施娇困也，眉黛双颦[⑨]。

>注释

①人人：对所亲者之昵称，此处指歌女。《诗词曲语词汇释》：“人人，对所昵者之称，多指彼美而言。”

②飞燕：即赵飞燕，汉成帝宫人，许后废，立为后，能歌善舞，本名赵合德，以体轻故，号称飞燕。其事见《汉书·孝成皇后传》。

③急锵：形容身上所带之环佩的撞击声。华：华丽。裀：夹衣。《说文解字》谓“重衣也”。

④促拍：节奏急促的乐曲，用以佐酒。

⑤风柳腰身：形容舞姿轻盈，如杨柳随风而舞。

⑥簌簌：拟声词，形容衣裙摩擦之声。

⑦妙尽尖新：形容歌声之新颖。尖新：新颖别致。

⑧香尘：指香风。
⑨西施娇困：形容舞后娇困之状。眉黛双颦：谓舞后眉眼惺忪的样子。黛：青黑色颜料，古时妇女用作画眉之墨，此处代指眉。

赏析

这首词写歌伎出色的舞蹈技艺和动人的体态与神情，是一首单纯描写人物的作品。词中的女子轻盈如赵飞燕，她随着音乐起舞，身姿动人，身上环佩之声叮咚，衣裙簌簌作响，形象“妙尽尖新”，新颖不俗。舞蹈之后，则显示出疲惫的美丽。对人物的描写建立在仔细观察的基础之上，不论整体描述还是细部刻画，都能抓住特点，而使人物形神俱备。

上片侧重写舞蹈和曼妙的腰身。“有个人人，飞燕精神”，用“人人”的昵称表达对歌伎的喜爱之情。《诗词曲词语汇释》：“人人，对所昵者之称，多指彼美而言。”“飞燕精神”则高度简练地概括了女子的特点，她不但身材轻盈，且舞技出众。赵飞燕能歌善舞，以体轻故，号称飞燕，她成为中国古代对女子审美中以瘦为美的典型，古来有“环肥燕瘦”之说，苏东坡论书法时在《孙莘老求墨妙亭诗》中说“短长肥瘦各有度，玉环飞燕谁敢憎”。“急锵环佩上华裀”是描写歌伎上场表演时的神态，但是对动作的描写极简略，而重点描写的是听觉的感受，她身上的环佩伴随着走动发出急促的琳琅之声。“锵”是拟声词，形容佩饰相互撞击时的声音铿锵

>题解

《浪淘沙令》，又名《浪淘沙》《过龙门》《卖花声》《曲入冥》《炼丹砂》。原唐教坊曲名，后用作词调名。唐人所作本为七言绝句体，至南唐李煜始另创新声，为长短句，分前后片。《唐宋词格律》："小令别格，首句四字。"《乐章集》注明为"歇指调"，乃唐教坊十八调之一。这首词赞颂了一个舞女的舞姿，这个舞女像能歌善舞的汉宫飞燕，舞蹈时，腰身摇曳，环佩叮咚，红袖翩翩，婀娜娇媚。作者同情歌颂社会最底层的舞女，体现了他不蔑视卑微的进步思想。

悦耳。"促拍尽随红袖举，风柳腰身"，描写她舞蹈时的姿态，但见红袖飘举，腰身如风中的杨柳轻盈曼妙。"促拍"指用来佐酒助兴的节奏急促的乐曲。宋张表臣《珊瑚钩诗话》卷：“乐部中有促拍催酒，谓之三台。”词曲中有众多冠以"促拍"的曲调名，如《促拍采桑子》《促拍满路花》等等。以简略的描写勾画出人物最突出的特点，重在表现其意韵而不求精雕细琢。

下片写歌女的神采风度和舞蹈结束后的神情。"簌簌轻裙，妙尽尖新"，形容这位女子的衣裙随着舞动簌簌作声，款式新奇，衬出这位歌伎神采出众，超然脱俗。"尖新"一词，意为新颖、新奇，清新而有生机。多指诗词的命题新奇脱俗。元刘祁《归潜志》卷："(刘勋)平生诗甚多，大概尖新，长于属对。"这里的"尖新"，应是指这位歌伎的装束与歌舞给人的新奇之感，而并非形容她的歌声。"曲终独立敛香尘"，描写一曲终了，她的舞姿定止下来，而先前随着衣裙荡起的香风也随之收敛。“应是西施娇困也，眉黛双颦。”描写歌伎表演结束后显示的疲态，因为歌舞疲惫而双眉微颦，更显示出她的娇弱之美。《庄子·天运》：“故西施病心而矉（同颦）其里，其里之丑人见而美之，归亦捧其心而矉其里。”西施的病态美成为她的特征并被丑妇所模仿。“黛”指青黑色颜料，古代妇女以之画眉，所以也用“黛”用来指代妇女的眉毛。颦，皱眉。歌伎曲终之后娇困无力，更显柔美，以此做结句，突出显现这位歌伎的形象特征。从词中看来，这位歌伎的形象清新脱俗，身材苗条轻盈，擅长歌舞而体态纤弱，在众多的歌伎中显得出类拔萃，令人瞩目，给词人留下了深刻的印象。

秋 蕊 香 引

留不得。光阴催促，奈芳兰歇[①]，好花谢，惟顷刻[②]。彩云易散琉璃脆[③]，验前事端的[④]。

风月夜，几处前踪旧迹。忍思忆[⑤]。这回望断，永作天涯隔[⑥]。向仙岛，归冥路[⑦]，两无消息！

>注释

①歇：衰残，凋落。
②顷刻：极短暂的时间。
③彩云易散琉璃脆：出自白居易的《简简吟》："恐是天仙谪人世，只合人间十三岁。大都好物不坚牢，彩云易散琉璃脆。"琉璃：以黏土、长石、石青等为原料烧制的瓦。
④验：验证。端的：确实如此。这句意为古已如此，红颜总是薄命，上天易妒佳人。
⑤忍：即怎忍。
⑥天涯隔：终生永别。
⑦仙岛：喻成仙。冥路：通向阴间（地狱）的道路，喻指阴司地府。

>题解

这首是悼亡之词。在光阴的催促下，花儿转眼凋谢殆尽，伊人也倏忽而逝。她的魂魄，归向何处，不论是化作蓬莱的仙子，还是坠入冥府，都杳无音讯。这首《秋蕊香引》与《中吕调·离别难》同样为悼亡之作，且哀悼的对象都是风尘女子，而词人所持的态度都是严肃、伤感的，在惋惜中寄寓着留恋和同情。词人并未表露这位歌伎和他有什么特殊的亲密关系，仅流露出友谊和同情，由此更显出其人性的光辉。

赏析

词的上片交代这位女子不幸早逝的事实，下片抒写悼念之情。

上片起首一句“留不得”，道出了时光不可停留，生命在光阴面前经不起消磨的事实。“光阴催促”，道出时光的冷酷无情，对于纤弱纯洁的生命，岁月的风刀霜剑让她们早早地凋零。“奈芳兰歇，好花谢，惟顷刻”，“奈”意为奈何，拿……怎么样之意。“芳兰歇”与“好花谢”两句是同一意思的反复表达，暗喻这位兰心蕙质的芳龄女子不幸早夭。“芳兰”和“好花”指代该女子的艳质不同俗流。“彩云易散琉璃脆，验前事端的”，用彩云之易散和琉璃的易碎来喻指生命的脆弱，其中包含着美好的东西往往更加娇贵的意思。“验前事端的”，指用以前发生的事情来验证确实如此，这句评述性的议论显示出词人的冷静客观和富于人生经验，也包含着凄凉无奈的情绪。

下片抒情从回忆开始，“风月

夜，几处前踪旧迹。忍思忆。”词人回忆这位女子短暂的生命，她在风花雪月的生活中，并未留下特别多的踪迹，涉世未深即撒手人寰了，所以更让他不忍思忆。“这回望断，永作天涯隔”，意为她的生命逝去已无可挽回，即使望断云山，也已经永远隔绝了。“向仙岛，归冥路，两无消息！”意指生命逝去，连魂魄也无从寻觅，不管是海上的仙山，还是阴曹地府，都寻不到她的踪迹，表达出生命幻灭之后的迷茫和深切的哀悼与思念。柳永并未从死后灵魂的去处和因果轮回的方面为人的死亡寻求一种解释，表达出了死亡之后即归于虚无的态度和见解。词中作者也没有表达出自己与这位女子有特殊的亲密关系，在冷静客观中流露出的更多是友谊与同情，正因如此，更显示出词作中人性的光辉，在宋代封建思想进一步发展、孕育着理学思想的文化土壤中，能够为一个地位低下的风尘女子写下如此真切的悼亡词，实为难能可贵。

锦堂春

坠髻慵梳，愁蛾懒画[①]，心绪是事阑珊[②]。觉新来憔悴，金缕衣宽[③]。认得这疏狂意下[④]，向人谠譬如闲[⑤]。把芳容整顿，恁地轻孤[⑥]，争忍心安。

依前过了旧约，甚当初赚我，偷剪云鬟[⑦]。几时得归来，香阁深关。待伊要、尤云殢雨[⑧]，缠绣衾[⑨]、不与同欢。尽更深、款款问伊，今后敢更无端[⑩]。

>注释

①蛾：蛾眉，指代妇女的秀眉。
②是事：每件事。阑珊：衰残、零落，这里指情意消沉。
③金缕衣：饰以金线的华贵衣服。
④疏狂：不羁，指放荡之人。
⑤谠譬如闲：像平常一样的言谈。谠譬：说笑，闲聊。
⑥孤：辜负。
⑦赚：欺骗。偷剪云鬟：剪乌发为约。
⑧尤云殢（tì）雨：暗喻爱情缠绵。殢：殢留。
⑨缠：紧裹。
⑩无端：无赖，骂人之词。

>题解

《锦堂春》是柳永所作俗词的代表，词中以代言体的方式，通过细致的心理描写，声情毕肖地刻画了一个泼辣、傲气、不拘礼法的市井女性形象，表达了他对市民意识的认同。作者巧妙地抓住抒情女主人公梳妆瞬间的心理流程，用内心独白的方式，展现了她极其复杂的内心活动。结构上，他主要采用市民所喜闻乐见的浅型结构方式，有细节、有情节，能够紧紧抓住读者，增强了作品的吸引力。

赏析

柳永在词的创作中拓展了题材范围，也发展了词的语言。他能够投合时好谱写新曲，既有很多雅正之作，也作了不少俚俗曲调，以迎合市民阶层的趣味。这首《锦堂春》就是柳永所创作的一首典型的俗词。词中以女性自叙的口吻塑造了一位美丽多情、泼辣要强而又不拘礼法的妇女形象。词人通过细致的心理描写，赋予了女主人公鲜明的个性特征和坚定的爱情立场，使人物形象跃然纸上，血肉丰满，同时又富有活泼风趣的特色。首句“坠髻慵梳，愁蛾懒画”是一组四字对偶句，起手直接进入人物内心来表现这位妇女的精神状态。“坠髻”，表示发髻已疏松；“愁蛾”，表示她修长弯曲的眉毛已经含愁不展了，这两个词语刻画她的面部表情，而她“慵梳”头发，“懒画”蛾眉，则表明她的内心状态。她神情慵懒，心绪不佳。“心绪是事阑珊”，是对她意绪的总结。她事事都打不起精神没有心情去做，连梳妆打扮的心思都没有了。这种近乎失魂落魄的消沉让她形容憔悴，身体消瘦。“觉新来憔悴”，自己都觉得自己瘦了，不光心力疲惫，身体也有感觉，觉出了“金缕衣宽”，衣裳变得宽大了，便是身体瘦下去的证据。她的憔悴消瘦，是因何而来？“认得这疏狂意下，向人诮譬如闲”两句，点出了对她“疏狂”和“诮譬如闲”的人，以较为隐晦的方式证明正是这位男子惹她生气的，做出令她无法平静面对的事情。“疏狂”，即风流浮浪之意。用“这”字修饰则指明了男子的这种随意态度。“认得”二字，点出了女子恼怒的情绪。“向人诮譬如闲”，意思是心里对我简直是视如等闲，将我看得太过平常。“诮譬”，说笑、玩笑。“人”字在这里是女子自指，表达出女子怨恨的心情。至此，作者将抒情主人公思念怨恨的对象点明了，他是一位行为狂放浮浪的青年男子，占据了自己的真心，反倒将自己不当一回事。但是她很快地转过神来，不甘心就这样被他轻视，而长久地沉溺在忧伤之中。她要采取积极态度，让男子受到自己的惩罚。“把芳容整顿”，她首先要把自己打扮得漂漂亮亮，用美丽的容貌为自己增添自信，树立尊严，这样好打起精神，克服慵懒情绪，投入下一步的行动中。“恁地轻孤，争忍心安”！如果就这样使自己一蹶不振，形容憔悴，变得孤单无依，心里怎能放得下！经过一番思谋盘算之后，这位女子终于走出了消沉的泥潭，将满腔的怨恨，转化成了采取行动的力量。上片的词意，介绍围绕轻薄男子的随意态度、女主人公思想情绪的转化过程。

下片以女主人公打算采取行动的想法来发泄她心中的不安和气愤，“依前过了旧约，甚当初赚我，偷剪云鬟。”“依前”，像从前一样。他又像从前一样，过了约定的时间还不见人影，更加上当初骗得我的真心，让我剪下头发相赠。“云鬟”，如乌云似的头发。古代男女两相情好，有订立盟约互赠信物的习俗。女子剪发相赠是常有的做法，赠发的意义是让男子见发如见人，另外还有以发缠住男子之心的寓意。“赚”字点出了女子此时的心态，有吃亏上当，被人算计的意思，这也是女子下决心要报复男子的一个原因。她盘算着等他有一天归来，要好好地教训他，让他知道自己轻视不得。她的计划有三个步骤：第一步是要在他回来时“香阁深关”，不让他进绣房，让他在门外苦苦央求；第二步就是“待伊要、尤云殢雨，缠绣衾、不与同欢”，如果他进了门，等他要寻欢作乐时，不让他进被窝，要让他着急难耐；第三步则是在惩罚一番之后对他的数落教训，“尽更深、款款问伊，今后敢更无端”。僵持半夜，等到更鼓已深，他的态度老实了，再不急不慢地数落他，让他做出保证，今后还敢再这样做吗。想法归想法，她的计划有没有实施不得而知，但是她这样想象一番，不也是一种精神胜利法式的自我安慰吗？不是已经把她内心怨恨不平、对爱情的忠心耿耿、对情郎的又怨又爱表达得入木三分了吗？点到即止，正给人留下不尽的回味。这首词最突出的特点就是“俗”，以俗语写俗事，反映“俗人”的生活，目的就是为了给“俗人”看。语言上用浅近的白话，保留了很多市井俗语，如“是事”“认得”“诮”“恁地”“争”“无端”等表现力很强的生活语言。在结构上，采取浅显明了的叙述型结构方式，以女子的心理发展为主线贯穿全篇，有细节、有情节，能够紧紧抓住读者，容易为市民阶层理解和接受。

定 风 波

自春来、惨绿愁红[①]，芳心是事可可[②]。日上花梢，莺穿柳带，犹压香衾卧[③]。暖酥消[④]，腻云亸[⑤]。终日厌厌倦梳裹[⑥]。无那[⑦]。恨薄情一去[⑧]，锦书无个[⑨]。

早知恁么[⑩]。悔当初、不把雕鞍锁。向鸡窗[⑪]、只与蛮笺象管[⑫]，拘束教吟课[⑬]。镇相随[⑭]，莫抛躲。针线闲拈伴伊坐[⑮]。和我。免使年少，光阴虚过。

>注释

①惨绿愁红：见绿即惨，见红亦愁，谓春愁。

②是事可可：谓事事都漫不经心。是事：事事。可可：漫不经心貌。前蜀薛昭蕴《浣溪沙》："瞥地见时犹可可，却来闲处暗思量。如今情事隔仙乡。"

③香衾：香被。

④暖酥消：温润如酥般的身体消瘦了。

⑤腻云亸（duò）：发髻也懒得梳理，任其下垂。腻云：比喻光泽的发髻。亸：下垂。

⑥厌厌：懒倦无聊，无精打采。梳裹：梳妆打扮。

⑦无那（nuó）：无奈。

⑧薄情：薄情郎，谓出外远游的丈夫。

⑨锦书无个：锦书：锦字书。无个：《诗词曲语词汇释》："个，估量某种光景之词，相当于'价'或'家'。凡少则曰'写儿个'。"
⑩早知恁么：早知如此。恁么：如此。
⑪鸡窗：谓书斋、书房。
⑫蛮笺：即蜀笺。象管：象牙制的笔管，代指笔。
⑬拘束：管束。
⑭镇相随：谓整日相跟随。镇：整日。
⑮针线闲拈：谓做针线活儿。

赏析

这是一首代言体词，以思妇的口吻写出了闺中独处的慵懒无聊和冷清幽怨，表达出对夫妻相守、平和自足的家庭生活的渴慕与向往。因以妇人的口吻写闺怨的题材，因此又称为代闺怨体，词的上片写思妇独处的孤寂情况，下片表达出让郎君外出追名逐利的悔意，想象两人长相厮守的安闲惬意的生活。

开篇直入主题，点明思春的题旨。"自春来、惨绿愁红"，写春来已早，春思已持续很久，以致觉得眼中看到的绿叶惨淡，红花带愁。"芳心是事可可"谓女子的心下对什么事都提不起兴趣，是事犹言事事，可可是漫不经心的神态。以"惨"和"愁"写花草，是曲笔流露女主人公的心情，她独居空闺，春思厌厌，无心赏花看柳，而被思念的愁绪包裹，以致心灰意懒，无精打采。"日上花梢，莺穿柳带，犹压香衾卧"，窗外的春色是多么活泼热闹，生机盎然，花朵在枝头招摇，黄莺在丝带一样的柳枝中啼鸣穿梭，春色撩人，而人却慵卧不起。"日上花梢"，时间已到上午，太阳升高了，"犹"卧，还没有起身，而一个"压"字则形象地说明了主人公感觉身体沉重，没有气力。"暖酥消，腻云亸。终日厌厌倦梳裹"，她身体消瘦，发髻蓬松，终日间懒洋洋的，连梳妆打扮也觉得倦怠无力。“暖酥”形容女子的身体温润如酥，“腻云”形容她的发髻光泽状如云朵。《太平广记》卷一百五十二引《德璘传》：“韦氏美而艳，琼英腻云，莲蕊莹波，露濯蕣姿。”“无那。恨薄情一去，锦书无个”，点明了她的心事。“无那”，她感觉无可奈何，没有办法。语出杜甫诗《奉寄高常诗》：“汶上相逢年颇多，飞腾无那故人何！”她怨恨薄情的男子，不将自己的青春时光和相思情意放在心上，离家一去而音信全无。“锦书”指男女之间传达情意的书信，李清照的词《一剪梅》：“云中谁寄锦书来，雁字回时，月满西楼。”“锦书”是寄托着思念，牵动着她的思绪。

下片由“恨”而“悔”，后悔放郎君外出，想象着团聚相爱的幸福生活，表达出对美好的婚姻生活的向往。平淡寻常的家庭生活，对她来讲却成了一种奢望，基本的生活需求都显得那样可望而不可即，女子的精神痛苦由此愈显强烈。“早知恁么。悔当初、不把雕鞍锁”，早知道会这样，她后悔当初，没有把鞍鞯锁藏起来，阻止她的郎君，让他不要外出，而是待在家里，陪伴着自己。“向鸡窗、只与蛮笺象管，拘

>题解

《定风波》，《乐章集》注明为林钟商，为柳永自制曲，与唐教坊曲《定风波》不同，唐教坊曲《定风波》六十二字，前片五句三平韵，后片六句四仄韵。此词则九十九字，前片十一句六仄韵，后片十句七仄韵。此首词为代闺怨体，在古典诗词中比较常见。在封建社会，自以为“万般皆下品，惟有读书高”的文人，有几人肯设身处地为沦落风尘的妓女写词，让她们到处传唱，倾诉自己的不平呢？柳永不是偶一为之，而是大量地为她们创作，这就不能不引起那些正统文人的指责，但是却受到歌伎们的热烈欢迎，引起她们的强烈共鸣。柳永长期出入秦楼楚馆，熟悉了不少歌伎，对她们深为理解和同情，因此有很多词作中真实地反映了她们的生活和思想。柳永的《定风波》在宋元时期曾广泛流传，尤其受到歌伎的喜爱。元代戏曲家关汉卿曾以柳永与歌伎的恋情为题材，把这首词写入杂剧《谢天香》。

束教吟课”，意为还不如让郎君整天待在书斋之中读书写字，管束住他，教他吟咏诵读。“鸡窗”谓书斋、书房。《艺文类聚》卷九十一引南朝宋刘义庆《幽明录》说：“晋兖州刺史沛国宋处宗，尝买得一长鸣鸡，爱养甚至，栖笼窗间。鸡遂作人语，与宗谈玄，极有言致，终日不辍。处宗因此玄功大进。”后来就以鸡窗指书斋。“蛮笺”即蜀笺，代指纸张。《天中记》中说：“唐，中国纸未备，故唐人诗中多用‘蛮笺’字。高丽岁贡蛮纸，书卷多用为衬。”由此可见唐代的时候，中原的纸张供给不足，所用的纸张多是四川等地的少数民族所制，故称为蛮笺。“象管”指象牙制的笔管，代指毛笔。罗隐《清溪江令公宅》：“蛮笺象管夜深时，曾赋陈宫第一诗。”“镇相随，莫抛躲。针线闲拈伴伊坐。和我。”女子想象着把郎君管束在家，整天跟随着他，不让他躲闪开去，“和我”，让他伴随着自己，而自己呢，手里拿着针线活陪他坐着。“免使年少，光阴虚过”，也免得让大好的青春时光白白地流过，意指自己整日闭锁深闺。虚度光阴，把少年时光全都浪费了。

这首代言体词假托女子的身份，写出了封建社会青年妇女独守闺房虚度岁月的寂寞生活和精神苦闷，非常切合女子的身份和心理，刻画其内心世界细致入微，想象活动细腻丰富，入情入理，表现出了女子的个性特点和合理要求，体现出对女权的尊重，对女子受压迫受剥削的不平等社会地位的同情，是柳永充满人性光辉的作品。但是它也违背了主流社会鄙视妇女、泯灭人性的大男子主义思想，使柳永在仕路不通而求改官时，也成了当时任宰相的文学家晏殊的笑柄。

少　年　游

一生赢得是凄凉[①]。追前事、暗心伤[②]。好天良夜，深屏香被，争忍便相忘？

王孙动是经年去[③]，贪迷恋、有何长[④]？万种千般，把伊情分，颠倒尽猜量[⑤]。

>注释

①赢得：落得。
②追：追念，回忆。
③王孙：古代对贵家子弟的通称。动：动辄，往往。
④有何长：有什么好处。长：优长。此处指好处、益处。
⑤颠倒：反反复复。

> 题解

调见《珠玉集》。因词有“长似少年时”句，取以为名。《乐章集》注“林钟商调”。韩淲词有“明窗玉蜡梅枝好”句，更名《玉蜡梅枝》。萨都剌词名《小阑干》。

柳永的词中有多首表现了下层妓女的不幸和她们从良的愿望，这类词与晚唐五代以来的同类词作相比，不仅有内容风格的不同，更体现出女性观念的变化。作为当时一个特殊社会群体的歌伎，与市民阶层的生活内容和消费方式密不可分，柳永词真切地表现她们的命运，非常贴近市民大众的日常生活和欣赏趣味，因而使得他的词得到广大市民阶层的认可与喜爱。

赏析

这是一首代言体词，词中以一位风尘女子的口吻，自述风尘女子卖笑生涯的痛苦和生命与感情生活的无所着落。词中充斥着凄凉伤感的情绪和对前途的迷茫，是封建社会妓女这一被侮辱与被损害的社会群体的内心写照。

词的上片抒发风尘女子内心的凄凉苦楚，指斥王孙公子的轻薄负心，“一生赢得是凄凉”一句，是对妓女命运的简练概括，是饱含着血泪的人生总结。“凄凉”的生命感受，“赢得”的感慨和失落，为开首一句增添了深厚的情感内涵。“追前事、暗心伤”叙述歌伎以色艺谋生的艰辛生活不堪回首，不论是生活的方式还是生活的经历，回忆起来只有让人心伤。“好天良夜，深屏香被，争忍便相忘？”指斥那些曾经与她们共度好天良夜、有着密切交往和特殊关系的贵家子弟薄情寡义、见异思迁，只知追欢买笑，而把恩爱和情意抛在一边。无论与这些贵家子弟有着怎样的情意，最终的结局都是被离弃、被忘记，她们希望找个好人攀个高枝，跳出苦海过上正常人生活的愿望往往落空，最终只能在年华虚度、年老色衰之后落得一声苍白的叹息。

下片揭示王孙公子的不可依靠和不可

相信。“王孙动是经年去，贪迷恋、有何长？”指出那些喜欢自己的，所谓专注于所喜欢的女子的人，往往很快就会离去，贪迷于他们，对他们寄予厚望，到底能有什么好处呢？这三句词从侧面揭示出贵家子弟的放荡腐朽、无情无义的本质，他们浪迹青楼，追逐欢乐，将这些下层女子当作消遣的对象和取乐的工具，也多把这种狎玩纵乐的活动当作一种商品买卖关系，没有多少信义的成本和感情的投入。即使是偏好于某一歌伎，也是一时之间的事，往往不足一年半载便转移了目标，归根到底不过是朝秦暮楚、轻浮无信。“万种千般，把伊情分，颠倒尽猜量。”描画出了这些风尘女子们在面对喜欢自己的男子时满怀疑虑、犹豫不决的心态。长期的生活经验和特殊的生活方式，使她们对出入坊曲之间的男子形成了一种不信任和审视的眼光，特别是在做出投入感情、甚至是金钱资助的决定之前，她们的心中充满疑虑和担忧，所以词人用“万种千般”和“颠倒”两种说法，一再地形容其思前想后，反复推测男子用心的心理活动。这从侧面说明薄情男子的难以把握，也表露出歌伎们希望遇上知音士子从良富足人家，而不愿意去过勤劳俭朴生活的普遍心理。正是低微的社会地位和厌弃劳动的寄生生活观，注定了她们的悲剧命运。但社会的黑暗是最根本的原因，没有人身自由和人格尊严的下层女子，被宦家或是娼家控制而成为娱乐与生财的工具，想要为其赎取自由，除了封建刑律制度的规定，还有不菲的身价，这也是普通人们不敢问津的事情。词中既表现了歌伎的痛苦，充满着人道主义的同情，也揭示了她们堕落的思想根源，向社会提出了一个值得深思的妇女问题，使人们认识到，一个社会中妇女的地位和解决程度，衡量出这个社会文明进步的程度。

驻　马　听

凤枕鸾帷①。二三载，如鱼似水相知。良天好景②，深怜多爱，无非尽意依随③。奈何伊。恣性灵、忒煞些儿④。无事孜煎⑤，万回千度，怎忍分离⑥。

而今渐行渐远，渐觉虽悔难追⑦。漫寄消寄息⑧，终久奚为⑨。也拟重论缱绻⑩，争奈翻覆思维⑪。纵再会，只恐恩情，难似当时。

>注释

①凤枕鸾帷：谓夫妻和谐。鸾凤，喻夫妻。唐韩氏《婚宴集上索笔为诗》："今日却成鸾凤友，方知红叶是良媒。"

②良天好景：谓夫妻恩爱的时光。

③依随：谓言从意随。

④伊：第三人称代词，她。恣（zì）：放纵，无拘束。忒（tuī）煞：忒、煞皆"很""太"之意，二字连用，表示事情过分。些儿：少许，一点点。

⑤孜煎：愁苦、烦闷，细细熬煎之意。

⑥万回千度，怎忍分离：此二句中间有省略，意谓若不是你万回千度、没完没了地闹下去，我怎忍与你分离呢？

⑦虽悔难追：盖指夫妻双方而言，谓分离之后都有点后悔。
⑧漫：多，频频。寄消寄息：寄送音信。
⑨终久奚为：终究有什么办法呢？意谓于事无补。奚为：何为，有什么用。
⑩缱绻（qiǎn quǎn）：情意缠绵，难舍难分，谓夫妻感情和好。
⑪争奈翻覆思维：怎奈反复思考。

简析

这首《驻马听》是柳永词中专写男女别离相思的一篇。它通篇既不写景，也不叙事，完全摆脱了即景传情和因物兴感的俗套，完全采用直言的方式来抒情，是一首典型的"俗词"。历来因不合封建社会道德和正统文人的审美趣味而被称之为"淫冶讴歌之曲"。其实这首词写得直率明快、真情洋溢、深挚感人，具有很高的思想意义和艺术水准。

这首词采用线型的结构，按照情节的顺序从头写起，层次清晰。上片纯属忆旧。"凤枕鸾帷"是写抒情女主人公沉溺在对往日甜蜜爱情生活的回忆里。这段幸福的生活虽只有"二三载"，在整个人生旅程中是短暂的，却因两心相照，"如鱼似水"般的和谐而令人难忘。但他们的情感不是对等的，她委曲求全，百般迁就，"无非尽意依随"。委曲求全的结果并未愈合、反而加深了他们情感的裂痕，责任不在女方。"奈何伊。恣性灵、忒煞些儿"，"性灵"，俗语的意思是指性子或个性；"忒煞"，即太过分了。他们的破裂纯由男子的任性而引起，对他已无可奈何，最后分离也是情势发展的必然。接下来女主人公诉说分离后的苦闷情绪："无事孜煎，万回千度，怎忍分离。""孜煎"，俗语，忧虑、思念之

> 题解

《驻马听》,《乐章集》注明为林钟商，为柳永自制曲，全词九十四字，前片十句六平韵，后片九句四平韵。

这首与情人别后追念旧欢的词，在柳永的同类作品中颇有其独特之处。它通篇既不写景，也不叙事，完全摆脱了即景传情与因物兴感等等常套，一空依傍，采用了直言的方式来抒发感情。并且在抒写过程中不事含蓄，不忌刻露，一气贯注，滔滔不绝，故意写得明白如话，尽而又尽。这种写法显然触犯了传统词家的大忌，但它却因其直率与明快，不但不足为病，反而使得作品真情洋溢，深挚感人。这正是柳永的俗词最显著的特点与优点。

意，如柳词《法曲献仙音》:“记取盟言，少孜煎、剩好将息。”每当她闲着无事之时，将往事反复考虑，仍免不了对离人的眷恋，情感上难以割舍。这一串直言不讳的回忆，平中见奇，层次井然，章法分合有序，给人以摇曳生姿的美感。

下片重在伤今，着重写女主人公被遗弃后的复杂心理。而今离人已经“渐行渐远”，加大了空间与情感的距离，“虽悔难追”。似乎当初若再委屈一些、再容忍一些，还是可以挽留住的，而今距离愈远，纵然后悔也无济于事了。根据这种情形，即使寄去消息，终究也是白费。她也打算过同他再继续那一段爱情生活，“重论缱绻”。无奈她经过“翻覆思维”，从现实状况下得出的预感，经过分离的痛苦和被弃后的冷静思考，她已认识到情感是不能勉强的，纵使可能重续旧欢，恩情也不似当时的“如鱼似水相知”那样融洽了。这几句丧气话，表面看来有点煞风景，但实际是一个久经忧患者对人情世故的清醒认识，是情感和哲理的巧妙结合。

柳永的这首俗词与他的同类作品相比，颇有独特之处。首先，这首词塑造的一个是温柔多情而非大胆泼辣的市民女子。她既有对爱情的热烈追求，又有冷静理智的思索，反映了市民女子性格的多面性。另外，这首词情真语真，表现得法。词人能够深入人物内心设身处地去体会，他不写弃妇的悲哀可怜，却是多层次地揭示人物的思维过程，成功展示了她的内心境界。这首浅俗的词作之所以能打动人心，全在于情真语真，并表现得法。王国维《人间词话》中论及何谓“有境界”时指出 :“境非独谓景物也。喜怒哀乐，亦人心中之一境界。故能写真景物、真感情者，谓之有境界。”这首《驻马听》，正是一篇成功地展示了“人心中之一境界”的言情佳作。

望　远　行

绣帏睡起[①]，残妆浅、无绪匀红铺翠[②]。藻井凝尘[③]，金阶铺藓[④]，寂寞凤楼十二[⑤]。风絮纷纷[⑥]，烟芜苒苒[⑦]，永日画阑，沉吟独依[⑧]。望远行，南陌春残悄归骑[⑨]。

凝睇[⑩]。消遣离愁无计[⑪]。但暗掷、金钗买醉。对好景、空饮香醪[⑫]，争奈转添珠泪。待伊游冶归来，故故解放翠羽[⑬]，轻裙重系。见纤腰围小，信人憔悴。

>注释

①绣帏：绣帐。

②残妆：残乱之妆。无绪：没有情绪。匀红：谓涂脂抹粉。铺翠：谓画眉。

③藻井：有两种。一种为殿堂天花板上图画井干形装饰纹彩。一种为为照壁前类似的饰物。

④金阶：对台阶的美称。

⑤凤楼：指闺房。十二：即十二重，言闺房之深。南朝宋鲍照《代陈思王京洛篇》："凤楼十二重，四户八绮窗。"

⑥风絮纷纷：谓柳絮在风中飘荡。

⑦烟芜苒苒：薄霭中的青芜长得十分茂盛。苒苒：茂盛貌。三国王粲《迷迭赋》："布萋萋之茂叶兮，挺苒苒之柔茎。"

⑧永日画阑，沉吟独依：是“独倚画阑，永日沉吟”的倒装，写思妇心绪不宁的情态。
⑨远行：指远行的游子。归骑：指游子的归骑。悄：悄悄，谓意想不到。
⑩凝睇：凝望。
⑪消遣离愁无计：没有办法消遣离愁。
⑫暗掷：暗中抛掷。金钗买醉：谓以金钗换酒。香醪（láo）：香酒。
⑬故故：屡屡。杜甫《月》：“时时开暗室，故故满青天。”仇兆鳌注：“故故，犹言屡屡。”翠羽：翠鸟的羽毛，妇女常用作裙上饰物。

赏析

上片写景，烘托离思春愁，借景传情，表达怀春望远的题旨。“绣帏睡起，残妆浅、无绪匀红铺翠。”这是闺怨词的常用写法，思妇的慵懒无聊、无心梳妆是她们苦苦相思的惯常表现。大好春光时节，往往无心早起，懒懒地起身之后，又往往无心梳洗。“无绪匀红铺翠”即指闺人没有心绪去涂抹胭脂，描画翠眉。“藻井凝尘，金阶铺藓，寂寞凤楼十二。”藻井之上凝聚着灰尘，台阶上面长满了绿苔，幽深的闺房里是多么沉寂。“寂寞凤楼十二”是说幽深的闺房十分寂寞。南朝宋鲍照的《代陈思王京洛篇》中有“凤楼十二重，四户八绮窗”之句，以“十二”来形容屋宇的曲折幽深，正反衬出其寂寞之状。“风絮纷纷，烟芜苒苒，永日画阑，沉吟独依。”这四句突出一个“愁”字，却并未说破，这正是制曲作词的要诀之一。宋沈义父《乐府指迷》：“练句下语，最是紧要，如说桃，不可直说破桃，须用‘红雨’‘刘郎’等字。如咏柳，不可直说破柳，须用‘章台’‘灞岸’等字。……正不必分晓……方见妙处。”如“风絮”“烟芜”两句，着力表达的，乃是愁绪、愁情。柳絮随风飘飞，烟霭中碧草萋萋，明媚的春日里独依栏杆，女主人公心有所思，

> 题解

《望远行》,《乐章集》中注中吕调，全篇一百单七字，前片十句四仄韵，后片十句六仄韵，属慢词。这首词为代闺怨体，写思妇对游子的相思和幽怨之情。词中通过景物烘托和对闺人的行动与心理描写，刻画了一位独守空闺、孤寂哀怨的妇女形象，使这首带有类型化倾向的词作，显示出骨肉丰满、精神鲜活的特点。

沉默不语。其满怀的愁绪，只用物态景语便渲染得足够充分了。“望远行，南陌春残悄归骑。”末两句点醒曲名，指出思妇的心意所归，她盼望的正是远途的行人、离家的游子，他在迢迢的道路上，正踏着残春默默地走向归程，他的行程牵动着思妇的心绪，使她郁郁寡欢。

下片写思妇的行动和心理，形象地表现了思妇的愁思之深和想念之切，使闺怨的主题得到深化和提升。

“凝睇。消遣离愁无计。”由上片的旷远空间，将关注点推进到女主人公身上，以特写镜头般的描写，展现她的情思神态。她出神地凝望，痴痴地盼望游子归来。想要驱遣愁肠，转移一下愁闷的情绪，可是却没有什么奏效的办法。“但暗掷、金钗买醉”，谓思妇为了求得精神的安慰与解脱，只好悄悄地借酒浇愁，她暗中以金钗换酒，希望在醉态中忘掉忧愁。可是“借酒浇愁愁更愁”，这种自我排遣并没有让她得到解脱。“对好景、空饮香醪，争奈转添珠泪。”面对春光好景，空自饮下那些淡酒，怎奈何反倒增添了很多眼泪。接下来以思妇的想象来表达她思念的笃深，她想让心上的人看到自己为相思而消瘦的样子，理解自己的想念之深和相思之苦。词人化用古诗“相去日已远，衣带日已缓”的意味，来表达“为伊消得人憔悴，衣带渐宽终不悔”的情意。“待伊游冶归来，故故解放翠羽，轻裙重系。见纤腰围小，信人憔悴。”等到他出行归来的时候，她要特意脱下翠云裘，换上轻裘而系紧腰身，好让丈夫看到，自己因相思而变得憔悴了。她的这种设想，是建立在丈夫归来的基础之上的。如果游子不归，她的愁思也不会终结。女主人公的身上，笼罩着不祥的阴云，似乎有一个悲剧式的结局在等待着她。封建社会妇女带有普遍性的不幸，使她成为了其中的一个代表和缩影。

离 别 难

花谢水流倏忽，嗟年少光阴[①]。有天然、蕙质兰心[②]。美韶容、何啻值千金[③]。便因甚、翠弱红衰，缠绵香体，都不胜任[④]。算神仙、五色灵丹无验[⑤]。中路委瓶簪[⑥]。

人悄悄[⑦]，夜沉沉。闭香闺、永弃鸳衾。想娇魂媚魄非远，纵洪都方士也难寻[⑧]。最苦是、好景良天，尊前歌笑[⑨]，空想遗音。望断处，杳杳巫峰十二，千古暮云深[⑩]。

>注释

①倏忽：顷刻之间，时间极短。嗟：嗟叹，感叹。

②蕙质兰心：谓体态与心灵都十分美丽。蕙、兰：皆香草，用以喻美女。

③美韶容：美丽的容颜。何啻：何止，岂止。唐李山甫《古石砚》："波浪因文起，尘埃为废侵。凭君更研究，何啻直千金。"

④翠弱红衰：谓衣裳轻弱。缠绵：这里形容病情持续，久治不愈。缠绵香体：病久不愈之身体。

⑤五色灵丹：谓道士所炼之灵丹。

⑥委：委弃。瓶簪：即"瓶沉簪折"之省文，谓瓶沉水底则难觅，簪折则难合。

⑦悄悄：忧伤貌。

⑧洪都方士：应为“鸿都方士”之误。洪都：南昌。隋置洪州，明初置洪州府，后改南昌。方士：求神炼丹、禁咒祝祷的方术之士。
⑨尊前：即酒樽前。
⑩杳杳：缥缈遥远。巫峰十二：即巫山十二峰。此处用宋玉《高唐赋》典，以朝云喻佳人，谓欲于巫山觅佳人，但因“千古暮云深”而无从寻觅。

赏析

词中哀悼的对象是一位青春早逝的歌伎，她不但容貌美艳，而且品质高雅善良，深得词人属意，而且与词人有着亲密的交往。词中以感伤的笔调，描述了美丽生命的消失，揭示出歌伎的卑微生活和悲惨命运。词的上片叙述这位美丽女子香消玉殒的过程，下片抒发悼念之情，情感真挚痛切，感人至深。

上片前两句嗟叹光阴流逝飞快，青春时光短暂。“花谢水流倏忽，嗟年少光阴”，用了比喻的手法，以“花谢水流”比喻时光飞逝。“倏忽”，形容疾速，极短的时间。“有天然、蕙质兰心”描述女子的气质芳香高洁，出淤泥而不染，虽在柳巷曲坊之中，但是格调高雅脱俗。“美韶容、何啻值千金”，形容她容貌美丽无双，岂止是值千金。“何啻”意为何止，岂止。“便因甚”三句，表述她疾病缠身，体弱难支。“翠弱红衰”形容她香体孱弱，身体状况越来越差。词中以“翠”“红”指代这位女子。“缠绵香体”，指她久病不愈的身体，“都不胜任”，谓其难以支撑。这三句交代了该女子亡故的原因，预示了她的不幸命运。“算神仙、五色灵丹无验。中路委瓶簪”，意指她的疾病无药可治，最终不幸亡故。“五色灵丹”意为神仙炼就的包治百病

>题解

《离别难》，唐教坊曲名。唐段安节《乐府杂录》谓："天后（武则天）朝，有士人妻配入掖庭，善吹觱篥，乃撰此曲。盖五言八句诗也。"五代薛昭蕴借旧曲倚新声为《离别难》词，因词中有"罗帷乍别情难"句，取以为名。《乐章集》注中吕调，一百十二字（唐词八十七字），前片九句五平韵，后片十句五平韵。这是一首悼亡词，追忆的对象是一位聪明美丽的歌伎。仕途偃蹇的柳永在屡经挫折的时候，往往狂放不羁，旅游形骸之外，沉浮秦楼楚馆之中，他才华富赡，通晓音律，经常替歌伎们谱写新曲，以供传唱。他与歌伎之间的关系，超乎一般王孙公子的千金买笑，满足声色之娱，而是有着一定程度上的相互依赖。这首词中流露出来的追忆与痛惜之情，是发自内心的，是他真实感情的表达。词的上片铺叙，嗟叹少年光阴如花谢水流，一去不返，为全词定下了反复哀叹的基调。下片抒情，感伤香消玉殒，娇魂难觅，写得缠绵痛切，哀婉凄恻。

的药。用在她的身上也没有效验，以至于"中路委瓶簪"，半路就仙逝了。"瓶簪"是瓶沉簪折的省文，谓瓶沉水底则难觅，玉簪折断则难合，多喻指男女分离，这里用来暗指这位歌伎的病逝。《诚斋杂记》："吴淑妃晨起颒面，玉簪坠地而折，已而夫亡。父欲嫁之，誓曰：'玉簪重合则嫁。'后见杨子治诗，心动，启奁视之，则簪已合矣，乃嫁之。"此处用簪折难合意。白居易《井底引银瓶》："井底引银瓶，银瓶欲上丝绳绝。石上磨玉簪，玉簪欲成中央折。瓶沉簪折知奈何，似妾今朝与君别。""中路"二字，指出她中途早夭，"委"是委弃、抛弃。

上片以委婉的说法道出了这位歌伎的离世。下片则重在抒发词人的哀悼之情。

"人悄悄"四句写她离世后的悲凉冷落，营造出了凄清悲切的氛围。自美人之殇，人声岑寂，暗夜沉沉，昔日的歌舞言笑场面再也无从寻觅。她的朱户紧闭，衾被也被委弃。"永弃鸳衾"也表达了词人与她恩爱断绝的痛心。"想娇魂媚魄非远，纵洪都方士也难寻"，意谓她离世不久，魂魄想来还没有远离，但是纵然是请来道术高超的方士，也难以觅得踪迹。洪都即鸿都，东汉京都洛阳宫门。方士是古代求仙炼丹、自称能长生不老的人。白居易《长恨歌》中说："临邛道士鸿都客，能以精诚致魂魄，为报君王辗转思，遂教方士殷勤觅。""最苦是、好景良天，尊前歌笑，空想遗音"，表达出音容犹在、追思不已的想念之情。在好景良天的时候，如今再也不能有她来歌笑陪伴，只能满怀苦楚，静静地回忆。"望断处"三句，以巫山神女的传说来回想他们之间的缠绵情思，表达对她不尽的思念。"杳杳"形容巫山十二峰缥缈遥远。巫山在长江三峡有著名的十二峰。唐李端的《巫山高》中说："巫山十二峰，尽在碧虚中。"词中以"巫山十二峰"来借指巫山神女的故事。"千古暮云深"句用寻觅巫山神女而不见的情景来表达对该女子深深的哀悼和不尽的思念。

同样是悼亡之作，苏轼的《卜算子（缺月挂疏桐）》也表达出同样的情感，可与此篇对比来读。

八六子

如花貌。当来便约[①]，永结同心偕老[②]。为妙年、俊格聪明[③]，凌厉多方怜爱[④]，何期养成心性近[⑤]，元来都不相表[⑥]。渐作分飞计料[⑦]。

稍觉因情难供[⑧]，恁殛恼[⑨]。争克罢同欢笑[⑩]。已是断弦尤续[⑪]，覆水难收[⑫]，常向人前诵谈，空遣时传音耗。谩悔懊[⑬]。此事何时坏了[⑭]。

>注释

①当来：原来，起初。
②结同心：即同心相属。
③俊格：风流俊俏的格调。
④凌厉：奋迅无前。此处为明捷利索意。
⑤何期：怎料。心性近：性格褊窄、狭小。
⑥元来：原来。相表：与外在的表现相称。
⑦分飞：分别，分离。计料：打算。陈子昂《谏仁师出军书》：“以臣计料，恐未成割。”
⑧因情难供：意谓难于适应其性情。
⑨恁殛恼：这般烦恼。“殛”，朱祖谋校，疑“殛”为“极”之误。
⑩争克：怎能。

⑪断弦尤续：旧时以琴瑟喻夫妻，故男子妻死称为续弦。《通俗编·妇女·续弦》："今俗谓丧妻曰断弦，再娶曰续弦。"尤：错，过失。

⑫覆水难收：谓事成定局难以挽回，这里指感情再难以和好。李白《白头吟》："覆水再收岂满怀，弃妾已去难重回。"相传汉代朱买臣，初无官贫穷，其妻自愿离异。后买臣宝贵，其妻又求合。买臣取盆水倾泼于地，表示夫妻离异犹如泼水于地，难以再合。一说为姜子牙与其妻马氏的故事。

⑬谩悔懊：空悔恨懊恼。谩：通"漫"。《诗词曲语词汇释》："漫，本为漫不经心之漫，为聊且意或胡乱意；转变而为徒义或空义。字亦作谩，又作慢。"

⑭坏了：犹云"糟了"。

赏析

词中写当事人与一位妙龄美貌女子由赏爱到疏远嫌怨的情变过程。在叙述者的角度看来，这位女子原来非常让他欣赏，所以便有了白头之约。可是渐渐发现，原来她的性格里有很多自己不能容忍的地方，表面上的印象和实际情况有很大的反差，让他心生烦恼，事情变得越来越无法收拾。眼看着只能走到分手那一步了。从词中我们可以明确地知道情变中单方面的看法以及事态的发展过程。

"如花貌。当来便约，永结同心偕老。"交代叙述主人公爱恋这一女子的原因及其恋情的迅速发展。因为她貌美如花，当初曾和她约定，要与她永结同心，白头偕老。"为妙年、俊格聪明，凌厉多方怜爱。"因为她正当妙龄，容貌漂亮又聪明伶俐，所以惹得人对她百般怜爱。由前面数句的交代可知，这位女子是一个年轻貌美，聪明伶俐，洒脱爽利的人，她活泼乖巧的性格和出众的天资使男子倍加欣赏，因此便有了百年之约。由其感情发展的过程可知，这位女子应是风尘中人，而他们感情发展的最好结果，便是白头偕老，只能聘她为妾了。"何期养成心性近，元来都不相表。"意为不知道什么时候

> 题解

《八六子》，词牌名，《乐章集》注明为平调。双调平韵，起八十八字至九十三字，共六体。唐杜牧有《八六子》词。宋秦观《八六子》词有“正销凝，黄鹂又啼数声”之句，故又名《感黄鹂》。《词谱》以为宋词中当以晁补之《八六子·喜秋晴》为正体。这首词写男女之间的情变过程，虽然短小，但却道出了由于性格不合造成的曲折变故，不知是一场误会，还是一次过错，终究还是给主人公的内心留下了深深的伤痛。

她养成了一种小性儿，没想到竟然和她原来的性格大不一样。“心性近”意指其性格褊狭。而这种褊狭是“养成”的，是与男子相处之后才表露出来的，这让他感到了意外和不快，而且越来越让他难以容忍了。归其原因，应是她聪明、凌厉的性格中潜伏着一些他不能够接受的东西，比如刻薄、骄纵、不够善解人意等。渐渐地裂痕越来越大，彼此都觉得相处起来已经没有快乐和幸福可言了。“渐作分飞计料。”相处的不快已使他们预料到分手的结局，考虑着分手的打算。“稍觉因情难供，恁殛恼。争克罢同欢笑”，意为差不多能够结束共同欢笑的生活了，稍稍感觉到难以适应她的性情，心中就极为烦恼。“因情难供”指顺应、因循她的性情难以做得到。“恁”是这样，“殛”同极，懊恼至极，已到了决裂的边缘。由前面的预料分手到现在明确地做出估计，感情进一步向坏处发展。“已是断弦尤续，覆水难收，常向人前诵谈，空遣时传音耗。”此四句通过具体的表现来说明这段感情已经无法挽回，就好像断了的琴弦，泼出去的水一样，是不可能恢复原样了。之所以说“断弦尤续”，是因为他们的关系表面上还维持着。“常向”一句表明他们心中的不满已经表现出来，常常在别人面前谈论到这件事以发泄不满。“空遣”一句则说明他们已经分居，白白地花费时间向对方传达一些消息。应是处在相持阶段的一种对峙状态，彼此都伤心而又疲惫。“谩悔懊。此事何时坏了。”他们空自懊悔不已，在这场感情的纠葛中已是伤痕累累了。最后一句以疑问的语气发出质问，可以有两种不同的理解。一种解释是，这件本来是美满情缘的事情，是从什么时候开始变坏的呢，其中是否还有着不为自己所知的原因呢？这是一种追问，一种迷惑不解的情绪。另一种解释是希望这件事早早收场，这件事情什么时候才能了解呢？盼望着做个了结。这件事早日有个失败的结局，这样好撇开是非，彻底从中解脱出来。

木兰花令

有个人人真堪羡[①]，问著洋洋回却面[②]。你若无意向他人，为甚梦中频梦见？

不如闻早还却愿[③]，免使牵人虚魂乱。风流肠肚不坚牢[④]，只恐被伊牵惹断。

>注释

①人人：对昵爱者的称呼。董解元《西厢记诸宫调》卷四："脸儿又清秀，怎不教稔色的人人挂心头。"
②洋洋：同"佯佯"，假装无意的样子。
③闻早：趁早，及早。还却愿：求助神灵保佑以实现自己的愿望之后，以焚香祭祀等方式向神灵表示答谢。这里指愿望实现。
④风流肠肚：喻指风流的心性。

题解

这首《木兰花令》如与雅词相比，带有明显的俚俗特色和民间化色彩，其内容描写青年男女间的相思恋情和大胆表白，接近于山歌小调的风格，而在表现上也具有独特的处理方法，即词中的叙述者并不是相恋两人中的一个角色，而是以第三者、讲述者的角度，对男女两方的情况都加以交代，而且具有全方位、全信息的功能，两下分说，对两边的心思境况都很清楚。这种现代小说里常见的叙述方式，古人其实早就在用了。

赏析

词的上片刻画女主人公相思而佯作无意的情态，并以提问的方式表露她的心事，生动而又风趣地展现出一个怀春而又娇羞的少女形象。词中的叙述主人公站在旁观者的角度来讲述青年人的爱情故事，并对他们的感情生活提出建议。前两句叙述青年男子对这位少女的爱慕。“有个人人真堪羡”，意为心中有个人儿呀，着实让我心中艳羡。“问著洋洋回却面”，和她碰面上去搭话的时候，她却回转脸去，假装无动于衷，一副没有将他放在心上的样子。“回却面”的动作。显示出少女的矜持和娇羞之态，也是她在公众场合的一种顺其自然的掩饰。是她真的无情无义、对男子毫无情意吗？故事的讲述者以提问的方式向我们揭开了她心中的秘密。“你若无意向他人，为甚梦中频梦见？”你如果对他无情无义，为什么做梦时经常梦见他呢？词中以见面时的掩饰和做梦时时常梦见这两个细节，形象地刻画出怀春少女的心理状态，展示出人性中那个多愁多梦的年龄人人都会有的情绪，因而带有普遍意义，而为寻常百姓所乐于接受。

下片为相思的人表达心愿，教劝他们大胆地靠近，实现自己的愿望，免得受相思折磨牵肠挂肚。“不如闻早还却愿，免使牵人虚魂乱”，既然如此深情地互相思念，还不如趁早满足自己的心愿，也免得让人神迷意乱，失魂落魄。意谓年轻人要是相爱了，就早早地实现爱的满足，大胆地去品尝爱情的美酒，使自己的爱情得其所愿。“风流肠肚不坚牢，只恐被伊牵惹断。”前两句似为对女子的开导，这两句则是对男子的描述。他的风流心性是多情而脆弱的，如果不能让他满足心愿，只怕他的相思肠肚要因思念她而牵扯断了。词中大胆地诱劝和直白的表露，显示出强烈的爱欲，同时也表露出爱的脆弱。其人本主义的倾向，表现出人们希望自由地、无拘无束地追求异性并得到情感满足的愿望。这首词有如一朵吐着幽香的野花，因为自由放纵，所以真实质朴。

词中的语言运用，朴素自然，接近于口语，如“堪羡”“为甚梦中频梦见”“闻早”等，顺手拈来而不事雕琢，使这首词极具民歌小调的特点，配以词的曲调而歌咏，则给它的传唱插上了翅膀。

御街行

前时小饮春庭院①。悔放笙歌散②。归来中夜酒醺醺③，惹起旧愁无限。虽看坠楼换马，争奈不是鸳鸯伴④。

朦胧暗想如花面⑤。欲梦还惊断⑥。和衣拥被不成眠，一枕万回千转⑦。惟有画梁，新来双燕，彻曙闻长叹⑧。

>注释

①前时：从前，以前。
②悔放笙歌散：即悔教笙歌散，意谓自从笙歌散后，再也见不到唱歌的人了。《诗词曲语词汇释》："放，犹教也。"
③"归来"句：谓直至半夜，仍然醉醺醺的。中夜：半夜。三国魏曹植《美女行》："盛年处房室，中夜起长叹。"唐韦应物《秋夜》："朔风中夜起，惊鸿千里来。"
④坠楼：用石崇爱妾绿珠为石崇而坠楼典。换马：即爱妾换马，用三国魏曹彰以爱妾换马事。此处以坠楼、换马代美女。争奈：怎奈。
⑤朦胧：谓醉眼蒙眬。如花面：美丽如花的面容。李白《长相思》："美人

如花隔云端。”

⑥欲梦还惊断：谓想在梦中梦见你，但美梦却被惊断了。未梦而欲梦，为层进写法。

⑦和衣拥被：穿着衣服，裹着被子而睡。喻寂寞无聊之极。一枕万回千转：谓睡不着而在枕上翻来覆去，写相思之强烈，以致彻夜难眠。《诗经·周南·关雎》：“求之不得，寤寐思服。悠哉悠哉，辗转反侧。”

⑧“新来“两句：谓新来双燕也为愁人单栖而长叹。彻曙：谓从中夜长叹到天明。

赏析

本词写对属意女子的狂热迷恋之情，当为柳永的早期之作。词中表达了对一位歌伎一见倾心，归来之后百般思念，煎迫衷肠，梦寐不安的情态。词中表现出青年人坠入情网的痴迷和执着，当是柳永初到京城，涉足风月场所不久的作品。

词的上片追想见到这位女子的情形和分散后的悔恨，下片则表达他的热切思念。

“前时小饮春庭院。悔放笙歌散”，是回想与该女子见面的场景和对匆匆分散的遗憾。前些时候曾经在春日小饮于庭院之中，那位女子便闯入了他的视线，让他一见倾心，可惜的是笙歌散去，伊人也消隐了她的踪迹。“归来中夜酒醺醺，惹起旧愁无限”，是说酒宴散去，词人饮酒大醉，直至半夜还是醉醺醺的，心中生起无限的愁绪。从中可知词人对这位女子久有痴心，而他饮酒直至醺醺然，无疑也和见到这位女子有关系。“中夜”，指半夜。“虽看坠楼换马，争奈不是鸳鸯伴”，意谓虽然看到了像坠楼、换马的典故中那样打动人心的女子，怎奈她并不是能和自己双栖双飞的人。从中可见这位歌伎足有惊人的姿色，令词人悬心而难以放下。“坠楼”用的是晋朝绿珠坠楼的典故。《晋书·石崇传》：“崇有妓曰绿珠，美而艳，善吹笛。孙秀使人求之。崇竟不许。秀怒，乃劝伦诛崇、建。……崇谓绿珠曰：'我今为尔得罪。'绿珠泣曰：'当效死于官前。'因自投于楼下而死。"换马，即以马与爱妾换。用三国魏曹彰以爱妾换马事。唐李冗《独异记》载："后魏曹彰，性倜傥。偶逢骏马，爱之，其主所惜也。彰曰：'余有美妾可换，唯君所选。'马主因指一妓，彰遂换之。"

下片写思念时梦寐不安的情态。"朦胧暗想如花面。欲梦还惊断。"在大醉之后的睡意蒙眬之中，脑海里浮现的还是她如花似玉的面容。想要做梦梦见她，但是却一次次地惊醒过来。"和衣拥被不成眠，一枕万回千转"，与前两句相比，前两句写他的心理活动，是对他的内心世界的刻画，这两句则写他的外在表现，是对他的动作描写。他和衣拥被而卧，但是却无法入睡，枕上的思念愁绪，百转千回，无止无休。"惟有画梁，新来双燕，彻曙闻长叹"，词人转换角度，描写物象，以反衬人物的孤单和苦思之状。只有那画栋雕梁之上新飞来的一对燕子，彻夜地听到房屋主人的叹息之声。前文说"争奈不是鸳鸯伴"，表达对结为两情之好的渴慕之情，这里又以"新来双燕"来反衬不能与伊人相伴的形只影单，反复表达相思情意，使"一枕万回千转"的内心情绪，得到了充分的表露和渲染，情动于中而发之于外。生动地刻画出陷于迷恋相思之中的青年男子的形象。

> **题解**
>
> 《御街行》,《乐章集》注明为双调，是唐教坊十八调之一，曲名为柳永自制，《古今词话》无名氏词有"听孤雁声嘹唳"句，更名《孤雁儿》。上下片各三十八字，共七十六字，上片于一、二、四、六句押韵，下片于一、二、四、七句押韵。这是一首描写相思苦情的词，上片先写愁苦之缘起，下片描写愁苦的情状。因为难成眷属，词人无法入睡，翻来覆去，彻夜难眠。这些生动传神的细节描写，使相思情状历历如在目前。结尾处托物寓意，以物写人，意味深长而耐人寻味。

西　施

自从回步百花桥。便独处清宵①。凤衾鸳枕，何事等闲抛。纵有馀香②，也似郎恩爱，向日夜潜消③。

恐伊不信芳容改，将憔悴、写霜绡④。更凭锦字，字字说情憀⑤。要识愁肠，但看丁香树，渐结尽春梢⑥。

>注释

①百花桥：喻指送别的地方，非实指。清宵：清静的夜晚。
②馀香：残留的香气。
③向日夜潜消：怎奈还是因光阴流逝而淡薄。向：争向，怎奈。
④霜绡：白绫。唐玄宗李隆基《题梅妃画真》："霜绡虽似当时态，争奈娇波不顾人。"
⑤情憀：悲思之情。陆龟蒙《自遣诗》之十四："谁使寒鸦意绪娇，云晴山晚动情憀。"
⑥丁香：常绿乔木，一名鸡舌香。丁香结，即丁香花蒂，喻固结不解之意。李商隐《代赠二首》："芭蕉不展丁香结，同向春风各自愁。"

> 题解

《西施》，柳永自制曲，参照柳永《西施（苎罗妖艳世难偕）》一首，当为咏西施而得名。此首《乐章集》注仙吕调，七十一字，前片七句四平韵，后片七句三平韵。此词为代闺怨体，写别后妻子对丈夫的思念。

赏析

这是一首代言体闺怨词，写闺妇离别之后对丈夫的思念之情，词中并未将人物置身于特定的意境中，用景物烘托渲染情境、侧面抒情，而是以倾诉的语气，全文用叙述的表达方式，表达相思之切和情意之深，语言直接平实而事理明白近切。这种独白式的表现方式，可以看出柳永走市民化道路，反映普通民众生活状态的创作态度。

上片叙述与丈夫离别之后单栖独处，恩爱潜消的孤寂生活，流露出责怪怨悔之意。“自从回步百花桥，便独处清宵”，是说自从和丈夫分别以来，自己便过着孤夜难眠的日子。典出《续仙传》：“唐元和初，元彻、柳实赴浙右省亲，遇海风飘至孤岛，遇南溟夫人，求归。夫人命侍女紫衣凤冠者曰：‘可送客去，而所乘者何？’侍女曰：‘有百花桥可驭二子。’二子感谢拜别。夫人赠以玉壶一枚，高尺馀。夫人命笔题《玉壶诗》曰：‘来从一叶舟中来，去向百花桥上去。若到人间扣玉壶，鸳鸯自解分明语。’俄有桥长数百步，栏槛之上，皆有异花。”“凤衾鸳枕，何事等闲抛”，是女子在寂寞冷清时的抱怨之辞，为什么要轻易地舍弃双栖双宿的鸳伴生活呢？用“凤衾鸳枕”这些极具象征意味的物品来指代床笫之欢，而“等闲抛”的说法，则因随便、轻易地舍弃而心生悔意。“纵有馀香，也似郎恩爱，向日夜潜消”，承接上句的“凤衾鸳枕”，意谓衾枕之上，即使残留着郎君的气味，但是也像他的恩爱之情一样，随着白天黑夜的交替流逝而越来越淡了。语中流露出留恋和责怨之意。

下片以写寄家书为依托，来表达闺妇的相思之苦，表白自己愁怨之深和心意的牢固。“恐伊不信芳容改，将憔悴、写霜绡”，她向丈夫倾诉自己因思念而形容憔悴，还深恐丈夫不相信自己，那就将自己的形象画下来吧，将憔悴的容貌画在白绫之上。“更凭锦字，字字说情憀”，还要写上一封书信，信中字字句句都要说出自己相思的悲苦。“情憀”谓悲思之情。接下来又更深一步，以丁香结的牢固表白自己的愁苦之深。“要识愁肠，但看丁香树，渐结尽春梢。”你要知道我的愁绪有多深，只要看看那树梢结满的丁香粒，花和蒂相结是多么紧密。丁香是一种常绿乔木，又名鸡舌香，因丁香花蒂牢固，人们常用丁香结来喻接情思的固结不解。南唐中主李璟的《浣溪沙》:“青鸟不传云外信，丁香空结雨中愁。”李商隐的《代赠二首》:“芭蕉不展丁香结，同向春风各自愁。”下片层层深入，将女主人公的愁思写得透彻深沉，使其愁怨情绪得到了形象地展现和淋漓尽致地表达。以向丈夫倾吐的语气表白心迹，又反衬出这位女子对丈夫的忠贞专切，但郎君“日夜潜消”的恩爱却是对她最大的轻慢和忽视，女子的悲剧性角色就显得更为突出而具有了普遍性的意义了。

合 欢 带

身材儿、早是妖娆①。算风措②、实难描。一个肌肤浑似玉③，更都来④、占了千娇。妍歌艳舞⑤，莺惭巧舌，柳妒纤腰。自相逢，便觉韩娥价减，飞燕声消⑥。

桃花零落，溪水潺湲，重寻仙径非遥⑦。莫道千金酬一笑⑧，便明珠、万斛须邀⑨。檀郎幸有⑩，凌云词赋⑪，掷果风标⑫。况当年，便好相携，凤楼深处吹箫⑬。

>注释

①早是妖娆：已是妩媚多姿。《诗词曲语词汇释》："早是，犹云本是或已是也。"妖娆：亦作"妖饶"，妩媚多姿。唐何希尧《海棠》诗：著雨胭脂点点消，半开时节最妖娆。"

②算风措：料想风流举措。算：料想。

③一个：整个。

④更都来：更算来。《诗词曲语词汇释》："都来，犹云统统也，不过也，算来也。"

⑤妍歌：美妙的歌声。

⑥韩娥：战国时期著名歌女，擅歌，有"绕梁三日"的典故。飞燕：赵飞燕。传说她体态轻盈，能作"掌上舞"。

⑦重寻仙径非遥：用刘晨、阮肇典，意谓重新追寻到你的踪迹，想来是

不难的。

⑧千金酬一笑：谓女子一笑值千金。南朝梁王僧孺《咏宠姬》："再顾连城易，一笑千金买。"

⑨便明珠、万斛须邀：就是须用万斛明珠相邀也值得。《岭表异闻录》："绿珠井在白州双角山下。昔梁氏之女有容质，石季伦（石崇）为交趾采访使，以珍珠三斛买之。"

⑩檀郎：潘岳，字安仁，小名"檀奴"，俗误"潘安"，有"掷果潘安"典故（安仁至美，每行，老妪以果掷之满车）。比喻女子对男子的爱慕。后女子代指自己的心上人。

⑪凌云词赋：谓作起词赋来，如司马相如的词赋一样意气高超。《史记·司马相如列传》："相如既进《大人》之颂，天子大说（悦），飘飘有凌云之气，似游天地之闲（间）意。"

⑫掷果风标：《语林》："安仁（即潘岳）至美，每行，老妪以果掷之满车。"风标：风致，风姿。

⑬凤楼深处吹箫：汉刘向《列仙传》："萧史者，秦穆公时人也。善吹箫能致孔雀白鹤于庭。穆公有女，字弄玉，好之，公遂以女妻焉……公为作凤台，夫妇止其上。"这句是说况且正当美妙年华，应效弄玉、萧史吹箫于凤楼。

赏析

这首词写才子与歌伎之间相恋爱慕的主题，是仕宦文人阶层表现闲情逸致，玩赏歌舞佳人的奢靡放纵之作。

词的上片着重描写歌伎的美艳。她的美是多层面的，所以词人从不同的角度展开描写，分别表现她的身材、肌肤、歌喉和舞姿的过人之处。"身材儿、早是妖娆。算风措、实难描。"起首两句写歌女傲人的身材和出众的风姿仪态。"妖娆"形容身材的美好，她的身材妩媚多姿，透着一种风流韵致。"风措"指她的风度和行动举止，她的风度举止之美，令人难以描画，无法表达出来。"一个肌肤浑似玉"两句，形容她的肌肤之美。她的皮肤白皙光洁，如同美玉，更给她增添了千娇百媚。她的容貌如此姣好，难得的是她还有着出色的才艺，能歌善舞。"妍歌艳舞，莺惭巧舌，柳妒纤腰。"她的歌声动听，即使树间巧舌婉转的黄莺也要觉得惭愧；她的舞姿曼妙，即使腰身纤细的杨柳也要

>题解

《合欢带》，柳永自制曲，因咏合欢而取名，《乐章集》注林钟商，一百五字，前片九句五平韵，后片十句四平韵。这首词写对一位歌伎的爱慕之情，词中写到这位歌伎容貌的美丽，仪态的可人，歌舞技艺的高超，声名的高远，使她的形象充满了光辉和魅力。词中也流露出主人公的自负和自荐之意，希望以自己的才名和形貌也能够打动她，并和她成为琴瑟和谐的伴侣。

对她产生忌妒。“自相逢”三句，用对比的手法，进一步突出她的歌喉之美和舞姿之妙。意谓自从相识以来，便觉得她的歌声可以让韩娥减价，她的舞姿可以让赵飞燕声名消退。韩娥是古代有名的歌女，《列子·汤问》：“昔韩娥东之齐，匮粮，过雍门，鬻歌假食。既去，而馀音绕梁欐，三日不绝，左右以其人弗去。过逆旅，逆旅人辱之。韩娥因曼声哀哭，一里老幼悲愁，垂涕相对，三日不食。遽而追之，娥还，复为曼声长歌，一里老幼喜跃抃（biàn）舞，弗能自禁，忘向之悲也。乃厚赂发之。故雍门之人至今善歌哭，放娥之遗声。”从词人的描写来看，这位歌伎可谓色艺双绝，可以让公子王孙趋之若鹜，争相追捧。

下片写男子们为得歌伎的垂青，奔走求访、一掷千金的狂热。所幸的是，词人以自己的才貌而得到这位美貌女子眷顾，两人相互期许共赴凤楼之约。前三句“桃花零落，溪水潺湲，重寻仙径非遥”，运用南北朝时刘义庆《幽明录》中所载刘晨、阮肇天台山遇仙的故事，表明歌女所居之处。如同桃源仙境，而有情人如前去寻访，定不会无果而回。“莫道千金酬一笑，便明珠、万斛须邀。”写歌女的身价之高，真可与古时的绿珠相媲美，纵使花再大的代价，也令男子毫不吝惜，慷慨相赠。以下几句，从歌女的角度着眼，写“檀郎”的出众才貌和两人的秘密约定。“檀郎”以古时的美男子潘安的小字“檀奴”指代令女子中意的俊美男子。“凌云词赋”谓男子才气纵横，诗书满腹，写诗作赋气势凌云。“掷果风标”则自诩英俊，深得妇女们的偏爱。这三句可以理解为是女子的内心流露，也可以视为男子的自负自夸。前边一再突现女子的美貌与才艺，这里也表明男子与其相比也毫不逊色，正所谓才子佳人、郎才女貌，天成地就的一双理想情侣。这种情况，符合中国古代审美中的“才子佳人”模式和追求团圆美满的心理预期。“况当年，便好相携，凤楼深处吹箫”，表达出与歌伎相好亲近的愿望。“当年”是正当年，正值好年华的意思。况且正当青春年少。花好月圆的好时光，正好可以双双携手，吹箫引凤，成为琴瑟之好，共同演绎人生的美好故事。

集贤宾

小楼深巷狂游遍，罗绮成丛[①]。就中堪人属意[②]，最是虫虫。有画难描雅态，无花可比芳容。几回饮散良宵永，鸳衾暖、凤枕香浓。算得人间天上，惟有两心同。

近来云雨忽西东。烦恼损情悰[③]。纵然偷期暗会，长是匆匆。争似和鸣偕老[④]，免教敛翠啼红[⑤]。眼前时、暂疏欢宴，盟言在、更莫忡忡[⑥]。待作真个宅院[⑦]，方信有初终。

>注释

①小楼深巷：这里指烟花柳巷，娼妓聚集的地方。罗绮：本意指丝织品，这里代指美女。

②属（zhǔ）意：心意所向，指心意有所归属。

③情悰(cóng)：情怀。悰：心情，思绪。

④和鸣：鸣声相互应和，喻指夫妻和谐。《左传·庄公二十二年》："是谓凤皇于飞，和鸣锵锵。"

⑤敛翠啼红：形容皱眉啼哭。翠：翠眉。红：红粉。

⑥忡忡：形容忧虑不安的样子。《诗经·召南·草虫》："未见君子，忧心忡忡。"

⑦宅院：宅眷，眷属。

> 题解

柳永在寄寓京城期间，结识了一些民间歌伎，并为她们写作新词。他的许多作品里记述了与歌伎之间的幸福爱情和离别相思，这些歌伎艺名可考的就有英英、瑶卿、心娘、佳娘、酥娘、秀香、虫娘等。其中与虫娘的关系不可谓不深，从他的多个作品中可以看到他对虫娘的态度。宋人俗语中喜以虫虫或虫儿作为对心爱人的昵称，柳词中虫虫即是对虫娘的昵称，虫娘能歌善舞，不仅色艺双绝，而且温柔风流，故得柳永的眷爱，不仅将她当作红粉知己，而且希望和她结为眷属，可以看出他们之间的爱情是真挚而深沉的。词中柳永向虫娘许诺，一旦有了举场的好消息，一举成名之后，定然不会忘记报答她的恩情。他以词代书，向虫娘表白自己的真心，向她许愿，并给她以安慰和希望。

赏析

这首词是柳永在东京汴梁时为青楼名伎虫娘所作，词以柳永对虫娘的爱情为主题，表达了两人的相爱之情和不能长相厮守的痛苦，抒发了对虫娘的深挚爱情和谆谆的劝慰，是柳永的一篇大胆直白的情书和誓愿文。

词的上片介绍了虫娘的可爱之处和两人的交往爱恋。词的前两句写柳永的疏狂生涯，“小楼深巷狂游遍，罗绮成丛”，“小楼”指青楼女子所居之地，“深巷”表现出这些烟花歌舞之地的神秘与幽深，也反映出词人的沉迷之深。“狂游遍”交代了柳永在京都繁华之地的疏狂、放纵的生活，他的突出才华不能为当世所重，一腔抱负不得伸展，于是借醇酒女色自娱，这也是他激愤情绪的表现和发泄。“罗绮成丛”形容了女子穿着的华丽浓艳和人数之多。“罗绮”是以妇女穿着的丝织品，代指漂亮女子。宋苏东坡《答陈述古》诗云：“漫说山东第二州，罗绮丛中第一人。”“就中堪人属意”二句，说明柳永在遍赏百花，看尽烟花柳色之后，最为瞩目、最为欣赏的人，就是虫虫。“属意”是留恋、心下满意的意思。“虫虫”是这位女子的称呼。“有画”两句写虫娘为自己所属意的原因，“有画难描雅态”，说明虫娘的身上有一种深层次的美，就是她高雅的仪态，这种“雅态”是一种内在的美，是难以言说难以表达出来的美感，是其他女子所不具备的。“无花可比芳容”，没有什么美丽的花朵可以比拟她的芳容。她的美是不能用什么具体的物象来形容的，即使牡丹、芙蓉、桃花这些常用来形容女子美貌的花朵，用在她的身上都不合适。“几回饮散”三句，写柳永和虫娘的密切关系。他回想过去的美好时光，多少次在饮宴歌舞之后，他们共度良宵，两情缱绻。“鸳衾暖、凤枕香浓”，形容他们爱的热切和缠绵欢爱的美好。“鸳衾”指绣着鸳鸯图案的锦被，用鸳鸯雌雄不离的形象暗喻男女两情欢好。“算得人间天上，惟有两心同”，极言他们的相爱之深，天上人间无人可比，同心相爱之情可与天地同在，天地可以为他们的爱情作证。这两句可以看作是他们的海誓山盟，是他们爱的誓言和表白。

过片由回忆往昔转到现实，他们的欢乐生活因不明因素发生了改变。“近来云雨忽西东”，他们两人的生活轨迹，如同云雨一样飘忽不定，正在享受鱼水一样的欢情，很快又被各分西东。“烦恼损情悰”一句是说忧愁烦恼破损了他们的欢乐之情。“纵然偷期暗会，长是匆匆”，即使是有时间偷空暗中相会，也常常是匆匆忙忙，时间仓促紧迫。“争似和鸣偕老，免教敛翠啼红”两句，词人由他们促迫相爱的难堪想到了长久相伴、鸾凤和鸣的愿望。“争”，怎的意思。怎么比得上像鸾凤和鸣、白头偕老呢？如果得偿所愿，也免得让心上的人整日愁闷不乐、以泪洗面。这里的“翠”和“红”用了借代的修辞手法，以“翠”指翠眉、娥眉，以“红”指眼泪，“翠”字表现了女子眉毛之美，“红”字则表现出啼泣之悲，化用了“望帝啼血”的典故，来形容心中的悲痛。但“和鸣偕老”终究是个愿望，眼前的事情，是对虫娘的抚慰和宽解。“眼前时、暂疏欢宴”，他劝说虫虫在当前时间不要勉强自己参加那些歌舞饮宴的欢乐场面，以免自己强颜欢笑，增加痛苦。“盟言在、更莫忡忡”，接下来他安慰虫娘，请求虫娘相信自己的誓言，不要为爱的真实和长久担心。这样的安慰之词，不只是停留在语言上，而且还有对将来的美好愿望。“待作真个宅院，方信有初终”，等到你有一天做了我的眷属，你才会相信我的爱是有始有终、永不改变的。“宅院”也是用借代的手法，指宅院之中的家室，这里指成为自己的妻室。

词中流露出的感情，表明了柳永对待虫娘的热烈真挚的态度，柳永对虫娘的爱是发自内心的，他对虫娘的中意和两相谐洽之情使他对这段感情至为深刻，因而发的誓愿，希望两情天长地久。但是一个风尘中人，一个宦游之人，都是身如飘萍，不能够掌握自己的命运，也就失去了爱的资本，因此在结尾时的许愿之说，也有振奋精神，希望功成名就以遂心愿的意思在里面。

传花枝

平生自负①，风流才调。口儿里、道知张陈赵②。唱新词，改难令③，总知颠倒。解刷扮④，能哄嗽⑤，表里都峭⑥。每遇着、饮席歌筵，人人尽道。可惜许老了⑦。

阎罗大伯曾教来⑧，道人生、但不须烦恼。遇良辰，当美景，追欢买笑。剩活取百十年⑨，只恁厮好⑩。若限满⑪、鬼使来追⑫，待倩个⑬、掩通著到⑭。

>注释

①自负：自恃。
②道：折白道字，将一个字拆开成一句话，宋元时流行的一种文字游戏。如宋黄庭坚《两同心》："你供人女边着子，争知我们里挑心，为拆好、闷二字为句。"
③令：席间酒令游戏。
④解：懂得。刷扮：涂刷打扮，化妆。
⑤哄嗽：吐出吮入，歌唱时的运气功夫。
⑥峭：同"俏"，美好。
⑦许：如此。
⑧阎罗：阎罗王，佛书中掌管地狱之主。
⑨剩：尽，多。
⑩厮好：相好。

⑪限满：大限已满，指人的寿命期限已到，死亡。
⑫追：追捕。
⑬待：将，打算。倩：央请。
⑭掩通：看门守路之人。著到：报到。

赏析

这首《传花枝》的语言极为质朴俚俗，具有面向下层阶级、面向普通社会群体的普遍性，显示出柳永将文艺创作与下层社会相结合的态度，具备了元代散曲的某些特点。其中提到的曲艺技能和游戏方式，也为我们留下了当时的社会生活资料。

词的上片夸耀自己擅长的种种技能，显示出他的多才多艺，风流自负。“平生自负，风流才调。”表明自己的生活态度，自恃有着过人的才华，风流倜傥，因而平生非常自负，在坊曲之间自然显得卓然不群，应对自如。“口儿里、道知张陈赵”，是说自己擅长拆白道字，用解字、拆字的方法组成诗句，以此为游戏。“道知张陈赵”意即善于随意将某人的姓名等拆字组句。“唱新词，改难令，总知颠倒。”他擅长创作新词，改作难度很大的酒令，总是能翻来覆去，得心应手。柳永善制新曲，是当时的制曲圣手和在民间影响力最大的词坛领袖，在他的乐章集中，相当一部分曲调都是自己的首创。“解刷扮，能哄嗽，表里都峭。”他懂得怎样涂装打扮，还精通调运呼吸放展歌喉，装扮、表演的功夫都十分在行，从表到里都有突出的才干。由此可见柳永不是那些歌舞饮宴场所的普通观众和欣

>题解

《传花枝》这一词牌，在《乐章集》中属大石调,《词律》和《词谱》都未收录，是柳永词中的僻调，应是柳永所创曲调，且传世最广最为著名的《传花枝》也只柳永这一首。这首词是柳永对他京城生活的总结，是他对自己从事新词创作和留恋坊曲生活的形象写照，他以自负的才情和放浪不羁的生活态度，表现自己的多才多艺，风流狂放。词以狎俗的语言和游戏的笔调，表露出乐观放达的人生态度和不服老、不惧死的精神。

赏者，而是一个能够深入到歌伎生活前台幕后的创意者和指导者，他的水平不是看热闹，而是深解其中奥妙。“每遇着、饮席歌筵，人人尽道。可惜许老了。”每每在歌席饮宴这样寻欢作乐的场所，他都能一展才华，技压群芳，唯一的美中不足，就是年龄已经这么老大，已经不再是当日的风流少年了。上片对自己才能的夸耀，显得志气昂扬，很有恃才傲物的味道。但是他的才能，全在歌席饮宴这样的消遣行为，他通的是词曲歌唱和酒席间取乐的技艺，接触的是乐工歌伎这样的下层人群，所作的乐曲也大多合于市井俚俗的口味，他的市民化创作趋向和作品中大量的儿女情态与浮艳生活的描写，使他走向了与正统文人和主流社会文化相叛逆的道路。

下片展示出柳永达观放旷的生活态度和生死观。“阎罗大伯曾教来，道人生、但不须烦恼。”这句是说阎王爷曾经教导过，人生不须烦恼。意为死后地狱的情状不管是什么样子，活在世上都要可开怀处且开怀，珍惜生活，尽情享受生命的美好。“遇良辰，当美景，追欢买笑。”遇着好时节，面对好景观，要尽情享乐，欢乐开怀。也即人生要及时行乐，不要把好时光好场景轻易放过。“剩活取百十年，只恁厮好。”尽量地多活百十年，是多么的美好快意。“恁”意为这么，那么。“厮好”意为相好。指与自己热衷、喜爱的活动为伴求得快乐。“若限满、鬼使来追，待倩过、掩通著到”，如果哪一天大限到来，阎王派小鬼前来索命，那就请看门守路的小鬼在前面通报一声。意为死亡来临时无须担心害怕，即使死后去见阎王也要落个坦荡磊落。词中对生死表现出来的乐观豪放之情，是许多贪生怕死、瞻前顾后之人无法释然的。

可以说，柳永是宋元以后出现的专门性的文艺创作群体，包括书会才人的先行者，这篇《传花枝》则是中国文学史上第一篇通俗文学专业作者的宣言。它在思想上对以后的书会写手产生了很深影响。南宋戏文《张协状元》引辞《水调歌头》，即是一位书会先生的自我表白：“韶华催白发，光景改容颜。人生浮世，浑如萍梗逐西东。陌上争红斗紫，窗外莺啼燕语，花落满庭空。世态只如此，何用苦匆匆。但咱们，虽宦裔，总皆通。弹丝品竹，那堪咏月与嘲讽。苦会插科使砌，何吝搽灰抹土，歌笑满堂中。一似长江千尺浪，别是一家风。”元代著名戏曲家关汉卿在套曲《南吕·一枝花·不伏老》里也有类似的表述：“我是个蒸不烂、煮不熟、捶不扁、炒不爆，响当当一粒铜豌豆。……我玩的是梁园月，饮的是东京酒，赏的是洛阳花，攀的是章台柳。我也会围棋，会蹴鞠，会打围，会插科，会歌舞，会吹弹，会咽作，会吟诗，会双陆。……”

如 鱼 水

帝里疏散[①]，数载酒萦花系[②]，九陌狂游[③]。良景对珍筵[④]，恼佳人自有风流[⑤]。劝琼瓯[⑥]。绛唇启、歌发清幽[⑦]。被举措、艺足才高，在处别得艳姬留[⑧]。

浮名利，拟拚休。是非莫挂心头。富贵岂由人，时会高志须酬[⑨]。莫闲愁。共绿蚁、红粉相尤[⑩]。向绣幄[⑪]，醉倚芳姿睡，算除此外何求。

>注释

①帝里疏散：谓自己多少年来闲住帝京，疏放懒散，放达不羁。
②酒萦花系：为醇酒美女所缠绕。
③九陌狂游：在京城各处游逛。
④良景对珍筵："对良景珍筵"的倒装。
⑤恼佳人：撩拨人的佳人。恼：撩拨，引逗。
⑥琼瓯：玉制的酒杯。
⑦绛唇：朱唇。
⑧在处：到处。别得：特别得到。
⑨时会：时运。班彪《北征赋》："故时会之变化兮，非天命之靡常。"
⑩绿蚁：美酒名。谢朓《在郡卧病呈沈尚书一首》："嘉舫聊可荐，绿蚁方独持。"尤：相恋，相娱悦。《诗词曲语词汇释》："相尤，犹云相娱或相恋也。"
⑪绣幄：绣帐。

> 题解

《如鱼水》，柳永自制曲名，乐章集注明为仙吕调，九十四字，前片九句六平韵后片九句七平韵。这首词与《鹤冲天》一首相比，其中有很多行迹上的相似之处，但在其内心却有明显的不同。他不再是以自嘲和放旷的态度来写这首词，而是写醇酒妇人的生活中的麻醉和消遣，那种“数载酒萦花系，九陌狂游”的生活，带给他的并不全是欢乐，即使“在处别得艳姬留”，亦掩饰不住他那内心深处的苦闷、焦灼与惆怅。

赏析

这首词当写于柳永寄寓京师，科场失利之后，其格调与《鹤冲天（黄金榜上）》一首相类似，都是抒发壮志难酬之后的满腹牢骚。在不能插花披锦风光一时的情况下，词人以酒色自娱，沉溺其中，以此冲淡心中的不满和忧愁。词中表现出旷达傲世，鄙视功名富贵的观点，但是从其骨子里，并没有彻底放下名利的羁绊，所以在表面的洒脱之下，掩饰不住内心的困扰和失落。

词的上片写狎游歌楼坊曲的疏狂生活。“帝里疏散，数载酒萦花系，九陌狂游”三句，写柳永在京城之中放纵酒肆、游遍芳丛的疏狂生活。帝里指京城开封，疏散是他自恃才高而放任不羁的傲岸态度。“酒萦花系”意指处在鲜花美酒的包围之中，实指与酒宴歌伎相伴。“九陌”指京城中的各条街衢，“狂游”正是他“未遂风云便，争不恣狂荡”的生活写照。“良景对珍筵，恼佳人自有风流”，他常常在良辰佳景之时，面对华宴珍馐，歌伎们陪伴助兴，她们的风流艳丽，着实让他为之懊恼。他的“恼”并非生气，而是慨叹歌伎的美丽风流，让自己情不自禁，为之倾倒。“劝琼瓯。绛唇启、歌发清幽。”酒席之间，歌伎们频频劝酒，唱歌助兴，她们轻启朱唇，微露皓齿，歌声清丽幽远，令人心旷神怡。“被举措、艺足才高，在处别得艳姬留。”而词人凭借着他的过人才华，“唱新词，改难令”，雅格俊赏，所以往往被那些举措风流、技艺高超才能出众的艳姝名妓所挽留，也是烟柳楼台之间的薄幸浪子和炙手红人。

下片抒发词人的感慨，表达轻视功名富贵、及时享受人生欢乐的态度。“浮名利，拟拚休。是非莫挂心头。”那些功名利禄都是虚浮不实的东西，还是要将它们看得开些，放在一边，不要将那些是是非非的世间俗事挂记心头，免得让自己徒生烦恼。这话说得多么洒脱，但其中也有勉强之处，“拟拚休”是打算抛之脑后，可见实际上还是盘踞在他的脑子里的。“富贵岂由人，时会高志须酬”，流露出命运在天，不必强求的意思，其中难免有消沉退缩、听天由命之意，一旦时来运转，自然会伸展志气，实现自己的抱负。“莫闲愁。共绿蚁、红粉相尤。”意为莫要为那些名利之类的事情发愁，还是与美酒、美人相伴共同娱悦人生吧。这里用借代的手法，以“绿蚁”“红粉”代指美酒和美人。“向绣幄，醉倚芳姿睡，算除此外何求。”意为在绣帐之中，有佳人陪伴，有此欢乐，别无所求。表现出在酒色之中寻找安慰和满足的处世观点，虽然带有明显的情色表露，但也是直白地表明了他的真实想法。词中一再突现的，无非是醇酒、妇人两大主题，而一再提及，变换称谓，以掩饰其重复雷同。

雨　霖　铃①

寒蝉凄切，对长亭晚，骤雨初歇②。都门帐饮无绪③，留恋处④、兰舟催发⑤。执手相看泪眼，竟无语凝噎⑥。念去去千里烟波⑦，暮霭沉沉楚天阔⑧。

多情自古伤离别，更那堪冷落清秋节。今宵酒醒何处，杨柳岸、晓风残月。此去经年⑨，应是良辰好景虚设。便纵有千种风情⑩，更与何人说。

>注释

①此调原为唐教坊曲。相传唐玄宗避安禄山乱入蜀，时霖雨连日，栈道中听到铃声。为悼念杨贵妃，便作此曲，后柳永用为词调。又名《雨霖铃慢》。上下阕，一百零三字，仄韵。

②骤雨：阵雨。

③都门帐饮：在京都郊外搭起帐幕设宴饯行。无绪：没有情绪，无精打采。

④留恋处：一作“方留恋处”。

⑤兰舟：据《述异记》载，鲁班曾刻木兰树为舟。后用作船的美称。

⑥凝噎：悲痛气塞，说不出话来。一作“凝咽”。

⑦去去：重复言之，表示行程之远。

⑧暮霭：傍晚的云气。沉沉：深厚的

样子。楚天：南天。古时长江下游地区属楚国，故称。
⑨经年：一年又一年。
⑩风情：男女恋情。

赏析

这首词写离情别绪，是柳永同题材词作中最为突出的一首。

词的上片写长亭送别，着力描述送别的场面和惜别的神情，抒发依依难舍的别离情绪。“寒蝉凄切”三句交代送别的时间、地点和天气情况。“寒蝉”的凄切叫声，衬托了离别时烦乱伤感的心绪，同时暗示天气已是清秋时节，据《礼记·月令》云：“孟秋之月，寒蝉鸣。”由此可知时间在农历七月前后。“对长亭晚”点明时间已近傍晚，与下文的“暮霭”互为印证。地点在十里长亭，预示着这里即将上演人生的一次送别。“骤雨初歇”，以雨照应词牌名，又起到烘托场景的作用。“都门帐饮无绪”三句写送别的情景。“都门帐饮”语本江淹的《别赋》：“帐饮东都，送客金谷。”他的恋人在十里长亭为他置酒送别，但因离别在即，彼此都无饮酒的意绪。“留恋处、兰舟催发”，一方面两人留恋不舍，另一方面则是时辰向晚，船夫催促上路，感情因素和现实趋向形成了尖锐的矛盾冲突，更加深化了离别之悲。“执手相看泪眼，竟无语凝噎”，手拉着手，泪眼相看，却说不出话来，在强烈的情感体验中，语言显得多么苍白无力，万分眷恋，依依难舍，不想分别

执手相看泪眼

> 题解

柳永多作慢词，长于铺叙。此词表现作者离京南下时长亭送别的情景。这与同样表现离情别绪但出之以比兴的唐五代小令情趣是不同的。北宋时柳词不但都下传唱，甚至远及西夏，“凡有井水饮处，即能歌柳词”（《避暑录话》）。柳词盛行于市井巷陌，同他这种明白晓畅、情事俱显的词风不无关系。

却又不得不分别的痛苦心情，使他们找不到恰当的言语来表达此时的心情和感受。“念去去千里烟波，暮霭沉沉楚天阔”，想象分别之后天各一方，道阻且长的状况，词人不禁道出了这激越而悲切的内心独白。“去去”两个动词叠叠，道出一去而不停歇、道路渺远、漫长不能穷尽的意思，“千里烟波”“暮霭沉沉”等想象中的景物，更是充满了离愁别绪，真是一程远似一程，令人念而生悲。

下片从正面话别宕开一笔，转而写人生的概略情形，做泣然评述，再从一般到具体，由人皆而然写到我独如此。“多情自古伤离别，更那堪冷落清秋节”，点出离别悲伤是人之常情，但清秋送别更加令人难以忍受，更突现出心中的悲情。这样层层铺垫，使语意层层加深。“今宵酒醒何处，杨柳岸、晓风残月”，则进一步写别离后孤单寂寞的愁绪。舟中的行人难以承受分离的痛苦，所以以酒浇愁，但酒醒之后，更是一番愁苦滋味。“杨柳岸、晓风残月”的景致，多么凄清伤感，多么孤寂冷落，真可谓“一切景语皆情语”，景中所寓之情，有直抒胸臆不能到的妙处。清人刘熙载在其《艺概》中说：“词有点有染，柳耆卿《雨霖铃》云：‘多情自古伤离别，更那堪冷落清秋节。今宵酒醒何处？杨柳岸、晓风残月。’上二句点出离别。‘冷落’‘今宵’二句乃就上二句意染之。点染之间，不得有他语相隔，隔则警句亦成死灰矣。”这段精辟的评论点出了这四句词的妙处及特点。“此去经年”四句，改用情语，写分别后的落落寡欢和枯索无味的生活。“此去经年”，指在一年又一年的漫长时日中都是如此，意即离开了她也就失去了欢乐。“便纵有千种风情，更与何人说”，以问句归结全篇，有如众流归海，有滔滔不绝的气势，又像奔马收缰，笔住而意不可阻，使别离之痛愁肠百转，相思之情寸心成灰，凄恻哀婉的情致在终篇之后仍然延宕不绝，难以止息。

柳永的词作最善用景物传达情感、营造意境，代表了婉约派花月春风、艳冶秾丽的词风。历来的评家在说到豪放派与婉约派的风格特点时，也常常引用到将苏轼与柳永对比的一个典故。据俞文豹《吹剑录》载：东坡在翰林院做官时，曾问幕下士：“我词何如柳词？”幕下士回答：“郎中词，只好十八七女子，执红牙按歌‘杨柳岸，晓风残月’；学士词须关西大汉，铁绰板，唱‘大江东去’。为之绝倒。”这首词脉络清晰，写景工致，以具体鲜明而又富有情感的景物来渲染主题，状难状之景，传难言之情，而自然流利，工巧天成，是柳永流传千古的代表性作品。

倾　　杯

离宴殷勤，兰舟凝滞[①]，看看送行南浦[②]。情知道世上，难使皓月长圆，彩云镇聚[③]。算人生、悲莫悲于轻别[④]，最苦正欢娱，便分鸳侣。泪流琼脸，梨花一枝春带雨[⑤]。

惨黛蛾[⑥]、盈盈无绪[⑦]。共黯然悄魂[⑧]，重携纤手，话别临行，犹自再三、问道“君须去”。频耳畔低语。知多少、他日深盟[⑨]，平生丹素[⑩]。从今尽把凭鳞羽[⑪]。

>注释

①离宴：饯别的宴席。兰舟凝滞：船开得很慢，好像凝滞住一样。凝滞：受阻而停留不进。江淹《别赋》：“舟凝滞于水滨。”

②南浦：南面的水边，屈原《九歌·河伯》：“子交手兮东行，送美人兮南浦。”后为送别之地的代称。江淹《别赋》：“送君南浦，伤如之何。”

③彩云镇聚：意谓情人常聚。彩云：本谓仙人所驾之云，后用以借指情人远去。韦庄《悼亡姬》：“凤去鸾归不可寻，十洲仙路彩云深。”镇：常。“难使”句：意为人生团聚难久。

④轻别：轻易别离，动辄即别离。悲莫悲于轻别：以轻别为人生之最悲。

《楚辞·九歌·少司命》："悲莫悲兮生别离，乐莫乐兮新相知。"

⑤琼脸：白嫩如玉的面容。"泪流"两句：谓泪流在琼玉般鲜嫩的脸上，好像春雨洒在洁白的梨花上一样。化用白居易《长恨歌》诗句："玉容寂寞泪阑干，梨花一枝春带雨。"

⑥惨黛蛾：谓因惜别而皱起眉头。黛蛾：眉毛黑而细长，喻其眉毛之美。

⑦盈盈：本谓水之清澈，此处谓泪水晶莹。

⑧黯然悄魂：沮丧伤心貌。

⑨他日：来日，日后。

⑩丹素：赤诚的心。李白《赠溧阳宋少府陟》："人生感分义，贵欲呈丹素。"《宋史·孟昶世家》："丹素备陈于翰墨，欢盟已保于金兰。"

⑪鳞羽：鱼类与鸟类，此指鱼雁。古人认为鱼雁能传送书信，因以鱼雁代书信。

赏析

词写离别相送之景，抒发依依惜别之情，是送别词中的佳作之一。

上片重在写对无奈分别的感受，抒发月难长圆人难长聚的悲叹，引出送别人的伤愁情貌。"离宴殷勤，兰舟凝滞，看看送行南浦。"描写送行时的情景，交代送别的地点。在告别的酒宴上，美人殷勤劝酒，为他饯行，情深意浓。双方心情沉重，感觉到小船也好像要凝滞不动了。在南浦之上不忍分别，开始眼看着分别的时刻就到了。前三句为叙述，而叙述中包含着感情。接下来先入为主，抒写自己的伤别悲情，因为内心情感极为强烈，所以不待假托景物，而胸臆自然流露而出。"情知道世上，难使皓月长圆，彩云镇聚。"明明知道世间的人有分有合，有聚有散，没有办法使明月长圆、彩云长聚，正如苏轼词中所说："人有悲欢离合，月有阴晴圆缺。"虽然物态如此，然而有情人要分隔两处，怎能不让人心中痛感伤悲。"算人生、悲莫悲于轻别，最苦正欢娱，便分鸳侣。"句中化用屈原《九歌·少司命》中的句子"悲莫悲兮生别离，乐莫乐兮新相知"，指出人生最悲情的事莫过于别离，尤为悲伤的是正当两情欢娱、鱼水谐洽之时，犹如鸳鸯离散，使人痛不堪言。"泪流琼脸，梨花一枝春带雨"，用特写的手法，描写美人泪流满面、娇弱含情的神情。词中原封不动地挪用白居易《长恨歌》中的句子，原词中说："玉容寂寞泪阑干，梨花一枝春带雨。"形象鲜明而意味悠长。

下片描写女子送别时的神态和言行，并推想分别后靠书信传情的情形，表达出珍重和相思之意。"惨黛蛾、盈盈无绪"，女子蛾眉紧蹙，神情惨淡，泪眼盈盈，伤感而心绪烦乱。"共黯然消魂，重携纤手，话别临行，犹自再三、问道'君须去'。"细节的描写最能传神地表现人物的情感世界，从牵手、话别、追问的动作，可以看出他们是何等难分难舍。他们都为分别而黯然神伤，忍不住再次拉起手来相互道别，临行之时，她还再三地问道："郎君必须要走吗？"即使分别在即，也没有放弃挽留住他的想法。"频耳畔低语"，意为频频地在耳边低声私语，也就是上文"犹自再三，问道'君须去'"的情景交代。"知多少、他日深盟，平生丹素。从今尽把凭鳞羽。"这三句是想象分别以后书信传情的情形。以后不知道有多少来日的海誓山盟和赤诚的情愫，从今以后都要靠书信来传达了。"鳞"指鱼，"羽"指鸟，这里代指鲤鱼和鸿雁，意为凭借书信来传递彼此的盟约和情意。

这首词将叙述、描写和抒情相结合，表达送别时的不舍和悲伤之情，感情炽烈浓郁，表达自然明快，刻画人物鲜明传神，具有强烈的感染力，是柳永的真情之作。因而有学者推断系柳永与妻子告别时所作，虽然缺少直接的依据，但也不排除其可能性。

> 题解

《倾杯》，本为唐教坊曲名，唐段安节《乐府杂录》云："《倾杯乐》，宣宗（李忱）喜欢芦管，自制此曲。"见于《宋史·乐志》二十七宫调，柳永《乐章集》即有七调。全词一百一十字，前片十一句五仄韵，后片九句五仄韵。这首词重点写伤别，与柳永的名篇《雨霖铃》可称姐妹篇。两首词的主题相近，区别仅在于写法上，前者从双方着笔，后者重点写送别者；前者重在写别后推想，后者重在写别前凄楚。清代陈锐《袌碧斋词话》中说："柳词云：'算人生悲莫悲于轻别。'又云：'置之怀袖时时看。'此从古乐府出。美成词云：'大都世间最苦惟聚散'，乃得此意。"

倾 杯 乐

皓月初圆，暮云飘散①，分明夜色如晴昼。渐消尽、醺醺残酒②。危阁迥、凉生襟袖③。追旧事、一晌凭栏久④。如何媚容艳态⑤，抵死孤欢偶⑥。朝思暮想，自家空恁添清瘦⑦。

算到头、谁与伸剖⑧。向道我别来，为伊牵系⑨，度岁经年，偷眼觑、也不忍觑花柳⑩。可惜恁、好景良宵，未曾略展双眉暂开口。问甚时与你，深怜痛惜还依旧。

>注释

①皓月：银白色的月亮。初圆：刚刚由缺变圆。
②渐消尽：醉意渐渐消退。
③危阁：高楼。迥：远，此处指看得远。
④追旧事：追忆以前的事。旧事：指夫妻间过去的恩爱。一晌凭栏久：一晌，指在很短时间内所发生的事；凭栏久，手扶栏杆想得很久。此句之意是，这位女子回想往事，对两人相聚时很细小的事都会回想很久。
⑤媚容艳态：娇媚的容颜与仪态。
⑥抵死：老是。宋晏殊《蝶恋花》："百尺朱楼闲倚遍。薄云浓雨，抵死遮人面。"偶：配偶。孤欢偶：指因与丈夫感情破裂而分开。

⑦自家：自己。空恁：空如此，白白地。
⑧算到头：从头往后细细地回想。伸剖：剖析。谁与伸剖：谁能给我剖析。
⑨向道：去说，去解释。
⑩觑：窥视。花柳：柔花弱柳，代指女子。

赏析

这首词写离别相思之情，好似以词代书，向思念的女子表达深切的情意，希望与她重续旧好。

词的上片写相思之苦情。“皓月初圆，暮云飘散，分明夜色如晴昼。”勾画出主人公思念的场景和环境。“皓月初圆”是在月中的望日之前，月亮刚刚圆满。“暮云飘散”写傍晚时天空清澈如洗。“分明夜色如晴昼”，那一轮明月多么皎洁，将天空照彻得如同白天一般明亮。这样的时间和场景，令人不禁由月的圆满而想到人的团聚，牵惹起心中的情思，令人神思飞扬。“渐消尽、醺醺残酒”谓词人渐渐从酒醉的状态中清醒过来。“醺醺”的状态，点明他心中充满愁思，正在借酒消愁，而月圆之夜，登高凭栏，更让他燃起思念的火苗。“危阁迥，凉生襟袖。追旧事、一晌凭栏久。”高阁之上不同于平地，可以感觉到凉意透人襟袖。回想起与她相处的旧事，不禁倚着栏杆久久地出神凝望。“如何媚容艳态，抵死孤欢偶。”这一句是词人由追念旧事而引发的疑问，心中所想念的人，她生得“媚容艳态”，容貌美艳妩媚，为什么却终究要辜负双双依伴的快乐呢？“抵死”意为终究。“孤”同“辜”，辜负之意。“朝思暮想，自家空恁添清瘦。”他心中追问对方，为什么要朝思暮想，自己空这样白白地增添几分清瘦呢？令他纠结的是心中思念的女子为什么要这样独处寡欢，在朝思暮想中消损玉肌呢？她难道不了解自己的一番苦心，知道自己在苦苦地思念着她吗？

下片向思念的对象表白深情，希望能够沟通情意，重归于好。“算到头、谁与伸剖。”“伸剖”，剖析、表白的意思。“向道我别来，为伊牵系，度岁经年，偷眼觑、也不忍觑花柳。”这几句是希望传话的人能够向她表白的意思，即请向她说说我的情形，自从分别以后，心思就被她牵系着，经年累月不曾放下，即使偷眼相看，也不忍心去看那些花柳之色。表明自己对她的忠诚坚定，自分别后，对那些烟花女子也不曾偷看一眼，心中想着的只有她而已。“可惜恁、好景良宵，未曾略展双眉暂开口。”可惜了那么多的

>题解

《倾杯乐》见前《倾杯（离宴殷勤）》注，然调名与字数均与前词不同，此词《乐章集》注大石调，一百一十一字，前片十句六仄韵，后片九句四仄韵。薛砺若在《宋词通论》中称：柳永“冲破因袭着执掌词坛威权的《花间》壁垒，超出一般拘守五代余绪的宋初词人的藩篱，而创造出一种旖旎忠实的铺叙与抒情的作风。”这种创作风格，比较典型地体现在这首词中。这首词，我们可以看到柳永是抱着一种真挚的感情，把封建社会底层中被侮辱、被玩弄的歌伎，写成一位具有崇高情操的人物。她不是人们所鄙视的水性杨花、朝三暮四的歌伎，而是有着专一执着的爱情的纯真少女。她的一腔深情，在柳永词笔的渲染下，得到了充分的再现，柳永也因此把人物的心灵美和艺术美有机地统一在词作中。

良辰好景都被虚度，不曾在那些时候略微地舒展过眉头暂时地开口说话。此句还是表达对她的一片痴情。他心无旁顾，双眉紧锁，少言寡语，如同患病一般，都是因思念所致。“问甚时与你，深怜痛惜还依旧。”想问一问什么时候才能够和你相伴，还像过去一样地深深地怜惜快乐地相爱呢？虽然女子的冷漠绝情让他伤心，但是他坚信情感的专一与诚挚。从词中看来，抒情主人公追求的是两性的欢爱，他想念的是“媚容艳态”，珍惜的是“好景良宵”，盼望的是“深怜痛惜”，这些似乎都离爱情有着一定的差距，但其中却包含着爱情的基础，而体现出新兴市民的人本思潮。柳永的词作中此类作品较多，我们应该将其看成是他为创作而谱写的应歌之词，并非全都是他的个人生活和感情世界的真实反应，其“淫冶讴歌”之词，是专以男女感情为题材的类型性作品，是适应坊曲歌宴场合的带有普遍性的俚俗词作。

婆 罗 门 令

昨宵里恁和衣睡，今宵里又恁和衣睡①。小饮归来，初更过，醺醺醉②。中夜后、何事还惊起③？霜天冷，风细细，触疏窗、闪闪灯摇曳④。

空床展转重追想，云雨梦、任攲枕难继⑤。寸心万绪，咫尺千里⑥。好景良天，彼此空有相怜意，未有相怜计⑦。

>注释

①恁：如此，这样。和衣：穿着衣服。
②初更：入夜不久。古代夜间报时，击更鼓为号，一夜之间报时五次，一次为一更，共五更。
③中夜：半夜。
④疏窗：雕有花格的窗子。宋黄裳《渔家傲》："衣未剪，疏窗空引相思怨。"摇曳：晃动，摇晃。
⑤展转：即"辗转"。云雨：指男女欢合，出自宋玉《高唐赋》。攲枕：斜倚枕头。攲：倾斜。
⑥咫尺千里：比喻距离虽然很近，但很难相见，好像是远在千里之外一样。咫：周制八寸，合今制市尺六寸二分二厘。
⑦计：计谋，办法。

>题解

这首词通过描写羁旅远行人半夜酒醒孤枕难眠的情景，抒发远离家园的愁苦和他对闺中人的思念。

赏析

这首词题旨在写离思，词中以白描手法，极力刻画相思中的人孤独怅恨的心绪，特别是对人物相思情状的刻画，达到了刻骨传神的境地。王安石诗云："意态由来画不得，当时枉杀毛延寿。"对人物的刻画，不难在写外貌，而难在写精神。但是这首词中，词人通过相思者的几处细节描写再加上景物烘托，传神地表达出了人的相思之状，可谓入木三分，可见文学的表现力量，在某种程度上较绘画要高出许多。

词的上片重在写人物的活动，刻画人物心绪不宁的种种外在表现，并通过景物描写来烘托氛围，以景传情。起首二句连用平白如话的口语，交代连续两夜和衣而眠的生活状态。昨天晚上就是这样地和衣而睡，今天晚上又是这样的和衣而睡，这样的细节描写，朴素而又直接地表现出主人公失魂落魄的情状。"小饮归来"三句，则写人物的借酒浇愁，即使小饮几杯，也已经过了初更天，醉得已经是醺醺然了。这是第二处细节描写。"中夜后、何事还惊起"则写他和衣而眠却又梦寐不安，表现出他内心的极度烦乱和牵挂之情。主人公在初更过后因醉和衣而卧，睡得很不踏实，半夜光景，突然惊醒，可见其心事之重。这是第三处细节。词人刻画人物，笔锋犀利，如同刀斧。但是词中并没有贸然点透相思的主旨，转而以景物描写来寄托和传达心绪。"霜天冷"四句就以典型的景物刻画来烘托凄清孤寂、黯然销魂的氛围，从侧面来表现相思的愁恨和凄苦之情。天冷霜寒，细细的微风触动窗棂，一盏孤灯在冷风的扑闪之中时明时暗，摇曳不定，人物的心情由此可见一斑。

下片重在写人物的内心活动，并点明题旨，阐发词中幽情。“空床展转重追想，云雨梦、任攲枕难继”。这三句描写语虽简明，但其中有着曲折的深意。词意承接上片的“惊起”，写人物梦中醒来后的心绪，他辗转难眠，所以“追想”刚才梦中的情景，想要重续旧梦，将刚才的梦做完整。可见刚才所做的是一场美梦，梦中的情景是令他陶醉沉迷、留恋难舍的，是一场春梦，梦中关涉到巫山云雨般的男女欢爱和缠绵。但是他的努力是徒劳的，“任攲枕难继”，无论怎样斜倚枕席，终究难称心愿。这里一层意思是实写做梦，虚写梦中的内容；第二层意思则可以理解为虚写做梦，用梦来比喻他的这场相思因缘，而实写梦的内容。在现实之中，他的这场相思相恋难以为继，因此不得不承受相思的凄苦。这一处细节的刻画笔法精妙，极为传神地展现出了词中人物的相思情状，使前文中的三处刻画节节提升而达到极致。“寸心万绪，咫尺千里”两句，则由美梦难继续而感叹相隔遥远。“咫尺千里”将两个反义词并举，突出了梦境之近和现实之远的强烈反差，所以“寸心万绪”，令他心中的感受极为复杂，无可言表。结尾四句在万般无奈而又思绪万千的情况下，词人找到了沟通思念和自我安慰的方法。而对“好景良天”，他们彼此相思相怜，感同身受。“空有相怜意，未有相怜计”，他们空有相怜的心意，却没有相怜的筹划和安排，他们的相思不能得到爱的实现，实在感到遗憾和无奈。这两句词好似两人遥相对话，意中有开释，有劝慰，更有无奈，表达出天涯同心的两个人相思相知但无计可施的情状。结尾两句点明了主题，将全篇一笔叫醒，而曲尽心思，有一言难尽的妙处。

蝶恋花[①]

独倚危楼风细细[②]，望极春愁，黯黯生天际[③]。草色烟光残照里，无言谁会凭阑意。

拟把疏狂图一醉[④]，对酒当歌[⑤]，强乐还无味[⑥]。衣带渐宽终不悔[⑦]，为伊消得人憔悴。

>注释

①此词原为唐教坊曲，调名取义南朝梁简文帝“翻阶蛱蝶恋花情”句。又名《鹊踏枝》《凤栖梧》等。双调，六十字，仄韵。

②危楼：高楼。

③黯黯：迷蒙不明。

④拟把：打算。疏狂：粗疏狂放，不合时宜。

⑤对酒当歌：语出曹操《短歌行》。当：与“对”意同。

⑥强：勉强。强乐：强颜欢笑。

⑦衣带渐宽：指人逐渐消瘦。语本《古诗》：“相去日已远，衣带日已缓。”

> 题解

《蝶恋花》，商调曲；原唐教坊曲名，本采用于梁简文帝乐府："翻阶蛱蝶恋花情"为名，又名《黄金缕》《鹊踏枝》《凤栖梧》《卷珠帘》《一箩金》。其词牌始于宋。双片共六十字，前后片各四仄韵。此词牌一般多抒写缠绵悱恻或相思悲愁等情感，虽有部分山水，也多是寄情于物的写法。这首词表达了词人倦游思归，怀念闺人的内心活动。词采用"曲径通幽"的表现方式，巧妙地把漂泊异乡的落魄感受，同怀恋意中人的缠绵情思融为一体，抒情写景，感情真挚。王国维在《人间词话》中谈到"古今之成大事业、大学问者，必经过三种境界"，被他借用来形容"第二境"的便是"衣带渐宽终不悔，为伊消得人憔悴"。这大概正是柳永的这两句词概括了一种锲而不舍的坚毅性格和执着态度。

赏析

这是一首怀人之作，表达对心中女子的相思之情。词的上片写登高望远，融情于景，突出作者的"春愁"情绪。"独倚危楼风细细"写抒情主人公独自登上高楼，久久伫立，远眺春景，触目所见，令人心生愁绪。"望极春愁，黯黯生天际"，这是他"独倚"的结果，"春愁"点明了词的主基调，即词人怀念远人，盼望团聚的思念之情。"黯黯生天际"与"风细细"的触觉相互补充，写出了"春愁"的弥漫和盈满，似乎触目所见，天地之间，全都是主人公的愁情和离思。"草色烟光残照里"是具体地写"望极"天际，生发主人公"春愁"的景象。草色凄迷，烟雾轻笼，残阳斜照，满目都是凄楚的景象。在中国传统美学中，这些典型的景物已经因文化的积淀而形成一种投射着特有情感的审美定势，从而形成一种有意味的情景，构成独特的意象。"无言谁会凭阑意"，写出了主人公愁思之深，除了切身的感受，无法向人讲得清楚，说得真切。"无言"与"独倚"相照应，刻画出了神情的凝重。"阑"即栏杆。词人远望满目烟景，愁绪萦怀，直欲充塞天地，充斥四方。

下片抒写主人公内心愁绪，不是直抒胸臆的呼告表白，而是采用曲笔，以其心理活动和身体发生的变化来突出“春愁”之深，文笔巧妙，以曲动人。“拟把疏狂图一醉，对酒当歌，强乐还无味”，主人公想要疏狂放纵，呼酒买醉，但就连这样勉强作乐、驱遣愁绪的方式也是毫无兴味，所谓的狂歌痛饮终无补、借酒浇愁愁更愁，这种思念的滋味，让一切行乐的方式都显得无力，可见其“黯黯”的心情，已经让他茶饭不思，兴味索然。“对酒当歌”引自曹操的《短歌行》，但已非曹孟德的豪兴壮歌，而是愁饮悲歌了。“衣带渐宽终不悔，为伊消得人憔悴”，极写相思之情，令人精神困顿形体消瘦，但是这种消瘦并非心中自知，而是通过“衣宽”才得以验证，可见其愁情伤神，全在自己不觉知的状态中。以衣宽而写形容消瘦，是汉魏以来文学作品中惯常的写法。如《古诗十九首》“相去日已远，衣带日已缓”等。“终不悔”写出了抒情主人公坚决、执着的态度，甘愿为思念伊人而日渐消瘦与憔悴。这种决绝与坚持，是对爱情的忠贞，也是对爱情的肯定与追求。

诗词中表现对爱的坚定态度的作品各有所胜，贺裳在《皱水轩词筌》认为韦庄《思帝乡》：“陌上谁家年少，足风流，妾拟将身嫁与，一生休。纵被无情弃，不能羞”诸句，是“作决绝语而妙”者，而“衣带渐宽终不悔，为伊消得人憔悴”正是从中化出，只不过语言更加婉转。另外如冯延巳的《鹊踏枝》中“日日花前常病酒，镜里不辞朱颜瘦”也属同样的描写，只不过表现得更加低沉颓唐而已。近代国学大师王国维在其《人间词话》中谈到人生追求、学问事业的三种境界，即将这首《蝶恋花》的末两句列为第二种境界，甚为契合，而令人传诵不已。

鹧　鸪　天

吹破残烟入夜风[①]。一轩明月上帘栊[②]。因惊路远人还远，纵得心同寝未同。

情脉脉[③]，意忡忡[④]。碧云归去认无踪[⑤]。只应曾向前生里，爱把鸳鸯两处笼[⑥]。

>注释

①吹破残烟入夜风：此句为倒装，谓入夜后微风吹破了傍晚的残烟。残烟：谓烟霭，夜幕降临时的雾气。

②轩：长廊上的窗户。《文选》李善注："轩，长廊之有窗也。"帘栊：闺阁。唐李昂《赋戚夫人楚舞歌》："汉王此地因征战，未出帘栊人已荐。"此句从思妇着笔，写思妇因思念游子而不眠。

③脉脉：含情欲吐。《古诗十九首·迢迢牵牛星》："盈盈一水间，脉脉不得语。"

④忡忡：忧愁貌。

⑤碧云归去：出自江淹《杂体诗三十首·休上人》："西北秋风至，楚客心悠哉。日暮碧云合，佳人殊未来。"

后以“碧云归去”为别离之语。

⑥只应：只是因为。曾（zēng）向：犹云“争向”，怎奈，奈何。

赏析

这首词是柳永的相思感怀之作。词的字句锤炼得妥帖精工，语句精粹新奇，读之朗朗上口，齿有余香，令人回味。上片写景，重在刻画引发相思的情景，由景物触发远离的感慨，感叹分别难聚的遗憾。下片抒发相思的深情，并发出抱怨之词，叹恨相思的苦楚，探思分割两处的原因。

上片前两句的景物描写牵惹思绪的情景，显得清冷空寂，韵味悠远。景物的选取寓静于动，灵动而不凝滞，首句“吹破残烟入夜风”是一个名词词组形成的特殊句式独词句，正常的语序应是“风吹破残烟而入夜”。仅仅七个字，就写出了随着时间的推移，由黄昏而入夜期间景物的变化。黄昏时淡青的烟霭被风吹散，夜幕降临了，“一轩明月上帘栊”，一窗明月洒上了满屋清辉。这里不说一轮而说“一轩”，用一个量词，生动地将明月定格在窗棂之上，从而刻画出对月怀人的意境。三、四句是一组对仗，以工稳的对举形式叙写内心的认识活动，虽是叙述，之间却饱含抒情的意味。可以想见，这是写词人远行在外对闺人的思念的怀人之作。因行旅在外，低头算了算日期和行程，突然发现离开出发地已是如此之遥，不由感到心惊，

>题解

《鹧鸪天》，词牌名，唐五代词中无此调，此调始于柳永，《乐章集》注明为平调。又名《思佳客》《思越人》《剪朝霞》《骊歌一叠》等。双调，五十五字，押平声韵。前后片各三平韵，前片第三、四句与过片三言两句多作对偶。全词实由七绝两首合并而成，只是下片首句改为两个三字句。词的平仄也有很多和七绝相通之处。《鹧鸪天》也是曲牌名。南曲仙吕宫、北曲大石调都有。字句格律都与词牌相同。清徐釚（qiú）《词苑丛谈》谓调名取自唐郑嵎“春游鸡鹿塞，家在鹧鸪天”诗句。

而惊心之下更有忧心者，就是出发地已经很远，而思念的人，还在那比出发地更远的地方，思念之情，就更加深长。此句正如欧阳修《踏莎行》中所说：“平芜尽处是青山，行人更在青山外。”比远处而更远，层层衬托突出其远。对这首词的理解，有的人以为是从闺人的角度来写对游子的思念，但如不是在旅途之上，是不会有如此深刻的“惊”心感受的。“纵得心同寝未同”，也是叙述中寄寓强烈的感情，是说即使二人同心互相思念，但是不能同寝共眠，更加深了相思的煎熬和痛苦。这两句对偶句都采用往返重复的手法，“远”和“同”两次出现，使语句节奏明快而语意深微。

下片转向直抒胸臆，表达思念的情状。上片结尾的叙述表达情意，到底不能一吐心中块垒，所以下片开句，不由直接用了两句富有意蕴感和情感体验的短句来表达内心感受。“情脉脉”，情意深长，含情欲吐；“意忡忡”是说心意忧愁。两句重叠词连用，以无可阻遏的情绪道出下句担心可能出现的结果：“碧云归去认无踪”。“碧云”语出南朝江淹《杂体诗三十首·休上人》：“西北秋风至，楚客心悠哉。日暮碧云合，佳人殊未来。”后来即以“碧云归去”指两相别离而未聚会。此句是说一别之后就不知道了她的踪迹。这句正是词人“情脉脉，意忡忡”的原因，相思的人不知在何处，即便要去相会，又不知道何处去寻。结尾的两句由思念而发出怨天恨地之语，感叹造化弄人，有情人不得团聚厮守。作者运用了佛教思想的因果报应之说，“要知前世因，今生受者是。若知后世果，今生做者是。”(《佛说三世因果经》) 但是前世到底做了什么事，要受到今生这样的果报，这是俗世凡人也难以弄明白的事情，所以只能做出种种推测。“只应曾向前生里，爱把鸳鸯两处笼”，这两句是说怎奈只因在前世里，爱将鸳鸯分在两个笼中。作者大胆推测，是不是前生做错了事，爱把天生雌雄相伴的鸟儿拆散在两处，所以今生才得到这样类似的报应呢？语意曲折幽深，而怨恨之情寓于其中。由全词来看，作者的心情，因思而惊，由惊而憾，因失落而怨恨，叹恨之余而心生伤痛，一首小词而蕴含如此丰富复杂的情绪变化，作者的伤情之处，可谓苌弘化碧，杜鹃啼血。

安 公 子

梦觉清宵半①。悄然屈指听银箭②。惟有床前残泪烛，啼红相伴③。暗惹起、云愁雨恨情何限④。从卧来、展转千余遍⑤。任数重鸳被，怎向孤眠不暖⑥。

堪恨还堪叹。当初不合轻分散⑦。及至厌厌独自个⑧，却眼穿肠断⑨。似恁地、深情密意如何拚⑩。虽后约、的有于飞愿⑪。奈片时难过，怎得如今便见。

>注释

①梦觉：梦醒。清宵：清静的夜晚。
②银箭：刻漏之箭。古代计时器漏壶上的一种银饰的漏箭，箭随漏动，故曰“听”。
③残泪烛：化用杜牧《赠别二首》之二中句：“蜡烛有心还惜别，替人垂泪到天明。”啼红：本谓蜡烛之红泪，此处谓隐喻啼血。
④云愁雨恨：谓夫妻事。
⑤展转：翻身貌，形容忧思不寐，卧不安席。《诗经 · 周南 · 关雎》：“求之不得，寤寐思服。悠哉悠哉，展转反侧。”
⑥怎向：义同“争向”，怎奈。
⑦不合：不当，不该。五代许岷《木兰花》：“当初不合尽饶伊，赢得如今

长恨别。”

⑧厌厌：有精神不振、懒散、无聊等义。南朝刘义庆《世说新语·品藻》：“曹蜍李志虽见在，厌厌如九泉下人。”

⑨眼穿肠断：形容思念之切。

⑩恁地：这样，这般。如何拚（pàn）：怎能割舍得下？《诗词曲语词汇释》：“判，割舍之辞，亦甘愿之辞。自宋以后多用弃字或拚字，而唐人则多用判字。”

⑪的有：的确有，真的有。于飞：原谓比翼双飞，借喻夫妻和谐。《诗经·邶风·雄雉》：“雄雉于飞，泄泄其羽。”又,《诗经·小雅·鸿雁》：“鸿雁于飞，肃肃其羽。”

赏析

词写怀人思念之情。上片写思妇怀想远游之人，表达孤单寂寞的况味。“梦觉清宵半。悄然屈指听银箭”，写思妇半夜从梦中醒来之后，再无法入睡，她孤寂无聊，暗数着更漏，挨着漫漫长夜。“惟有床前残泪烛，啼红相伴”，写思妇与残烛相伴，相思之情绵绵无尽。句中以蜡烛垂泪，映衬人物的相思流泪。化自唐诗“春蚕到死丝方尽，蜡烛成灰泪始干”和“蜡烛有芯还惜别，替人垂泪到天明”之句，以物写人，曲折委婉。“暗惹起、云愁雨恨情何限”，意为闺中人由相思而牵惹起夫妻情事，倍感煎熬难耐。“从卧来、展转千余遍”写她的辗转难眠，自就寝后翻来覆去无数遍了，就是不能睡安稳。“任数重鸳被，怎向孤眠不暖”两句，写思妇衾枕孤单，无人相伴，纵使盖上几层被子，怎奈何身体寒冷，被窝里就是暖不热。身体寒冷的感觉和心理孤寂的感觉共生，倍显其孤单凄冷的处境。

下片可理解为行人对闺妇的思念，因下片的表达更为大胆直接，而空间的距离感更为明显。“堪恨还堪叹。当初不合轻分散”是悔惜当初舍弃团聚之乐而轻率出行，他又是悔恨又是感叹，不应该轻易地做了出行决定，导致两地相思。“及至厌厌独自个，却眼穿肠断”意为到了现今，独自一个神慵体懒，精神不振，想念和盼望闺人的心情，真可谓望眼欲穿，愁肠将断。“眼穿肠断”的说法，以夸张手法来形容思念的深切，极为形象真挚。“似恁地、深情密意如何拚。”与前文的“轻分散”照应，再次感叹离散的悔意。像这般的深情密意，当初怎么能割舍得下呢？是不是拥有的时候便觉得平常，而一旦失去了就觉得它非常宝贵呢？在分离两处旷日持久之后，那种相依相伴的快乐和幸福感觉，对他们产生了巨大的吸引力。“虽后约、的有于飞愿。奈片时难过，怎得如今便见。”末三句表达情意的忠贞和急于相见的心情。虽然两人的确有比翼双飞、永交琴瑟之好的誓约，但是怎奈何没有伊人相伴的孤苦，片刻的工夫都挨不过去，哪里比得上现在就和心上人相见呢？词中借用《诗经》中喻指夫妻和谐的句子，指明他们比翼双飞永不离弃的关系，其急切的心情可谓归心似箭。“怎得如今便见”显得过急、过露，与前文的委婉曲折之致不够一致，安排在结尾处便有轻浮浅见之嫌了。

> 题解

《安公子》，唐教坊曲名。《教坊记》云：“隋大业末，炀帝幸扬州，乐人王令言以年老不去，其子从焉。其子在家弹琵琶，令言惊问：‘此何曲名？’其子曰：‘内里翻新曲，名《安公子》。’令言流涕悲怆，谓其子曰：‘尔不须扈从，大驾必不回。’子问其故，令言曰：‘此曲宫声往而不返，宫为君，吾是以知之。’”王灼《碧鸡漫志》云：“据《理道要诀》，唐时《安公子》在太簇角，今已不传，其见于世者，中吕调有《安公子近》，般涉调有《安公子慢》。”《乐章集》注此词为般涉调，另有注为中吕调的一首，可知这二调《安公子》都是柳永自制曲。全词一百五字，前后片各八句六仄韵。词的上片从思妇着笔，下片从行人着笔，从两个角度写相思之情，又化用《诗经》中“之子于飞”的句子，喻指双方的和谐关系，命意不可谓不深。

昼 夜 乐

洞房记得初相遇。便只合、长相聚[①]。何期小会幽欢，变作离情别绪。况值阑珊春色暮[②]。对满目、乱花狂絮。直恐好风光，尽随伊归去[③]。

一场寂寞凭谁诉。算前言，总轻负。早知恁地难拚[④]，悔不当时留住。其奈风流端正外，更别有、系人心处。一日不思量，也攒眉千度[⑤]。

>注释

①合：应该。
②阑珊：将尽；衰落。
③伊：第三人称代词。
④恁（nèn）地：那么，那样，如此，这样。难拚：心中难以舍弃。
⑤攒（cuán）眉：皱眉头。

> 题解

《昼夜乐》共九十八字，分上下两片，上下片曲调相同。调名中的“乐”，是快乐、寻欢作乐的意思，与《齐天乐》《永遇乐》中的“乐”不同，后者是出于乐章，为乐府中的乐曲。调名的意思出自李白的诗“行乐争昼夜，自言度千秋”，是说彻昼彻夜地行乐狂欢。
这首词以一位女性的口吻，写了对往日欢聚时光的回忆，抒发了分离之后的相思之情。通过第一人称的叙述，塑造了一个落寞独居、伤春怀人的思妇形象。

赏析

这首词借女主人公之口，叙述她曾经的一场短暂而难忘的爱情故事。她的爱有幸福的开头，却没有圆满的结局，只有并不长久的“小会幽欢”，很快就为离情别绪所包围，而留下无尽的相思和夹杂其中的懊悔。作者以追忆的方式写起，省略了之前的种种因缘情由而直接写她与情人的洞房相会，这次相会就是他们的初次相遇。初次的“小会幽欢”给主人公留下了难忘的印象。使她一心认定“便只合、长相聚”，他们的相会应该是两厢投合，有着强烈的认同感和归附感，她对爱情的态度，也是直率而大胆的，具有封建社会的女性不能直言的自主意识。但事与愿违，初欢即又是永久的别离。暮春时节所见到的是“阑珊春色，乱花狂絮”，春天将尽的景象已经令人伤感，而在这伤春的时节恰恰又触动了对往日幽欢幸福与离别痛苦的回忆，愈加令人感伤了。“况值”两字用得极妙，妙处在于层层累加，以伤情再加上伤春来表现伤感之深。一方面突现了由追忆到现实的转换，另一方面又带出了见景伤情的原因。“直恐好风光，尽随伊归去”，“伊”为第三人称代词，指心中的那个他（她）。柳永的不少词作是供歌女倡优演唱的，故其往往多用“伊”一般多指男性。这里女主人公将春归与情人离去联系起来，美好的春光和她的心上人好像要一道离去，留给她的，将不只是伤春，更是伤情了。

下片情随事迁，伊人已经离去，如同春色终难挽留，因而转写女主人公内心懊悔不及的心情。“一场寂寞凭谁诉”一句在词的布局中具有承上启下的作用。“一场寂寞”写出春归人去后的感受，但这种寂寞和苦恼的感受是无法向人诉说的，只有深深地埋藏心里。推究起来，分手的原因就在于“算前言，总轻负”，是由于她的言而无信，或是做了什么有负于他的事情，这些细节虽不能尽说明白，但显然这位女子是主动的一方，她感到自责和内疚，不应轻易地辜负了他的情意。“早知恁地难拚，悔不当时留住”，后悔当时轻易地让他离开，却没有想到自己竟是如此地放不下他。“其奈风流端正处，更别有、系人心处”，他不仅举措风流可爱，品貌端正，更有着说不出的让人牵挂的地方，实在是难遇难求的中意之人，而自己却没有将他留住，这也是她“难拚”的最重要的原因。结句“一日不思量，也攒眉千度”，非常形象地表现了女主人公悔恨与思念交加的精神状态。攒眉，愁眉紧锁，是“思量”时忧愁的表情。这句的意思是，没有哪一天、没有哪一次思量不是愁绪萦怀，百转千回，可想见其思念之深且切了。这两句话选语精工，相互衬托而增进思念的程度，语意曲折而情意深长。这种映衬的手法，语意深刻而独具匠心，使小词的结尾具备了极强的内在张力。

小镇西犯

水乡初禁火①，青春未老②。芳菲满、柳汀烟岛③。波际红帏缥缈④。尽杯盘小。歌祓禊⑤，声声谐楚调。

路缭绕。野桥新市里，花秾妓好⑥。引游人、竞来喧笑。酩酊谁家年少⑦。任玉山倒⑧。家何处，落日眠芳草。

>注释

①禁火：旧俗寒食节（清明前几日）。古时有寒食禁火（亦称改火）之制，故云。

②青春：春天。唐杜甫《闻官军收河南河北》诗："白日放歌须纵酒，青春作伴好还乡。"

③柳汀：长满垂柳的水边小洲。烟岛：充满美丽景色的岛屿。

④红帏：本指红色帐子，此处指红男绿女的装束。

⑤祓禊（fú xì）：古代春秋两季在水边举行的驱除不详的祭祀仪式（水边洗濯，驱除宿垢），郊外的宴游。

⑥秾：指花木繁盛。妓：指歌伎。

⑦酩酊谁家年少：谁家少年喝得酩酊大醉呢？年少：当为柳永自称。

⑧任玉山倒：指酒醉后倒地。任：任意、听凭。玉山倒：即醉倒。

赏析

这首词描写了寒食时节江南水乡的人们祓禊喧闹的景象。词的基调欢快轻松，但也在结尾处流露出一点无家可归的悲凉之感。

词的上片展现三月春景，介绍南方禊饮的盛况。“水乡”两句介绍祓禊活动的时间及季节特点。水乡指明这种活动发生的地域，应是柳永青年时期游湘中时所作。“初禁火”指代寒食节。古时有寒食禁火的习俗，即在寒食清明时分不举灶火吃冷饭，有祭祀神灵、纪念逝者的用意。“初”字说明禁火刚开始，因为其后紧接着的清明也是禁火的。“青春未老”是指春意正浓，东方正劲，在这里有歌颂春光美好和青春年少的双关意味。“芳菲满、柳汀烟岛”指长满柳树的水边小洲和烟景绚烂的水中岛屿一片芳菲，花红柳绿。正常的语序应该是“柳汀烟岛满芳菲”。“波际”两句状祓禊时的盛况，但见水波尽头红色的幕幔若隐若现。杯盘中的东西已经享尽，仍然觉得杯盘太小，不够尽兴。“歌禊饮，声声谐楚调”，人们唱着祭祀的歌谣，饮酒同乐，歌声显出楚地独有的凄楚苍凉。

上片重写全景，下片则写局部，突出词人个体的深刻体验。“路缭绕。野桥新市里，花秾妓好”，这三句通过游人的视觉写游乐的

>题解

《小镇西犯》，唐教坊曲有《镇西子》，唐词亦有《镇西》七言绝句，柳永依旧曲作新声，《乐章集》有两调，七十一字者名《小镇西犯》，七十九字者名《小镇西》，或名《镇西》。此词写春景，时序亦相连接，观词中所写之场面，显为游湘中之作。所谓“谁家年少”，虽为游人问语，而“少年”实指柳永自己。词写湘中禊饮盛况，以游人之欢娱，反衬词人之思家。

感受和所见的景象。“路缭绕”表现出道路的回环婉转，“野桥新市”表明游乐的场所在郊野之中，热闹的集市是临时聚集的。“花秾妓好”则是令人寓目盘旋的称道之处，正因为花朵浓艳歌伎姣好，所以引来游人争相观赏，一片喧笑之声。“酩酊谁家年少。任玉山倒”，这里以特写式的笔法引出了一位醉酒的少年，他喝得大醉，步履蹒跚，任凭俊美的身躯倒卧在地。其实这是词人的自况之语，“谁家年少”是说自己游历在外如无家之人，“玉山倒”则有自赏自夸的赞美之意。玉山古时用来形容仪容俊美的男子，其身材伟岸而皮肤白皙，如同玉山一样。《世说新语・容止》：“嵇叔夜之为人也，岩岩若孤松之独立；其醉也傀俄如玉山之将崩。”末二句“家何处，落日眠芳草”别有滋味，明写少年乐不思归，醉眠芳草，看似快乐自在，暗写少年思家，有家难回，无可寄托的悲凉。

总体来看，这首词的基调是快乐豪放的，其景物的色彩和祓禊活动的气氛都充满了欢乐气息，但在快乐的外表之下，埋藏着词人孤独的内心，表现出对家的思念和对未来出路的茫然。

浪 淘 沙

梦觉、透窗风一线，寒灯吹息。那堪酒醒，又闻空阶，夜雨频滴。嗟因循、久作天涯客[①]。负佳人、几许盟言，便忍把、从前欢会，陡顿翻成忧戚[②]。

愁极。再三追思，洞房深处，几度饮散歌阑。香暖鸳鸯被，岂暂时疏散[③]，费伊心力[④]。殢云尤雨[⑤]，有万般千种，相怜相惜[⑥]。

恰到如今、天长漏永，无端自家疏隔[⑦]。知何时、却拥秦云态[⑧]，愿低帏昵枕，轻轻细说与，江乡夜夜，数寒更思忆[⑨]。

>注释

①嗟：叹。因循：本意为依旧不改，这里指长期以来如此。
②陡顿：突然，指情况一下子发生改变。
③疏散：分离散开。
④费伊心力：承蒙您劳心费力。
⑤殢云尤雨：喻两性欢爱。殢：滞留。
⑥惜：爱惜。
⑦无端：无缘无故。疏隔：离别。
⑧秦云态：此指美人体态。秦当指春秋时代秦穆公的女儿弄玉，亦称秦娥。相传秦娥嫁与萧史，跟他学会吹箫，后来双双得道成仙飞升。云态指神话传说中“旦为朝云，暮为行雨”的巫山神女那样的体态。
⑨数：计算。寒更：寒夜的更鼓声。

> 题解

这首词共三片，是字数多达一百三十五字之长篇巨制，也是柳永创制慢词的一个范例。第一片写主人公夜半酒醒时的忧戚情思；第二片追思以往相怜相惜之情事；第三片写眼下的相思情景。体制扩大，容量增加，主人公全部心理状态及情思活动过程，都得到了充分的表现。从谋篇布局上看，第一、二片，花开两枝，分别述说现在与过去的情事；至第三片，既由过去回到现在，又从现在想到将来，设想将来如何回忆现在，使情感活动向前推进一层。全词三片，从不同角度、不同方位，多层次、多姿态地展现主人公的心理状态和情思活动，具有一定的立体感。

赏析

这首词写羁旅行愁中的相思情绪，因写到男女欢爱的儿女之情，所以尤其缠绵悱恻，情浓意真。

词的上片从寓旅途中的梦觉写起，引出抒情主人公满腔的愁绪。词的开始就写一阵寒风透窗而入，吹熄了灯火，主人公从梦境中惊觉，夜半酒醒，倍觉冷清寂寞。“梦觉”两句，写出了主人公的梦寐不安和满怀心事，而寒风透窗而入，将灯烛吹熄，则尽显寒夜的凄冷之状。“那堪酒醒”三句，写人物酒醒难眠的寂寥清冷。“又闻空阶，夜雨频滴”，又以动写静，以声衬寂，写半夜无眠感受到的冷清与沉寂。“嗟因循、久作天涯客”，是主人公对自己游宦生活的感慨，他叹息自己要“因循”读书仕子的俗套，遵从世俗的习惯和做法，不得不迎合俗情，载沉载浮，因而久在仕途，迁移流离，而耽搁了人生中许多美好的东西。“负佳人、几许盟言”句，写他因公务而奔走，踪迹不定，辜负了与佳人的盟约，中断了从前相爱相依的欢会生活。“更忍把、从前欢会，陡顿翻成忧戚”，写出他不忍心中止从前的欢会，而在突然之间，将欢乐变成了忧思悲凄。“陡顿”犹言突然。

中片则由上片写相思愁绪，转到怀念主

人公与心中所爱过去极尽情欢的日子，词中的语句大胆直白，感情坦露炽烈，而尽力表现和形容他们欢爱时的恣情无忌。“愁极”两字表明他追思时的情绪，是开始回忆的感情准备。“再三追思”三句，写他沉溺于对往昔欢乐的回忆之中而不能自拔，而他们的欢聚时刻，也一幕一幕，不可穷尽。“几度”一词，用反问的手法，言其欢会之多。“洞房深处”则将回忆的场景直接引向了床帏之中。“香暖鸳鸯被”三句描述其欢爱无厌之状，“暖”字状其热烈，“岂暂时疏散”状其不知倦怠，“费伊心力”状其倾心倾力而无所保留，这三句详写其相爱之深。“殢云尤雨”三句，则概括表述其相爱之缠绵。“万般千种，相怜相惜”总写其情爱无限。中片因愁生忆，沉湎于过去的欢乐之中，但如同白日做梦，很快就被拉回现实之中。

下片再次着眼于通宵无眠的愁境中来，而悔恨自己不该选择这条道路，以至于现在两地相隔。“恰到如今”转换时空而总括事态的始终，“天长漏永”则写出相思时度日如年的愁状，与下文的“数寒更”有着相近的表达作用。“无端自家疏隔”，交代造成二人无端隔绝的原因在于自家，是他自己选择的道路造成了这样的结果。“知何时”以下悬想有朝一日相逢之后，彼此互相抚慰互相倾诉离情的情景。他想象着与佳人重新相聚的美好时刻，那时他面对有着“秦云态”的恋人，只愿和她在枕畔耳边诉说情话，轻声细语，讲给她自己如何在江乡寓旅途中，夜夜无法入睡，数着更鼓守着长夜思念着伊人的情状。

因愁极而生忆，因思切而想象，这是感情发展的规律和自然的逻辑。同样的感情，李商隐想象着“何当共剪西窗烛，却话巴山夜雨时”(《夜雨寄北》)，杜甫想象着“何时倚虚幌，双照泪痕干”(《月夜》) 都是借想象来表达离愁，寄托相思，但唐诗中的描写概括而雅正，柳词中则繁密而狎亵，正是格调和风骨的不同导致的差异。

雪　梅　香

景萧索，危楼独立面晴空①。动悲秋情绪，当时宋玉应同②。渔市孤烟袅寒碧，水村残叶舞愁红③。楚天阔，浪浸斜阳，千里溶溶④。

临风，想佳丽⑤，别后愁颜，镇敛眉峰⑥。可惜当年，顿乖雨迹云踪⑦。雅态妍姿正欢洽，落花流水忽西东。无憀恨⑧，相思意，尽分付征鸿。

>注释

①危楼：高楼。

②宋玉：战国时楚国人，曾著《九辩》，篇中有“悲哉！秋之为气也，萧瑟兮，草木摇落而变衰”。故后世有“宋玉悲秋”的典故。

③袅：烟缭绕上升貌。碧：指烟的颜色。红：代凋谢的花。

④溶溶：水流动貌。唐杜牧《阿房宫赋》：“二川溶溶，流入宫墙。”

⑤佳丽：美女。此指思念的恋人。

⑥镇：长，久。

⑦顿乖：突然，这里形容分手像雨散大地，云掠天空，迅速而不留痕迹。

⑧憀（liáo）：兴趣。无憀恨：此指离恨别愁。

>题解

清邓廷桢在《双砚斋词话》中评这首词说："《雪梅香》之'渔市孤烟袅寒碧'，差近风雅。"这首词是柳永游荆湘时所作，与他的《曲玉管》《玉蝴蝶》等词的主题相同，都是伤高怀远之作。词中怀念的对象是流落风尘的一位歌伎，但他的感情是真挚的，思念是深切的，显示出感情世界中女性所居的重要地位。

赏析

这是一首写离情别绪的相思之词，是柳永词作中占有相当数量而又最为常见的题材。柳永一生中最主要的两种生活状态，一是追求功名利禄的仕途奔波，一是寄情红颜歌酒的疏狂放纵。当他在科场失利而无法跻身权力阶层的时候，他以词曲酒色狎戏人生，以逞意气和感官之快，而精神深处却蒙受着被当权者蔑视和排斥的痛苦。而当他在宦海沉浮，在仕途奔波的时候，他又时时怀想、念念不忘风流时光的快乐，在鱼与熊掌不可兼得的矛盾中，他经受着非此即彼的折磨。他的人生是不幸的，但这正滋养了他作为一代词人的创作生命，"蚌病成珠"，柳永以他的艺术成就而名传千古，这也是他不幸中的大幸。

这首《雪梅香（景萧索）》的结构也与他的部分中调相似，上片侧重写景，借景抒情，下片叙述往昔情事，表达相思之情。上片的写景，选取带有普遍性的典型意象，刻画出映射着词人感情色彩的景物与画面。词人登高远望，眺望深秋时节的景象，以简洁的景物来创设蕴含丰厚的意象。"景萧索"先直言对景物的总体感受，为全篇景物的特点定调，"危楼独立面晴空"，写词人登高远眺，在秋高气爽的时候独遣幽怀。词人孤单的身影，高高矗立的楼台，空阔高远的天空，衬托出他心境的孤寂和个体存在的渺小。“动悲秋情绪”两句，与开头的“景萧索”呼应，写出自己当时的悲凉胸怀。前面已经点出内心感受，接着又用前人的经验加以印证。战国时楚人宋玉的辞赋中首次写到悲秋的情绪，因而为“士悲秋，女伤春”的文学题裁发出先声。这里借宋玉来表白心情，虽然太过间接，但尚能引导人引申联想。以下的五句描写，直接以写景寄寓情感，就是对前面直露表述的丰富和深化。“渔市孤烟袅寒碧，水村残叶舞愁红”，用十分工巧的对仗描写村市秋景，鱼市上一缕炊烟袅袅升起，青碧中带着寒意；水村外残叶翩翩飘落，暗红里含着哀愁。“碧”和“红”色彩鲜明，“寒”和“愁”则暗示着人的情绪，使景物上投射出人的感情成分。“楚天阔，浪浸斜阳，千里溶溶”，用晕染的笔墨画出了一幅秋江夕阳的画面，与唐白居易《暮江吟》“一道残阳铺水中，半江瑟瑟半江红”的诗句正是同一景象，不同者在于一寥落悲凉，一绚烂喜悦。

下片的抒情，先由叙述部分提供基础，词人对景怀人，回想往昔与情人的密切关系，今天已是浪迹萍踪，其中的悲欢离合，演绎着人生无法预料的风云变幻。“临风，想佳丽，别后愁颜，镇敛眉峰。”这四句交代了前文中悲愁情绪的原因，在秋风中想念曾经的美艳情人，分别以后的相思使人面带愁颜，眉峰不展。这里的“愁颜”，“镇敛眉峰”正与前文的“愁红”和“寒碧”相照应，由寓意转向明写，可见词人对心中情人的眷恋之深。“可惜当年，顿乖雨迹云踪”，交代了他们分手的事实，说明情路遇阻，而又语焉不详，只从“顿”字写出分手的突然，从“乖”字写出了心中的不情愿，从“雨迹云踪”写出了两人的胶着昵恋。正当他们如胶似漆恩爱缠绵的时候，突然间就被迫分手各奔东西了。“乖”指乖谬，背离，这里是分离的意思。“雨迹云踪”，指他们的踪迹，兼有男女感情历程的意思在内。“雅态”两句写他们分离两处，重在表现分离的情态。“雅态妍姿”写出女子的魅力所在，她具备美貌女子少有的雅态，而且姿容美妍，这是从词人作为男性角度对女性的审美和评判，是女子令人心动的美之所在。“欢洽”写他们和欢爱谐洽。“落花流水”用比喻形容他们的零落流离，地位卑下的弱势地位使他们像暮春的残花经不起风雨。“无憀恨”三句写对情人的相思之意，希望寄托鸿雁传达书信和相思的离愁别绪。“憀”与“恨”意思相近，指悲恨的情绪，“无憀恨”应是省语，意为无限的愁恨。“尽分付征鸿”一句又由情到景，情景交汇，虚实相接地表达出对心中情人的无限思念，余韵悠悠，情意绵绵。

击 梧 桐

香靥深深①，姿姿媚媚②，雅格奇容天与③。自识伊来，便好看承④，会得妖娆心素⑤。临歧再约同欢⑥，定是都把、平生相许。又恐恩情，易破难成，未免千般思虑。

近日书来，寒暄而已⑦，苦没忉忉言语⑧。便认得、听人教当⑨，拟把前言轻负。见说兰台宋玉⑩，多才多艺善辞赋。试与问、朝朝暮暮，行云何处去⑪？

>注释

①靥（yè）：面颊上的酒窝。
②姿姿媚媚：姿态娇媚可爱。晋阮籍《咏怀》诗："流眄发姿媚，言笑吐芬芳。"
③天与：自然赋予，天然生就。
④看承：看待、关照。
⑤会得：懂得。心素：情愫。
⑥临歧：来到岔路口，指分道惜别。唐高适《别韦参军》诗："丈夫不作儿女别，临歧涕泪满衣襟。"
⑦寒暄：问寒问暖，相见时互道天气冷暖，作为应酬。
⑧忉忉（dāo）：忧思貌。
⑨教当：教唆，挑拨。
⑩兰台宋玉：指战国时楚国文人宋玉。宋玉《风赋》中说："楚襄王游于兰台之宫，宋玉、景差侍。有风飒然而至……"后

世遂以“兰台宋玉”指宋玉，用在这里是柳永自比宋玉之多才。

⑪行云何处：比喻踪迹飘忽不定。

赏析

这首词以第一人称的方式，叙述了与一位风尘女子的感情经历。这位女子具有非凡的容貌，而且与男主人公有着欢爱的生活和来日的约定，但自分手之后，便发生情变，过去的情意日渐淡漠与疏远了。词中道出了男主人公的担忧，并对女子的情感提出质疑。关于柳永这首词的本事，南宋初年杨湜的《古今词话》有着这样的记述：“柳耆卿尝在江淮眷一官妓，临别，以杜门为期。既来京师，日久未还，妓有异图。耆卿闻之怏怏。会朱儒林往江淮，柳因作《击梧桐》以寄之，……妓得此词，遂负愧竭产，泛舟来辇下，遂终身从耆卿焉。”“杜门”指闭门不出，“辇下”指京城。杨湜的词话中记述的到底是不是史实，并无其他材料加以佐证，但这首《击梧桐》却真实记述了女子用情不专的情感状态。词的上片介绍与这位女子的过去的恩情和离别时的约定，表达出对再续前约的担忧。下片则以女子的书信看出了她的情感变化，对她的盟约和对自己的忠诚提出了疑问。

上片先写女子的出众容貌。“香靥深深，姿姿媚媚，雅格奇容天与。”这位女子生就高雅的格调和不俗的容貌，她的一对深深的酒窝招人喜爱，姿态是多么娇媚动人，上天赐

>题解

《击梧桐》调有两体，一种是一百一十字，见《乐府雅词》；另一体一百又八字，见《乐章集》，注中吕调。柳永《乐章集》中的《击梧桐》为双调，上片十句四仄韵，下片九句四仄韵，词以第一人称写出，可视作代书信体的情书，是与旧好情人发生情感纠葛之后所作，表达责怪之意，抒写忧思愁闷情怀，体现出情感波折中的特殊体验，非过来人而不能为。

予她超凡脱俗的气质和姿容，可见柳永对她的中意与另眼相看。“自识伊来，便好看承，会得妖娆心素。”谓自从相识以来，便对她格外地用心关照，能够领会她娇媚的外表下内心的情愫。“妖娆”谓娇媚，美好。句中用“妖娆”来形容“心素”，含有心性多变的意思。从中可见词人与她有着非常亲近的关系，心下里一直对她用心看待，对这位女子的心性特点也了解得很深刻，她美丽而多变，性格轻浮，志气不专，很难让人对她放心。“临歧再约同欢，定是都把、平生相许。”可惜的是，身受名利驱遣的柳永，不能一直和她相守，分别前，他们约定将来再续前好，恩情如旧，他也相信女子的盟约，是将她的平生都交付给自己了。词人对她的动心和喜爱，使他对女子另眼相看，并且内心也有将她收为己有，纳为侧室的用意，所以在相信女子对自己以身相托的同时，又难免有着担心和疑虑。“又恐恩情，易破难成，未免千般思虑。”他担心这种恩情经不住时间和境况的考验，所以免不了疑虑重重。

下片中词人的担心似乎变成了现实，这让他在担忧、痛心的同时，免不了要对她进行质疑和提醒。久在脂粉丛中周旋的词人，对女子的情感状态和情绪反应了如指掌，特别是从她的书信中读出了她的心迹。“近日书来，寒暄而已，苦没忉忉言语。便认得、听人教当，拟把前言轻负。”最近她的来信里，只是敷衍地说一些问寒问暖的话，没有了担忧、思念一类流露真情的言语。他由此辨识出来，自己爱怜关切的这位女子情感一定发生了变化。她定是受到了别人的教唆和诱惑，打算背弃与自己的来日之约了。但是词人以第一人称的口气说出来这样的意思，好像是写给女子的书信一样，当面责问她的不专，同时又给她留有情面和解释的余地，将她的变心归咎于受人挑拨，在责难的同时，又给她以袒护。“见说兰台宋玉，多才多艺善辞赋。”他提醒对方不要忘了自己，不要忽视自己的才华，也不要对自己的前途产生怀疑。自己如同当年才华横溢、风度翩翩的宋玉，不正是这些打动了她的芳心吗，难道她甘心放弃这样一位才子词人而移情别恋、择木而栖吗？句中的意思，有责问，也有告诫的情思。“试与问、朝朝暮暮，行云何处去？”词人借用典故询问她，如果她像那巫山神女一样飘忽不定，那么到底要找一个什么样的归宿呢？这位女子如巫山神女一样朝云暮雨、行踪无定，让她期守盟约，显然是不牢靠的。而词人自己也是过着“游宦成羁旅”的生活，可见他们的爱情本无坚实的基础，浪迹萍踪的生活，为他们的美好愿望增添了太多的变数，事不如愿，词人的遗憾和抱怨也是无可奈何的了。

诉 衷 情 近

雨晴气爽，伫立江楼望处[①]。澄明远水生光，重叠暮山耸翠。遥认断桥幽径[②]，隐隐渔村，向晚孤烟起。

残阳里。脉脉朱阑静倚[③]。黯然情绪[④]，未饮先如醉。愁无际。暮云过了，秋光老尽，故人千里。尽日空凝睇[⑤]。

>注释

①伫（zhù）：久立。
②断桥：残破之桥。
③脉脉：本作“眽眽”，凝视貌。《古诗十九首》有“盈盈一水间，脉脉不得语”。后多用以示含情欲吐之意。
④黯然：情绪低落、心情沮丧的样子。
⑤尽日：终日。凝睇（dì）：注视，凝神远望。

>题解

此词是柳永漂泊于江南时所作，词人以登高倚望为基点，抒发了他对千里之外的故人的思念和客居他乡的人生感喟。上片写词人在雨过天晴、天高气爽的环境背景中伫立在江楼登高远望，用断桥、幽径、渔村、孤烟等意象构成了一幅苍远、萧瑟、凄清的秋天暮景，点染了忧愁孤寂的氛围。下片从残阳、暮云、秋光等令人感伤的景色写到对千里之外的故人的无尽思念，加之异乡漂泊、人生迟暮、孤寂落寞等情绪相互融合，将词情推向极致。

赏析

这首词是柳永仕途受挫，游历江南时所写的一首中调，以望远怀人为主题，表达秋思和思念古人的情绪。这首词的写景抒情以冲淡平和为基调，侧重大笔触的勾勒，而不去做细致的描画，在简洁中透着明快洒落，是一曲富有类型特点的作品。

词的上片写秋日远望看到的景象，在雨过天晴的时候，空气清新，天空明净，站在江边楼台之上放眼看去，秋日的景色富有诗意。首句点明时间和视线的角度，“伫立”一词暗示了词人的情绪状态比喻低沉的。“江楼”是词作中一个具有代表意义的意象，其中浓缩了登临、怀想、望归、失意、怅然等多种可能的意义，富有时空感的角度和具有画意的景象，成为古代诗词中一个出现频率很高的词语。晚唐词人温庭筠词《望江南》：“梳洗罢，独倚望江楼。过尽千帆皆不是，斜晖脉脉水悠悠。肠断白蘋洲。”接下来的五句全部是对远景的描写，是词人“望处”所得到的具体景观。“澄明远水生光，重叠暮山耸翠。”两句对举，以工整的样式写出山水的景色，水面清澈透明，波光闪耀，山色重重叠翠，凝重安详。“遥认”两句则给自然的景物添上了人的活动迹象。远远地可以辨认出遮掩的小桥、幽深的小路，隐隐可以看到渔村的房舍。“向晚孤烟起”，日晚向暮，雾霭升起，使这些景色更加模糊不清。上片对景物的描写，采用全景勾画的方法，重在简练的勾勒和整体的布局，而用人物的安排来确定全篇的重心，如同一幅中国山水画，在淡中见远，平中见奇。

下片转为抒情，“残阳里。脉脉朱阑静倚”，抒情主人公的出场突出的是内心的感受，人物的面目则是模糊的，从通篇来看，应该是词人的自身经历，“脉脉”表现出了深情的样子，“静倚”与上文的“伫立”相统一，都是静止的动作，而将动的部分侧重在精神活动方面。“黯然情绪，未饮先如醉”用直接叙述的方法来交代人物的情绪状态，词人的心情是暗淡低沉的，其抑郁愁闷的感受，如同酒后的醉态。“愁无际”一句是全词的文眼，点醒整篇的基调和词人的感情状态。“暮云过了”之句，继“愁无际”之后道出了“愁”的原因，“秋光老尽”让人感伤，“故人千里”更是令人愁绝。这种愁思不可穷尽，人的心绪也无法平息下来，所以他“尽日空凝睇”，长久地伫立，深切地盼望与怀想，而“空”字又显出他的无奈与徒劳。“古人千里”四字点出了怀人的主题，也是词人黯然愁闷的主要原因，是什么样的人让他如此伤神，词中并未透露，但可以肯定的是他在词人的心目中有着极为重要的地位，和他的关系也非同寻常。

这首词结构工整，运笔流畅，景物清新，抒情浓厚。但“暮山”“暮云”“向晚”“残阳”等词语的运用，难免有赘述之感，而“未饮先如醉”的内心刻画也有雕琢的痕迹，然瑕不掩瑜，并不妨碍对全词的欣赏。

征部乐

雅欢幽会[①]，良辰可惜虚抛掷[②]。每追念、狂踪旧迹[③]。长只恁、愁闷朝夕[④]。凭谁去、花衢觅。细说此中端的。道向我、转觉厌厌，役梦劳魂苦相忆[⑤]。

须知最有，风前月下，心事始终难得[⑥]。但愿我、虫虫心下，把人看待，长以初相识[⑦]。况渐逢春色。便是有，举场消息[⑧]。待这回、好好怜伊，更不轻离拆。

>注释

①雅欢：美好的欢聚。幽会：男女的私下约会。唐元稹《莺莺传》："幽会未终，惊魂已断。"雅欢幽会：指男女因相爱而私自欢会。

②良辰：指欢会之时。

③追念：回忆，回想。

④只恁：只是如此。

⑤"凭谁"四句：凭谁到花街找到她，向她说明此中缘由，就说怎奈我也无精打采，魂牵梦绕，常常思忆。花衢：即花街，指妓院。端的：犹云究竟。向：怎向，怎奈。役梦劳魂：犹云"魂牵梦绕"。

⑥"心事"句：此句有省略，意谓你的心事我始终摸不明白。

⑦虫虫：当时名妓。《山左人词》本《乐

章集》曹元忠校“虫虫”云：“当时名妓。本集《征部乐》‘虫虫心下’,《玉楼春》‘虫虫举措’是也。”

⑧举场：科举考场。《清平山堂话本·陈巡检梅岭失妻记》：“宣和三年上春间，黄榜招贤，大开举场。”举场消息：即京试的消息。唐李肇《唐国史补》：“进士为时所尚久矣……其都会谓之‘举场’。”即京试时之考场。

赏析

这首《征部乐》写的是词人与红粉知己的情感纠葛，是词人在羁旅途中对京师名妓虫虫表达思念之情的作品。柳永在寄寓京师期间，与众多的歌伎都有过往，但多是填词讨润笔的关系，形成了词以声妓而传、声妓以词而名的特殊关系，这也是元代书会才人的早期形态。但柳永也与个别的妓女有着知己之交，虫娘就是其中的一位。从词中可知，词人与虫娘曾有过“雅欢幽会”，互相爱恋赏识，但是因奔走前程，柳永与虫娘分在两处，并致虫娘对他有某种看法。词中表现出对抛掷良辰美景的追悔之意，并希望虫娘能够以初次相识时的看法来对待他，并且等着他开春以后举场上的好消息，两人重新相聚，不再分开。

上片写追悔之意和相思之苦。“雅欢幽会，良辰可惜虚抛掷”，是回想他与虫娘交往时的美好时光，但是遗憾的是，这种良辰美景被白白抛弃了，意谓分别致使两人的密切关系告一段落。“雅欢”是指与虫娘相处时在精神和文化层次上获得的愉快。柳永在多首词中以“雅”来形容女子的优雅仪态和不俗外表。“幽会”则是两人情感发展到两情相悦阶段的结果。“虚抛掷”则表白现在回想起来，

> 题解

《征部乐》，柳永自制曲，《乐章集》注双调，一百六字，前片九句六仄韵，后片十句五仄韵。柳永与歌伎关系密切，但多是填词与讨润笔的关系，只有个别如师师、香香、安安，尤其是虫虫，是才子与红粉知己的关系，以致有收虫虫为妾之意。柳永在外地写的思念红粉知己的词，当亦是为虫虫而发的，从此词即可看出。

为了眼前的功利而抛掷情爱的欢愉是不值得的。“每追念、狂踪旧迹。长只恁、愁闷朝夕。”这两句通过今昔对比，回想过去自己恣意行乐，狂放不羁，那种生活多么畅快，如今只落得忧愁郁闷，天天不得开心。“凭谁去、花衢觅。细说此中端的。”词人觉得必须向虫虫做出解释，让她知道其中的根由，表白自己并不是有意要辜负她。但靠谁去从烟花柳巷之中找到虫虫，像她详细地说明其中的究竟呢？“道向我、转觉厌厌，役梦劳魂苦相忆。”让这找到她的人向她说说我近来无精打采，身心疲劳苦苦思念的情状。从这句词可知，词人为向虫虫表白心迹，忽略了介绍自己羁旅的情形而只诉说自己思念的愁闷，连自己如何干谒奔走的劳苦都没有提及。

下片叙说与虫虫不能互通心曲的隔阂，并希望能够得到她始终如一的看待，而春试又即将到来，他希望新一年的科场能够传来捷报，并为他和虫虫的长期相处创造条件。“须知最有，风前月下，心事始终难得。”让词人感到迷惑的是，不论和她关系怎样亲密，不论在风前还是月下，虫虫的心事始终让他难以摸透。“但愿我、虫虫心下，把人看待，长似初相识。”不知是初次相识时对他最为痴迷，还是现在的他处境不能让她感到满意，他希望虫娘能够以初次相识的态度来对他。“况渐逢春色。便是有，举场消息。”宋朝科举的院试和殿试都是在春季，经过一段时间的准备，柳永又对科场登第燃起了希望，以他的才情和自负，他认为科场得中是轻而易举的事情，希望虫娘等着他的好消息。“举场”即科举考试的考场。“待这回、好好怜伊，更不轻离拆。”是词人对两人的关系所抱的美好愿望。如果科考得中，他便要好好地恋爱虫娘，和她再也不分开，这实际上也是向虫娘表白他的态度和决心。从这句话，可以看出柳永对虫虫的痴心，他的思念是真切的，他的心意是诚恳的。因为按照宋代官制，一旦登科之后，便很快被委以官职，而官员是不能出入青楼妓院有不检行为的，否则便有“渝滥”之过。除了赎身纳妾的办法之外，似乎再没有能够不“离拆”的更好办法了。也许他是在向虫娘透露，希望能够和她有一个圆满的结局，但是能否得到命运的眷顾，那就不是他自己能够决定的了。

夜半乐

冻云黯淡天气[①]，扁舟一叶[②]，乘兴离江渚。渡万壑千岩，越溪深处[③]。怒涛渐息，樵风乍起[④]，更闻商旅相呼[⑤]。片帆高举。泛画鹢[⑥]、翩翩过南浦[⑦]。

望中酒旆闪闪[⑧]，一簇烟村[⑨]，数行霜树。残日下，渔人鸣榔归去[⑩]。败荷零落[⑪]，衰杨掩映，岸边两两三三，浣纱游女。避行客、含羞笑相语。

到此因念，绣阁轻抛，浪萍难驻[⑫]。叹后约丁宁竟何据[⑬]。惨离怀[⑭]，空恨岁晚归期阻。凝泪眼、杳杳神京路[⑮]。断鸿声远长天暮[⑯]。

>注释

①冻云黯淡：严冬天色昏暗。冻云：严冬之云。方干《冬日》："冻云愁暮色，寒日淡斜晖。"黯淡：阴沉昏暗。

②扁舟：指小船。

③越溪：越地之溪，此处当谓若耶溪，溪在浙江绍兴南若耶山下，即西施浣纱处，故亦名浣纱溪。

④樵风：顺风。

⑤商旅：行商。

⑥画鹢：指有画鹢的船。《淮南子·本经训》："龙舟鹢首，浮吹以娱。"高诱注："鹢，大鸟也。画其像着船头，故曰鹢首。"后以鹢首为船的别称。

⑦翩翩：船行轻急貌。南浦：南面的水边。《楚辞·九歌·河伯》："子交手兮东行，送美人兮南浦。"王逸

注："愿河伯送已南至江之涯。"后常用称送别之地。此处为泛指。

⑧酒旆：以杂色翅尾饰边的酒旗。《释名》："杂帛为旆。"

⑨一簇烟村：谓点点落落为烟雾笼罩的村庄。

⑩鸣榔：榔：亦作"桹"，船后横木，近仓。渔人择水深鱼潜处引舟环聚，各以二椎击榔，声如击鼓，鱼闻皆伏不动，渔人用此法捕鱼，或为歌声之节。晋潘岳《西征赋》："纤经连白，鸣桹厉响。"李善注："《说文》曰：桹，高木也。以长木叩舷为声，言曳纤经于前，鸣长桹于后，所以惊鱼，令入网也。"

⑪败荷零落：残败的荷叶零零落落。

⑫浪萍难驻：谓行踪无定，却又不能驻足不前。

⑬丁宁：今通作"叮咛"。

⑭离怀：离别之情怀。

⑮杳杳：悠远渺茫。

⑯断鸿：失群的孤雁，其叫声凄切。

赏析

这首词是柳永创制的慢词长调，词写羁旅江浙期间行舟所见之景，表达去国怀乡、思念京华故旧的愁思。词分上、中、下三片，前两片写景，兴致稍佳而景中略带愁闷。至第三片因景生情，牵惹出伤感心绪。词中写景饶有意趣，节奏平缓地逐一铺展，写出了南国水乡的景物和生活画面，但词人的心绪是低沉落寞的，虽有佳景但始终难脱凋残之色。词情的发展在起伏转换之中，有酝酿、有高潮、有终结，结构完备而脉络清晰，繁密而不冗赘，充实而不堆砌，题旨明了，大开大阖，跌宕有致。

上片写行船出发，途中的曲折经历和商旅交通的情景。"冻云黯淡天气，扁舟一叶，乘兴离江渚"，首句交代开始水路旅途的时间是在初冬，冻云即寒云，云层阴沉凝重；"扁舟一叶"言船之轻小，"乘兴"则表明词人此时心绪尚佳，对前路尚不是十分消沉悲观。"渡万壑千岩，越溪深处。"写小船在吴越山水之间穿行的曲折和沿途的险怪荒野景象，用简洁的笔法描述出沿途所见的自然景象。"怒涛渐息，樵风乍起，更闻商旅相呼。片帆高

>题解

《夜半乐》，唐教坊曲名。宋王灼《碧鸡漫志》云："……明皇自潞州还京师，夜半举兵，诛韦皇后，制《夜半乐》《还京乐》二曲。"柳永借旧曲另倚新声，《乐章集》注中吕调，一百四十四字，分三片，前片十句五仄韵，中片九句四仄韵，后片七句五仄韵。此词写羁旅行役中秋景，穷极工巧。此首三片，上片记泛舟所经，中片记舟行所见，下片抒远游之感。全篇跌宕有致，大气包举，既疏宕浑灏，又铺叙绵密，不惟为柳词中之精品，在全部宋词中亦属上乘之作。北宋建国以来，致力于休养生息，发展生产，经济得到恢复，人民生活富足。柳永生活的时代，正是宋真宗和宋仁宗当政的升平富庶的盛世。柳永漫游江南，在个人失意的时候，却为我们描绘出了太平盛世江南水乡的画面，弥补了史家的缺失。这首词在章法上甚为后世词家推许，论者以为周邦彦、吴文英等词人的长调，都得力于柳词。近世词学家陈匪石于《宋词举》中论析此词说："若合全篇观之，前段纡徐为妍，为末段蓄势；末段卓荦为杰，一句松不得，一字闲不得，为前两段归结。一词之中兼两种作法。"

举"，这四句描述的应是旅途中的一段停歇之后的景象。行间江上忽起波浪，波涛翻卷而船行受阻。待到波涛渐渐平息，山野间吹来了温和的樵风，这时候，停歇的商船纷纷举帆，重新上路。"樵风"指的是山野间的和畅之风，风起时应是樵人采薪的天气，而商船举帆正当其时。不少选本乃至名家之选本均释"樵风"为"山风"，误。从上下文看，正因"怒涛渐息"，顺风突然而起，才有"商旅相呼"，才有"片帆高举"。若释为"山风"，则与上下文毫无关联。"泛画鹢、翩翩过南浦"，写出了江上船只争流，竞相行驰的生动画面。"画鹢"，指船头上描画的水鸟图案，这里代指船只，王勃的《滕王阁诗》中说："画栋朝飞南浦云，朱帘暮卷西山雨。""南浦"泛指江头，江面。在越溪的千岩万壑中间，商旅交通往来频繁，富有经验的船夫和商贾善于选择行船的时机，足见越地经济的繁荣。

过片承接上文，写舟行之处的人烟聚集之地和社会生活场景。"望中酒旆闪闪，一簇烟村，数行霜树”，写行旅途中，山重水复，移步换景，船只到达了人烟聚集的地方，只见酒旗招展，烟雾深处渔村隐现，几行霜树排列远方。“旆”指古代旗边上下垂的装饰品，这里泛指旌旗。“闪闪”一词，写出了酒旗的鲜亮醒目，犹如在招呼过往的船只，非常引人瞩目。“残日下，渔人鸣榔归去”写天已向晚，捕鱼之人正在边渔边归。“榔”本作桹，指捕鱼时用以敲船的长木条。描写的是江上渔民的生产画面，鸣榔之声，与残日之光共同使打鱼归来的场面有声有色。“败荷零落，衰杨掩映，岸边两两三三，浣纱游女”，写近处景物，败荷、衰柳是南方的冬日景象，烘托的是败荷荒寒的景象，表现山野村庄的偏僻冷落。而岸边游女浣纱的景象，表现的是妇女们生活的劳苦，因天气已经入冬，浣纱而不避水寒，正与渔人鸣榔相应，写出越人生活的辛苦。但越女的情态，却让词人心中受到打动，她们“避行客、含羞笑相语”，互相谈笑，面带娇羞，不敢与客人直视，她们的羞态不正是因为船上行客目光的关注和好奇吗。这里不难想到，越女浣纱的情景与“西施”的传奇人生密切相关。行客的好奇，或许是想从浣纱女子的身上，看到越中美女的神采甚或是有“沉鱼”之美的西施的影子。“到此因念，绣阁轻抛，浪萍难驻”，浣纱女子的羞容，触动了词人的春思，触景生情，他不禁心生悔意，轻易地抛舍掉与绣阁中佳人的欢好时日，而流落江湖，身如飘萍，难以停驻。漂泊荡舟的生活，使他对固定安稳的生活产生渴望，而不免生起了身如浪打浮萍的慨叹。中片由写景而转换笔锋，牵惹出闺阁愁怀，并为下文的抒情和生发题旨做好了准备。

下片便落笔直书怀人之情。“叹后约丁宁竟何据。”回想当初与佳人互立盟约，不禁心生感慨，两情相谐之时，互立后日之约，相互叮咛，语深意长，何曾料到人生的变幻无常世事的无可奈何！“竟何据”是从现时来看，当时的约定显得空洞不现实。“惨离怀，空恨岁晚归期阻”,“惨”字点出了心绪的愁惨伤神,“空”字则写出了“恨”的徒劳，而“岁晚归期阻”则是他所处的现状，他无力改变，只能徒生怨恨。“凝泪眼、杳杳神京路”，他泪眼模糊，伤情地远望遥远的神京，那里正是绣阁佳人的居处所在。柳永的去国之恨，往往并不是想伸展庙堂之志，而是怀恋那里的风烟柳色，红粉佳丽。“断鸿声远长天暮”，以景物来写深情，表达他无边的思念和忧悲的心绪。“断鸿声远”实写鸿雁之声，虚写音信阻绝,“长天暮”是雁鸣的背景，也烘托出了阴郁的气氛。结尾极具延宕之致，可谓言已尽而意无穷。

全词以时间的推移和空间的转换为序，由景入情，由实到虚，前两片写景叙事层层铺叙，笔调从容舒缓，下片由景入情，转而激烈促迫。两种情境交相映衬，写出了从乘兴出行、游目骋怀的乐趣到顿生羁愁、感伤漂泊的情绪变化过程，使长调具备了铺陈展衍的篇章之美。

忆 帝 京

薄衾小枕凉天气①，乍觉别离滋味②。展转数寒更③，起了还重睡。毕竟不成眠，一夜长如岁。

也拟待、却回征辔④。又争奈⑤、已成行计。万种思量，多方开解，只恁寂寞厌厌地⑥。系我一生心，负你千行泪。

>注释

①“薄衾”句：谓小睡之后，即因被薄而被秋凉冻醒。小枕：稍稍就枕，非“小枕头”也。
②乍觉：突然觉得。承前句，故云。
③数寒更（jīng）：因睡不着而数着寒夜的更点。古时自黄昏至拂晓，将一夜间分为甲、乙、丙、丁、戊五个时段，谓之“五更”，又称“五鼓”。每更又分为五点，更则击鼓，点则击锣，用以报时。
④却回征辔：意谓回程。却回：回转。征辔：远行之马的缰绳，代指远行之马。
⑤争奈：怎奈，已详见前注。
⑥只恁：只是这般，只是如此。

>题解

《忆帝京》为柳永自制曲，《乐章集》注明南吕调，全词七十二字，前片六句四仄韵，后片七句四仄韵。词中说“乍觉别离滋味”，一个“乍”字说明词人是离开不久，刚刚觉到了思念的滋味；又说“薄衾小枕凉天气”说明他分别的时间是在初秋。“却回征辔。又争奈、已成行计”，表露出欲去不去、去而复恋的复杂感情。这首词上下片浑然一体，一气呵成。

赏析

这首《忆帝京》系柳永的离别词之一，表达离别之后男女的相思之情，特别是善于通过细节的刻画和心理描写来突出相思的情状，读来生动感人，耐人寻味。

上片“薄衾小枕凉天气”两句，突出节气变化，交代与心上人刚刚离别的事实。“薄衾小枕”说明时令在夏秋之交，天气刚刚由热转凉，薄被凉枕还未及换，而刚刚有了天凉的感觉，同时又交代主人公的相思是在枕上，因此以心理活动为主，而很少景物的衬托。“乍觉别离滋味”，主人公独卧枕上，夜不能眠，离别的相思之情刚从心底涌现出来。这一句的交代可以看出主人公是刚刚与心上人离别，而离别的感受也是刚刚浮现心头。以下的“展转数寒更”四句，则以词中主人公的动作和内心感受，极写其受离别的煎熬而彻夜难眠的情况。词人着重从两个方面入手来写主人公的感受，一是难以入睡，“展转”“起了还重睡”“毕竟不成眠”，一步一步地写出他不能入睡的表现。二是写主人公对夜长的感受，因不能入眠而感觉到夜晚极其漫长。“数寒更”，是他无眠时数着打更的次数估摸着时间，但到底是未能安寝，所以真切地道出了“一夜长如岁”的感叹。这里化用《诗经·王风·采葛》中的句子："一日不见，如三岁兮"的句意，但语句更为凝练，感情更为深沉，表达出了"辗转反侧""寤寐思服"的感受。这几句描写重在表达切身体会，正是对"别离滋味"的活化，但是又平白质朴，不事雕琢。

下片转而写游子思归。因彻夜难眠，已让他的离别苦思跃然纸上，所以得出返回的想法，也正在情理当中。"也拟待、却回征辔"，他也有掉转马头重新返回的打算，可见他是在离别之后踏上征程未久，还没有从相聚的状态中完全转换过来，他矛盾的内心在前进和返回两种选择里摆荡着。"又争奈、已成行计"，可是已经踏上了征程，又怎么能够再返回呢？归又不能归，行又不愿行，徘徊道路，踟蹰不前，这种心情如何排解，其中况味有谁得知？"万种思量，多方开解，只恁寂寞厌厌地"，他无论怎样思量，怎样劝告自己，就是不能够找到出路，不能够摆脱相思离情，所以只能是寂寞愁闷，百无聊赖。主人公相思的愁苦、郁结的心情逐步积累，最终化成了强烈的心理动能，使他喊出了对思念对象的呼告和表白："系我一生心，负你千行泪。"这一句感情对白，充满了相思之情、离别之恨，包含着万千沉痛，同时也达到了与思念对象的沟通和共鸣，使一己之愁苦，成为两地相思的呼应，使单方面的感受，化成了相爱、相忆之人的相知，感人之至，终成绝响。

甘草子

秋暮①，乱洒衰荷，颗颗真珠雨②。雨过月华生③，冷彻鸳鸯浦④。

池上凭阑愁无侣⑤，奈此个、单栖情绪！却傍金笼共鹦鹉，念粉郎言语⑥。

>注释

①秋暮：即暮秋，晚秋。

②真珠雨：喻雨之清亮如真珠。真珠：今通作“珍珠”。五代成彦雄《露》：“银河昨夜降醍醐，洒遍坤维万象苏。疑是鲛人曾泣处，满地荷叶捧真珠。”

③月华生：月光生辉。月华：月光。唐张若虚《春江花月夜》：“此时相望不相闻，愿逐月华流照君。”

④浦：河汊，可泊船的水湾。宋时在江河边修浦极多，可见于《宋会要辑膏·方域一》。

⑤池：指上句之“鸳鸯浦”。

⑥粉郎：男子之美称。《三国志·魏书·何晏传》（在“诸夏侯曹传”中）裴松之注引《魏略》曰：“晏性自喜，动静粉白不去手，行步顾影。”

>题解

《甘草子》，此调始于寇准，柳永此词为另一体，《乐章集》注正宫，四十七字，前片五句三仄韵，后片四句四仄韵。词中通过对暮秋、衰荷、珍珠雨、月华的描写，烘托出孤寂清冷的意境，使女主人公的幽怨情怀，与景物相融为一，又通过“鸳鸯浦”的字眼表达对双栖双飞的爱情生活的向往，更反衬出她的形只影单。结句更以与鹦鹉的对话，使她内心的苦闷得到了曲折的表达。

赏析

这是一首闺情词，属于小令，虽则短小，但是意象却很丰富，而且带有花间词绮丽华美的突出特点。词中刻画了一位闭锁深闺的青年女子孤寂无聊的情绪，反映出她生活的苦闷、失落和空虚。

词的上片写女主人公在池边凭栏的孤寂情景。正是秋凉天气日暮时分，下起一阵淅沥的秋雨，雨打衰荷，雨滴散乱地落在荷叶之上，一颗颗雨珠晶莹透亮如同珍珠。这是一幅雨中秋荷的景象，秋雨的萧索、荷池的清凉、荷叶的清幽都透露着寂寥和愁绪，而雨滴如同珍珠，恰又逼近对眼泪的联想。随着时间推移，已经到了夜间，雨后晴空中的秋月映出皎洁的光华，寒气也一点一点地浸入女主人公的肌肤，让她感到了鸳鸯浦上的冰冷。“鸳鸯浦”据《明一统志》记载，“鸳鸯浦在慈利县治北”。此处之“鸳鸯浦”，究竟是专指还是泛指，尚无从断定，但无论专指与泛指浦，都有象征夫妇的意义。上片对景象的描写突出了孤寂冷清之感，虽然只有短短几句，但却刻画出了荷池秋雨和夜月当空两个场景，反映了从日暮到夜深的较长时间，对这些景物的描写，其实是对女主人公心境的投射，是她的眼、她的触觉、她的情绪的流露和外化。她的情绪是闲愁，是哀怨，她的处境是孤寂，是幽然独处，而“鸳鸯浦”的名称，则影射了她只身独处的境况，其中透露着忧伤情绪。

下片点明愁因，抒发女主人公的怀想情绪。“池上凭阑愁无侣”两句，点出了女主人公寂寞的因由，系由上句所生之感慨。鸳鸯并游双栖，且抱颈而眠，更显出“凭阑愁无侣”的孤单凄凉。“奈此个、单栖情绪！”感叹她的孤单和无可奈何。“却傍金笼共鹦鹉，念粉郎言语。”写女主人公排遣寂寞和空虚的行为，意谓女子立在鹦鹉笼前，教鹦鹉念“粉郎归来”。这里用了蒋防《霍小玉传》中的典故：“庭间有四樱桃树，西北悬一鹦鹉笼，见生入来，即语曰：‘有人入来，急下帘者。’”另在李惟的《霍小玉歌》中说：“西北槛前挂鹦鹉，笼中报道李郎来。”她没有叹息，也没有自怨自艾，却在独自向着鸟笼调弄鹦鹉，教鹦鹉学说“粉郎”的言语，这幅仕女鹦鹉的图画，不只是反衬出女子的处境，更有着对她思念的寄托。但寄托鸟语的做法，反而更增添了凄凉之感，她的这种排遣只不过是一种自我安慰，并不能掩盖内心的空虚。以“粉郎”来称代她思念的人，也正是对这位男子的评价，蔑视之下也道出了她独守空闺的隐情。《金粟词话》中说：“柳耆卿‘却傍金笼教鹦鹉，念粉郎言语’,《花间》之丽句也。”即说明这类词具有花间派的风格，词语艳丽，而注重形式的表现。这首词的妙处即在以含蓄取胜，对人物的刻画善用曲笔，多做侧面衬托而始终不去说破，因而给读者体会女主人公内心世界留下了较广阔的空间。

倾　　杯

鹜落霜洲①，雁横烟渚②，分明画出秋色。暮雨乍歇，小楫夜泊③，宿苇村山驿④。何人月下临风处，起一声羌笛。离愁万绪⑤，闻岸草、切切蛩吟似织⑥。

为忆芳容别后，水遥山远，何计凭鳞翼⑦。想绣阁深沉，争知憔悴损⑧、天涯行客。楚峡云归，高阳人散，寂寞狂踪迹⑨。望京国⑩。空目断、远峰凝碧⑪。

>注释

①鹜落霜洲：野鸭落在带霜的水边陆地上。鹜：野鸭。唐王勃《滕王阁序》："落霞与孤鹜齐飞，秋水共长天一色。"

②雁横烟渚：雁阵横飞过烟雾笼罩的洲渚。渚：小洲。

③小楫：小船。楫：船桨，此处代指船。

④苇村山驿：指僻野的村驿。苇、山相对为文，指僻野。

⑤离愁万绪：离愁别绪千般万种。

⑥切切蛩（qióng）吟似织：谓蟋蟀群鸣，声音很稠。切切：蟋蟀鸣叫声。

⑦鳞翼：用鲤鱼与鸿雁传书典。鳞：指鲤鱼。翼：指鸿雁。

⑧争知：怎知。

⑨楚峡云归：谓曾游之地已成过去。楚峡：楚地之峡，一般指巫峡。此处以楚峡代指曾游之地。云归：乘云归去，谓逝去。高阳人散：指酒宴已散。寂寞狂踪迹：指过去的游踪已寂寂无闻。

⑩京国：京都。三国魏曹植《王仲宣诔》："我公实嘉，表扬京国。"唐韩愈《孟生》："骑驴到京国，欲知熏风琴。"

⑪目断：望尽，望到看不见。凝碧：聚集着一片碧色。

赏析

这首词也是典型的羁旅行役之作，是柳永离开京城赴职途中的见闻和感想。词中借秋景写悲秋情绪，用曲折多变的笔法描写了清寂落寞的山水景象，寄寓着词人漂泊江湖的落拓失意，刻画出一位悲秋客的典型形象。

词的上片由摹写秋景入手，传达离愁别绪，起首两句描写洲渚宿鸟，点染秋江暮色的景象。鸷鸟飞落在布满寒霜的汀洲之上，烟雾轻浮的江渚上空雁阵排列。这些景象如同图画，共同绘就秋江暮色图。"暮雨乍歇"三句，写羁旅之人泊舟停宿。在一阵暮雨刚刚停歇之后，夜晚来临，小舟停泊在芦村当中的驿馆。"小楫"指代小船，"苇村山驿"表现出停泊之地的荒野偏僻，这是一所位于山野当中被芦苇所包围的小村中的驿馆。"何人"两句，写在寓所当中听到的笛声。不知什么人在月光之下临风吹起羌笛，笛声悲凉哀怨，动人离绪。羌笛原是流行于西北少数民族中的乐器，其声悲凉，多愁苦之声。"离愁万绪"以下两句，点明主人公的情绪，并借虫鸣之声进行铺衍点染。"岸草"为野景，"蛩吟"为秋虫之声，虫声如织不绝于耳，足见"离愁万绪"，千回百转，无止无息。上片中的景物描写层层深入，细致入微地勾画出

>题解

《倾杯》,《乐章集》注散水调。词写秋景，当为三年远游返程途中作。此词为柳永行役词中名篇，为历来词家所称颂。明末藏书家毛晋谓柳永“音调谐婉，尤工于羁旅悲怨之辞”。柳永一生仕宦失意，经常漂泊流离，辗转各地，饱尝了“游宦成羁旅”的凄凉滋味，所以作词“尤工于羁旅行役”(陈振孙《直书斋录解题》)。《倾杯》以萧瑟的秋色为背景，抒写羁旅之愁，着力表现那种“多情自古伤离别，更那堪、冷落清秋节”的思想情致。如果说《雨霖铃》主要是渲染别时的缠绵难舍，那么此词就是着重描写别后的凄凉况味。在艺术上，这首词善于铺叙，巧于结构，情景交融，在柳词中也有代表性。

一种深邃幽怨的意境。

下片触景生情，抒写别后的思念。“为忆芳容别后”三句，极写对闺人的思念之情。“芳容”点出思念的对象，“水遥山远”写阻隔之远，“何计凭鳞翼”写和闺中女子音讯不通，无法传递消息。“鳞”指鱼类，古书中有鲤鱼传书的故事，捕获鲤鱼之后剖鱼而得书。“翼”指飞鸟，古时神话中有飞鸟传书的说法，李璟的词中有“青鸟不传云外信，丁香空结雨中愁”之句。另有更为普通的鸿雁传书之说。这里“鳞翼”并用，指传达消息的信使。“想绣阁深沉”三句则写行旅之苦，词人遥想绣阁之中的思妇，她在思念行人的时候，并不能体会得到他奔走天涯路途劳顿，而憔悴不堪。“楚峡云归，高阳人散”三句，是回想自己寄寓京师时的疏狂生活，那时候他与狂朋怪侣们歌酒饮宴，放纵不羁，但是现在已是故人零落，风云散去。“楚峡云归”借用宋玉典故写自己旧日的欢爱已经散去，“高阳人散”写酒友们各奔西东。这里以“高阳酒徒”代指当时的朋友。《史记·郦生陆贾列传》：“初，沛公引兵过陈留，郦生踵军门上谒……使者出谢曰：‘沛公敬谢先生，方以天下为事，未暇见儒人也。’郦生瞋目案剑叱使者曰：‘走！复入言沛公，吾高阳酒徒也，非儒生也。’”后用以指酒徒。“寂寞狂踪迹”是说当时的狂荡踪影如今已经归于寂寞。这三句怀想京华的句子，表达出词人对京城生活的留恋和欢乐难续的感慨。“望京国”两句以景结情，主人公遥望京华而杳不可见，但见远峰矗立，青碧之色犹如聚集着愁恨的眉头，“目断”“凝碧”为景物注入强烈的感情色彩。

这首词上下片之间气脉通畅，过渡自然，感情起伏跌宕，渲染行旅之苦和相思离情淋漓尽致，具有很强的艺术感染力。

凤 衔 杯

有美瑶卿能染翰①。千里寄、小诗长简②。想初襞苔笺③，旋挥翠管红窗畔④。渐玉箸、银钩满⑤。

锦囊收⑥，犀轴卷⑦。常珍重、小斋吟玩。更宝若珠玑⑧，置之怀袖时时看。似频见、千娇面。

>注释

①染翰：以笔蘸墨，意为有文才或精书法。翰：毛笔。晋左思《咏史》："弱冠弄柔翰，卓荦观群书。"

②简：书信。

③襞：折叠。苔笺：纸名，浅绿色的笺纸。

④翠管：饰有翠玉的笔。

⑤玉箸：书体名，即李斯所作小篆。唐人齐已《谢西川昙域大师玉箸篆书》："玉箸真文久不兴，李斯传到李阳冰。"银钩：喻书法遒劲。唐人白居易《谢新诗寄徽之偶题卷后》："写了吟看满卷愁，浅红笺纸小银钩。"

⑥锦囊：锦制之囊。唐李商隐所作《李贺小传》："恒从小奚奴，骑距驴，背一古破锦囊，遇有所得，即

书投囊中。”
⑦犀轴：用犀角装饰的字画轴。
⑧珠玑：珠玉。

赏析

词中赞美的红颜知已瑶卿，有着其他歌伎所不具备的才能。她能诗能文，书法秀丽遒劲，在柳永远游吴越之时，她写赠小诗和长信，使词人深感欣慰而倍加珍惜，时时展读，怀想其人，和她有着很深的知己之交。

上片“有美瑶卿能染翰，千里寄、小诗长简”，以记叙的方式介绍瑶卿的才能和她在千里之外寄来书简的事实。瑶卿这位美人有文学方面的才华，她从千里之外的京城，特意向“我”寄来亲笔书写的小诗和长信。“想初襞苔笺，旋挥翠管红窗畔。”由赞美她的才华而想象她濡毫挥写的神志。这两句以细节的刻画，表现出瑶卿在写书简时专注雅静的神情，表现出一种文静和聪慧之美。她折叠好淡绿的笺纸，在朱窗之下挥运翠玉之管，笔势飞动，字如珠玑。“渐玉箸、银钩满”两句形容她的书法，她写的字体是玉箸小篆，行笔匀均沉稳而笔画遒劲丰满。虚词“渐”表现出运笔的特点，“满”字则形容出笔画的充实劲健。

下片转换角度，写词人对瑶卿所赠书简的珍爱，表达对她的赞赏与想念之情。“锦囊收，犀轴卷”，词人将她的书作用锦囊收存，用犀角的轴头装裱，可见其珍视和宝爱。“常珍重、小斋吟玩”，经常怀着珍重的心情，在书斋之中展视吟赏，把玩不已。“更宝若珠玑，置之怀袖时时看。”比前两句更进一步，小斋吟玩还不能尽兴，更是将它当作珠玉宝贝一样看待，经常带在身上，藏之怀袖，不时地拿出来欣赏，简直到了爱不释手的地步。“似频见、千娇面”，词人睹物思人，每看一回她的手书笔迹，就是对她的一回怀想和思念。

古人云“书为心画，言为心声”，凝聚着瑶卿情意，表露出她的兰心蕙质的“小诗长简”，是词人与她展开心灵对话的绝佳媒介。可惜的是，词人并没有在作品中引用过瑶卿的诗句，也没有在其他作品中对瑶卿有过稍为详细的交代，以致使瑶卿成为了一个模糊的影子，而湮没在历史的尘埃之中。

> 题解

《凤衔杯》的词牌有平韵、仄韵两体。仄韵者《乐章集》注“大石调”。柳永同一词调的作品有两首，系同时所作。从第二首词可见是作于柳永漫游“越水吴山”之时，“强拈书信频频看”即是该词中所说的“小诗长简”。词中的瑶卿是当时京都的歌伎，是和柳永相互能引为知己的为数不多的歌伎之一。柳永写赠歌伎的词作很多，多是赞美她们的美貌和歌舞技艺，只有这首词赞美的是瑶卿的文学才华。封建社会的下层女子被剥夺了接受文化教育的权利，能够有文学方面的突出才华，实属凤毛麟角，因此难能可贵。

西　　施

苎罗妖艳世难偕①。善媚悦君怀②。后庭恃宠，尽使绝嫌猜③。正恁朝欢暮宴④，情未足，早江上兵来⑤。

捧心调态军前死⑥，罗绮旋变尘埃⑦。至今想，怨魂无主尚徘徊⑧。夜夜姑苏城外⑨，当时月，但空照荒台⑩。

>注释

①苎（zhù）罗妖艳世难偕：谓苎罗村西施的漂亮是世上没有人能比的。相传春秋时越国美女西施出生于苎罗山，此处以苎罗代指西施。妖艳：艳丽。世难偕：即世难双，世上无双。

②善媚悦君怀：谓西施善于向君王献媚取宠。媚悦：献媚取悦。君：指吴王夫差。此为古代文人之传统看法，但史实无可考。

③后庭：后宫，古代指姬妾或妃嫔所居之处。此句谓西施入吴后，仰仗吴王夫差的宠爱，用反间计，使吴国君臣之间互相猜疑。此亦于史无征。

④正恁：正如此，这般。

⑤早江上兵来：意为江上兵已来，指越国从江上进兵攻打吴国。据《史

记·吴太伯世家》载，夫差二十三年十一月越灭吴。
⑥捧心调态：捧着心口，调弄媚态。《庄子·天运》："西施病心而矉其里，其里之丑人见而美之，归亦捧心而矉其里。"此句谓西施扭捏作态，最后还是死在军中。世传《吴越春秋》以为吴亡，沉西施于江。《越绝书》以为吴亡，西施复归范蠡，相与游五湖。柳永在此词中持前说，故曰"军前死"。
⑦罗绮旋变尘埃：谓美色难永，如西施之妖艳，亦很快色衰而化为乌有。旋变：旋即变成，很快变成。
⑧怨魂：指西施之魂。
⑨姑苏城：今江苏苏州市，春秋里吴国的都城。张继《枫桥夜泊》诗："姑苏城外寒山寺，夜半钟声到客船。"
⑩荒台：吴宫废墟，指姑苏台。

赏析

《西施》的曲调因咏西施而得名。这首词以西施施美人计，致吴国亡国后的个人结局为题材，大胆地推测西施在功成之后被杀的结局，并对她表示哀悼和追思。

上片写西施的出身和她在越国灭亡吴国计划中所起的重大作用。"苎罗妖艳世难偕"是说西施出自苎罗村，她的美艳姿色举世无双。"善媚悦君怀"是说西施因善于向君王献媚而博得君王的宠爱。吴王夫差在战胜越国之后便刚愎自用，骄奢淫逸起来，而越国则向他进贡美女，以软化他的斗志，达到积蓄力量、反败为胜的目的。夫差则对越国的举措心怀猜疑。"后庭恃宠，尽使绝嫌猜"，西施在后宫中倚仗着吴王的宠爱，使他完全释去猜疑之心，无所顾忌地纵情声色。"正恁朝欢暮宴，情未足，早江上兵来。"这一句是说越国的欺诈招数终于奏效，就在吴王朝歌暮宴，整天寻欢作乐，和西施欢情不厌的时候，越国的军队早就从江上攻打过来，最终将吴国消灭了。关于吴越争霸的传奇性历史，在《吴越春秋》和《越绝书》中都有记载。越国采取了对外臣服示弱、对内蓄息强兵的政策，并助长吴王刚愎自用、穷兵黩武的气焰，从中捕捉消灭吴国的机会，最终在吴王

> 题解

《西施》，柳永自制曲，因咏西施而得名，《乐章集》注仙吕调，七十三字，前片七句四平韵，后片七句三平韵。本词为怀古之作。西施，本名“夷光”，生于苎萝山苎萝村，苎萝村施姓分东、西二村，夷光居西村，故名“西施”。西施的下场有多个版本，一说越国灭掉吴国后，西施被接回越国，后被勾践赐死；一说她与范蠡泛舟归隐，退居太湖。词中反映出封建社会“美人误国”“美人祸水”的普遍观念。

尽率精兵远赴中原参加黄池（今河南封丘县西南）之战的时候，率三万精兵一举攻克吴国，而对迅速搬师回援的吴国疲惫之师进行了决胜性的阻击。越国的胜利，是综合采取外交、军事、经济等各方面策略的胜利，西施只不过是越王勾践灭吴战略中的一个小棋子。

下片写西施被处死的冤屈，抒发哀悼之情。“捧心调态军前死，罗绮旋变尘埃”，词人断定，有着沉鱼之色的西施定是逃不过被处死的命运，西施是在越军取胜之日被处死的。“捧心”的描写，暗合“病西施”的称誉和“东施效颦”的故事，是西施特有的动作和神情。“调态”是说西施卖弄媚态，“军前死”谓其被在军前诛杀。“罗绮旋变尘埃”，以惋惜的语气感叹美人的瞬间死于非命，与《长恨歌》中“六军不发无奈何，宛转蛾眉马前死”相似。从中国古代的所谓“四大美女”的命运来看，大都没有好的结局，“红颜薄命”的根源来自于封建社会将女子作为工具的不平等和人性中爱美、妒美的弱点，所以美貌女子便被冠以“红颜祸水”，而将很多政治失误的责任推到她们的身上。国弱力薄时便以美女来斡旋，得胜之后同样不允许她们存在，不但没有功绩，而且连生存的权利也被剥夺，因为她们是祸水，爱上这样的女人，便要背上好色、废政、误国等名义，所以不管是西施、貂蝉，还是杨玉环，最终都难逃被诛杀的命运。“至今想，怨魂无主尚徘徊”，词人追念西施旧事，不禁为西施的哀怨而叫屈，西施那含悲衔怨的灵魂，至今也应在姑苏台上徘徊，谁来为她呼告而鸣不平呢？“夜夜姑苏城外，当时月，但空照荒台。”结句以时空的广阔跨度来发思古之幽情，境界辽远而意味深长。昔人已去，楼台已经荒芜，只有明月与过去一样，仿佛在陪伴着西施的怨魂。关于西施的结局，史书上有不同的记载，《吴越春秋》以为吴亡，沉西施于江。《越绝书》以为吴亡，西施复归范蠡，相与游五湖。柳永持前一说法，较为可信，因为吴亡之后，像西施这样的重要人物，肯定会受到越王的关注，而不会让她随心所欲。

双 声 子

晚天萧索，断蓬踪迹①，乘兴兰棹东游②。三吴风景，姑苏台榭③，牢落暮霭初收④。夫差旧国⑤，香径没、徒有荒丘⑥。繁华处，悄无睹，惟闻麋鹿呦呦。

想当年、空运筹决战，图王取霸无休⑦。江山如画，云涛烟浪，翻输范蠡扁舟⑧。验前经旧史⑨，嗟漫载、当日风流⑩。斜阳暮草茫茫，尽成万古遗愁。

>注释

①断蓬踪迹：谓行踪无定如同风中断蓬。
②兰棹：木兰木所做之棹，对船桨的美称。此处名词动用，谓乘船。
③姑苏：山名，在江苏苏州西南。或作姑胥，又作姑余。姑苏台在其上，吴王夫差所造，或谓吴王阖闾所造，又称胥台。隋因山名州，故称吴县为姑苏。此处指苏州。
④牢落：犹云寥落。稀疏零落貌。《文选》司马相如《上林赋》："牢落陆离，烂漫远迁。"李善注："牢落陆离，群奔走也。牢落，犹寥落也。"
⑤夫差旧国：即苏州，因吴王夫差曾都于此，故云。
⑥香径：即采香径。

⑦图王取霸：争王争霸。据《史记·吴太伯世家》载：吴王夫差七年，兴师北伐齐；十四年，吴王北会诸侯于黄池，欲称霸中国。
⑧翻输范蠡扁舟：范蠡为春秋时楚人，仕越。吴越争霸时，范蠡曾送西施入吴。据传，越灭吴后，范蠡与西施驾扁舟泛游五湖。后人齐，变姓名为鸱夷子皮，经商致富。居陶，自号陶朱公。世传此说出于汉袁康、吴平《越绝书》，今查四库全书本《越绝书》无此载。
⑨验前经旧史：谓检验前经旧史所载吴越争霸事。
⑩当日风流：指吴王当日争霸。

赏析

这是一首怀古词，词的上片写词人游历姑苏时的所见所闻，是写景。姑苏台在苏州，是当年吴国都城的所在地，见证了吴国当年的强盛一时和吴王夫差称霸之后纵情声乐、穷奢极侈的生活和麻痹大意、乐极生悲的历史悲剧。首三句，以“晚天萧索”点明游历的时间；“断蓬踪迹，乘兴兰棹东游”，交代作者的行踪，也流露出作者漂泊不定、立身无着的命运。但既是断蓬，随风飘荡，自然也就乐得无羁无绊，自由自在，所以乘兴东游，兴致盎然。“萧索”“断蓬”，同时也为全词定下了冷落感伤的情感基调。接下来就着力描写吴国都城的景象，吴地如今的荒凉残破之景。吴王夫差当年修筑的姑苏台，是吴越风景的名胜之地，如今笼罩在沉沉暮霭之中，一派残败的景象。“夫差旧国，香径没、徒有荒丘”，昔日的国都，富庶兴旺，如今繁华已经不在了，连那当年专为从越国进献的美女西施修建的香径，也早已湮没，只剩下一片荒丘了。当年繁华一时的地方，如今悄悄然没有什么可以观赏的景物，只听着麋鹿那呦呦的鸣叫声。

上片中强烈的今昔对比，为下片抒发兴亡之感怀古之情做好了铺垫。

> 题解

《双声子》，柳永自制曲，其后再无人以此调填词者，《乐章集》注林钟商，一百四字，前片十一句四仄韵，后片十句四仄韵。词上片写景，写姑苏萧索之景。下片专咏事，贯穿了“美人误国”的题旨。这首词是作者游览吴越旧地时的凭吊之作，是柳永词作中少见的题材，且艺术水平很高，可以看出柳永多方面的才能。

下片由景转事，写到当年的历史故事。“想当年”将目光投向了久远的历史，穿越深远的时空。“空运筹决战，图王取霸无休”，当年吴、越两国为了争夺霸主地位，运筹帷幄，寻找战机，将吴越之地，变成了长久的战场，为逞君王的意气，连年用兵不休。吴越之间的争斗，互有反复，其斗争的残酷性和戏剧性，令人惊叹不已。虽然上演了一幕幕名载史册的绝妙大戏，但到头来终究不过是一场空。一个“空”字，寄寓了作者的评价和感慨，有点石成金之妙。“江山如画”三句，是说君王争霸，用尽心机，徒然拥有江山如画的美景和云霞波涛的瑰丽，反倒不如范蠡泛舟江海那样自在，能够将这些美景尽收眼中。这里隐含着越王勾践的谋士范蠡献上美人计的故事。范蠡不但能使奇计得以实现，达到了消灭吴国的目的，而且能够功成身退，避免了“飞鸟尽，良弓藏；狡兔死，走狗烹”的悲剧命运，达到了“功成名遂身退，天之道”的境界，而且退身江湖之后，又有身家巨富，三散其财的传奇。“验前经旧史”之句，是作者在回想西施的故事之后自然发出的感叹，验看过去的经史，不由得让人感叹，其中白白地记载了那么多的不世功业。抚今追昔，在残阳下的苍苍烟草之中，这些都成了让人感慨不尽的前朝旧事。

这首词通过今昔对比来抒发怀古之情，对历史故事的评判感慨与景物描写浑然一体。词中通过广阔的时空对比，强烈的盛衰反差，深沉的历史感叹，表达出对吴越往事的思考和理解。事业功名，是否真的值得人们不顾一切去追求呢？昔日的纷争，煌煌的史册，所有的兴衰成败，都已成为历史陈迹。倒不如功成身退，放下名利，泛舟江海，达到一种自由的人生境界。由词中引发的深邃思考来推测，柳永的低迷婉转的词风是与他内心功业成空的历史观有着直接的关系的。

早梅芳[1]

海霞红[2]，山烟翠[3]，故都风景繁华地[4]。谯门画戟[5]，下临万井[6]，金碧楼台相倚[7]。芰荷浦溆[8]，杨柳汀洲[9]，映虹桥倒影[10]，兰舟飞棹[11]，游人聚散，一片湖光里。

汉元侯[12]，自从破虏征蛮[13]，峻陟枢庭贵[14]。筹帷厌久[15]，盛年昼锦[16]，归来吾乡我里[17]。铃斋少讼[18]，宴馆多欢[19]，未周星[20]，便恐皇家，图任勋贤[21]，又作登庸计[22]。

>注释

①早梅芳：词牌名。《花草粹编》收录此词，在词牌下有题“上孙资政”。资政，全称为资政殿大学士，是宋代为功勋重臣所设置的闲职官名。

②海霞红：杭州本不靠海，说海霞红只是为了与下句之山烟翠相配，或以海霞而代指西湖之早霞。

③山烟翠：早晨雾笼山峦，远看雾气如山所生之烟，山上树木翠绿之色透出薄雾，仿佛雾亦为翠绿之色。

④故都：指杭州，五代时吴越建都于此，因此称为故都。风景繁华地：系指在杭州城里最繁华风景最美的地方，实指西湖左近，当是孙资政寓所所在地。

⑤谯门：又称谯楼，是古代建筑在城

门上，用以高望的塔楼。画戟：戟为古代兵器之名，画戟则是绘有彩画的戟。

⑥下临：往下看。万井：古制八家为一井，万井系指人烟稠密。

⑦金碧楼台：指楼台以彩釉琉璃瓦等装饰，看上去金碧辉煌，象征富贵繁华。相倚：一座挨着一座。

⑧芰(jì)荷：刚刚出水之荷。浦溆：水边。刚刚出水的荷花叶儿在水边漂荡。此句之前是极写杭州之繁华，自此句以至上片结束则是描绘西湖风光之美。

⑨杨柳汀洲：汀和洲均指水中的陆地；杨柳汀洲系指长满了杨柳树的汀洲。

⑩虹桥：状若霓虹的拱桥。映虹桥倒影：系指在有荷叶漂浮的浦溆之处和杨柳汀洲的水边之处都能看到状若霓虹的拱桥之倒影，想来此拱桥当建在将芰荷溆浦和杨柳汀洲联结起来之处。

⑪兰舟：指船，是船之美称。棹：船桨的别名。飞棹：是指飞快地划动船桨，喻船行甚速。

⑫汉元侯：汉代某一被封为侯的人，从诗之下文推测，很像是指张良。张良帮刘邦打下天下之后，被封为留侯，传说他并没到任，而是飘然归隐于武夷山。柳永家乡为福建崇安人，地近武夷山，故后有"归来吾乡我里"之说。张良被封为侯，刘邦首推他功劳第一，说他"运筹帷幄之中，决胜千里之外"，与此诗之"筹帷厌久"也较符合。

⑬虏：鞑虏之简称，系指北方民族，是对北方民族的蔑称。蛮：指南方民族，是对南方民族的蔑称。破虏征蛮：是南征北战之意。

⑭峻陟：登上最高之处。枢庭：政权之中枢。峻陟枢庭贵：是说这位汉元侯已经位极人臣，极为显贵。

⑮筹：筹划。帷：帷幄。行军作战的帐篷。筹帷：是指对战略战术的谋划，也不仅仅是指对战争的谋划，包括对治理国家的谋划。厌久：久而生厌之意。

⑯盛年：正当精力旺盛的年龄。昼锦：与夜锦相对，《汉书·项籍传》："富贵不归故乡，如衣锦夜行。"是说富贵之后不回故乡显耀显耀，就好比穿了锦绣衣服在夜里行走一样。此处之还乡并非指还故乡，而是指退居田园。

⑰吾乡我里：柳永的家乡。

⑱铃斋：又称铃阁，本指将帅所居之处，此处则指这位汉元侯退居田园的居所。少讼：本意为很少有官司公案需要处理，这里则指退居田园就不必再为国家之事操心费力了。

⑲宴馆：饮宴作乐之处。多欢：欢乐之时很多。是说无官一身轻，欢乐实在是多于苦恼。

⑳未周星：周星，岁星，12 年在天上循环一周，故称为周星。是说退隐田园

时间不久，并非确指12年。

㉑便恐皇家，图任勋贤：图任勋贤：图谋任用有功劳的贤能之士。此句是说田园生活虽然过得不久，但却从中得到了真实乐趣，此时的想法是最怕朝廷又要起用那些有功劳的贤能之士，又征召自己去朝廷做官。

㉒登庸：选拔，举用。此句是承上句而来，是说朝廷有了图任勋贤的想法，就又准备选拔、举用勋贤。这是退居田园后的汉元侯最害怕的。

赏析

词的上片着力描绘杭州如诗如画的人间美景，“海霞红”三句，介绍杭州景物绚烂，是吴越古都、繁华之地。“海霞红”与“山烟翠”以工整的形式对举，突出杭州山水相间的地理特点和明艳秀丽的色彩对比。“海霞”应是写西湖或是钱塘江的景象，并非实指海景。“谯门画戟”三句具体描写杭州城的繁华富庶、物阜民丰、楼阁林立。“谯门”又称谯楼，是古时建在城门上用以望远的塔楼。“画戟”是绘有彩画的一种称为戟的兵器。这里说城楼之上陈列着兵器，杭州城显得高峻威严，站在城楼上，可以俯瞰城中的居户院落。古时八家为一井，“万井”指人烟稠密。“金碧楼台相倚”形容杭州城富丽堂皇的楼阁亭台一座挨着一座，可见杭州的雍容气象和富贵繁华。“芰荷浦溆，杨柳汀州，映虹桥倒影”是写西湖上的美丽景象。刚刚长出水面的荷花枝叶招展，水中的小洲上杨柳依依，水面上侧映着彩虹一般的拱桥。“兰舟飞棹”三句是写西湖上游人如织，船只穿梭来往的繁忙。西湖之上小船飞快地划动船桨，川流不息的游人聚散交织，湖光山色之中，到处是游玩嬉乐的太平景象。上片写杭州富庶、人烟繁华和风景如画，是赞美孙资政所居之地犹如

> 题解

这是一篇赠送友人的词作，为柳永游杭州时所作，赠与的对象孙资政可能是一位功勋卓著的重臣，被褫夺了实权，选择杭州赋闲，而柳永游杭州又得这位孙资政的热情接待，为报孙资政的接待之诚而作此词。词中赞美杭州的美丽景色，又劝慰孙资政安享赋闲的生活。

天堂，令人向往。

下片写古时的封侯名臣赋闲不出的史实，用以劝慰孙资政有古贤为例，不必有英雄无用武之地的想法。“汉元侯，自从破虏征蛮，峻陟枢庭贵”，引出汉代的第一名臣、封为留侯的张良来为孙资政举例。“元”为大、为首、为第一，“元侯”即为第一位的侯。西汉平定天下之后，因张良功大，刘邦推他功劳第一，所以此处“汉元侯”即指张良。张良帮刘邦平定天下之后，没有贪功自居，而是英雄蝉蜕，全身自保，退隐山林而修神仙之术，因此避免了韩信、彭越那样因功高震主而被兔死狗烹的命运。传说刘邦被封留侯，并没有到封地去，而是飘然归隐于武夷山，地属福建，柳永家乡在福建崇安，因而下文有“归来吾乡我里”之说。汉留侯张良自从剪除鞑虏征服蛮寇，就高高地登上政权的中枢机构，贵极人臣。“筹帷厌久”三句，是说张良作为刘邦的谋士，在帷幄之中出谋划策，日久而生厌烦之感，因此正当盛年就退居田园，来到我的故乡隐居。“盛年”是说张良功成身退之时，身体和精力都还健旺，“昼锦”即衣锦还乡之意。而张良功成身退后，并未还乡，只是隐居林壑之间。“铃斋少讼”几句意在说明退隐之后可能未暇休养，便又要复出而为国事操劳。“铃斋”又称铃阁，本是将帅居处，这里指张良的居所，“少讼”是说很少有官司公案，这里是说不必再为国家之事操心费神。退居之后，再没有公务缠身，酒筵歌席之上，有着享不尽的欢乐。“未周星”是说还不到几年时间，意指时间之短。“周星”指几年，古时岁星在天上十二年循环一周，谓之周星，这里指时间不久。“便恐”后两句是说张良退隐不几年，便又担心皇室要图谋再次任用有功之臣，又让自己重新复出做官。“图任勋贤”，图谋任用有功劳的贤臣。“又作登庸计”，又要做被选拔、举用的打算。张良担心复出，不愿再次出山，所以才有此担心。柳永在这里以此旧事，宽慰孙资政，意为可能过不了多久，朝廷还会再次重用于他。下片引用史事来表达自己的看法，虽未做评论，而寓意隐含其中，不待说理而用意自明，达到了逢迎而又不露骨的效果，可谓行文巧妙。

斗　百　花[1]

飒飒霜飘鸳瓦[2]，翠幕轻寒微透[3]，长门深锁悄悄[4]，满庭秋色将晚[5]。眼看菊蕊，重阳泪落如珠[6]，长是淹残粉面[7]。鸾辂音尘远[8]。

无限幽恨，寄情空殢纨扇[9]。应是帝王，当初怪妾辞辇[10]。陡顿今来[11]，宫中第一娇娆[12]，却道昭阳飞燕[13]。

>注释

①斗百花：词牌名,《乐章集》注为正宫，双调八十一字，前段八句五仄韵，后段七句三仄韵。

②飒飒：本为风雨之声的拟声词，此处专指深秋之风声。鸳瓦：鸳鸯瓦，即成双成对的瓦。飒飒霜飘鸳瓦：是说深秋的冷风吹动鸳鸯瓦上的霜花，长门宫一派深秋之萧瑟气象。

③翠幕：绿色的帷幕，是陈阿娇的床帐。轻寒：深秋之寒不比严冬之寒，所以称轻寒。微透：微微透过陈阿娇的绿色床帐，吹到陈阿娇的身上。翠幕轻寒微透：是写长门宫宫内情景，吹进长门宫的虽是微寒，但也足以表现出长门宫之清冷。

④长门：长门宫，即陈阿娇失宠于汉

武帝后所居之宫。深锁悄悄：宫门紧锁，静悄无息。由于陈阿娇失宠，汉武帝已不再驾临，所以长门宫被紧紧地锁了起来。

⑤满庭：长门宫的庭院。秋色将晚：到了深秋将要入冬时分。

⑥重阳：重阳节，在农历九月九日。此日按民俗都结伴登高饮菊花酒，而陈阿娇被锁深宫，只能眼看菊蕊泪落如珠。

⑦长是：经常是。淹残粉面：泪水将脸上的胭脂花粉冲浇得残缺不全。

⑧鸾辂：鸾车，皇帝所乘坐的车。

⑨殢：困扰，纠缠不清。纨扇：一种细绢所制的团扇。

⑩辇：皇帝所乘坐的车子。

⑪陡顿：突然。今来：现在。

⑫宫中：指汉宫之中，并非仅指长门宫。

⑬昭阳：指昭阳宫。飞燕：赵飞燕。因赵飞燕居于昭阳宫，因此称为昭阳飞燕。

赏析

这首词从讲史的角度着笔，通过对古代后室失宠美女境遇的描写，来表现女子空抱绝世的才貌而不为人所重的悲苦与愁怨，而对那些长袖飞舞的赵飞燕之辈也微露讥讽之意。以多处运用典故来表达心曲，使词意尤为曲折隐晦，但不难看出，其中有词人以之自况，自比的意思，暗中表达了自己怀才不遇，命运不济的怨愤，有屈原用“香草美人”来自喻的特征，这在柳永惯于运用铺叙和白描叙写的风格中，是极为少见的。

词的上片借写汉武帝时陈皇后失宠的旧事，抒发她的愁苦怨恨，来表达对她的

>题解

《斗百花》，词牌名。此词借写汉武帝时皇后陈阿娇失宠于武帝，在深秋时的愁苦和怨恨，表达对世上女人的同情。上片写陈阿娇所居之长门宫的萧瑟秋景和陈阿娇的愁苦情怀。秋之萧瑟与陈阿娇的愁苦情状构成了一幅极为凄凉的图画。下片写陈阿娇猜测被汉武帝所冷落的原因与自己的无奈和怨恨。与柳词中别的美人词不同，此词用古代文人惯用而柳永却极罕用的“香草美人”格，来寄托君臣遇合与背离。词用汉武帝陈皇后与汉成帝班婕妤典，其用意是既隐曲而又显豁的。善于将用事与时景相结合，造成悲怆气势，是本词的最大特点。

同情。昔日曾有过被“金屋藏娇”这样极高待遇的皇后陈阿娇，也难免空锁长门宫中，空度时日。前四句中词人用了一系列的景物描写，描绘了一幅极为凄凉的图画。深秋时分，天气转寒，深宫内的鸳鸯瓦上结上了厚厚的霜花，秋风吹来，飒飒作响。失去君王宠爱的阿娇独居深宫，她床帏之上的帷帐，也隔挡不住秋风的侵袭，微微地透着冷意。虽是微寒，也只见长门宫的清冷落寞。陈皇后被幽禁，皇帝不再驾临，宫女等也被减少，所以宫中倍显凄清，静悄悄的似被遗忘。再加上天色将晚，秋色满庭，失去宠爱的后妃，在人事和自然两重寒秋的侵袭之下，内心格外悲凉。在前四句的景物勾画之下，转到对人物心境的描写。陈皇后被锁深宫，在重阳节时，雨打菊蕊如珍珠般流落，泪水常常将脸上的脂粉冲得残缺不全。菊蕊是菊花的花心，陈皇后眼看菊蕊，知道是重阳时节了，世间百姓都可以赏菊登高，而深宫之中没有爱怜，没有君王的临幸，失意之时，常常以泪洗面。“鸾辂”一句指皇帝乘坐的车子都到其他宫中去了，车辇的声音听起来离长门宫很远。是说皇帝很长时间都没有到这里来过，陈皇后只能从遥远的车辇声推测他的去向。

下片转换了表述的角度，改用女主人公第一人称的口吻来写思念和落寞之意，但是引用的典故，已不再是失宠的阿娇，而是汉成帝时期曾经深得宠信的才女班婕妤。婕妤非女性名称，而是宫中妃嫔的一种身份。班婕妤精通音律擅长歌舞文字，深得汉成帝的宠爱，但是后来成帝移情赵飞燕姐妹，而冷落了她。下片“无限幽恨”两句是说，班婕妤将满腔的深情和怨恨，寄寓在纨扇之上，希望能使帝王回心转意，但却无法使纵歌行乐的帝王专注地只爱一个人。班婕妤曾有《纨扇诗》，今不存，江淹的《杂体诗〈咏扇〉》述其事曰：“纨扇如圆月，出自机中素。画作秦王女，乘鸾向烟雾。彩色世所重，虽新不代故。窃愁凉风至，吹我玉阶树。君子恩未毕，零落在中路。”后来人们就多用纨扇、团扇、秋扇来喻指失去宠爱或被抛弃的妇女。“空殢”指恋心于男子的感情终究是徒劳的。“应是帝王，当初怪妾辞辇”两句，是班婕妤推测失宠的原因，是不是当年谢绝了帝王同车乘辇的恩宠而使其心中不快呢？《汉书·外戚传》记载了这件事情。“孝成班婕妤，帝初即位选入后宫。始为少使，俄而大幸，为婕妤，居增成舍，再就馆，有男，数月失之。成帝游于后庭，常欲与婕妤同辇载，婕妤辞曰：‘观古图画，贤圣之君皆有名臣在侧，三代末主乃有嬖女，今欲同辇，得无近似之乎？’上善其言而止。”这里暗指帝王心中所爱的，并不是后妃的嘉德淑仪，而是为满足一己的贪欲；妃子的德才和出于大局考虑的用心在帝王的眼中并未真正地受到重视。“陡顿今来”之句，指出后果是意想不到的结局。“陡顿”意为突然，在这里有结果出人意料的意思。事到今来，没想到被称为宫中第一美艳的，反倒成了昭阳宫中美人，暗含着原本的“第一”应是自己，现在却成了别的宫室，君王的恩宠已经转移到别处去了。

这首《斗百花》以历史的题材写失宠女子的闺怨情怀，其中也隐含了士人失意不偶、志气不得伸张的抱怨情绪，假托古人的表现手法，使之读来别有深意。

望 海 潮

东南形胜①，三吴都会②，钱塘自古繁华③。烟柳画桥④，风帘翠幕，参差十万人家⑤。云树绕堤沙⑥。怒涛卷霜雪⑦，天堑无涯⑧。市列珠玑⑨，户盈罗绮，竞豪奢。

重湖叠巘清嘉⑩。有三秋桂子⑪，十里荷花⑫。羌管弄晴，菱歌泛夜，嬉嬉钓叟莲娃⑬。千骑拥高牙⑭。乘醉听箫鼓⑮、吟赏烟霞⑯。异日图将好景⑰，归去凤池夸⑱。

>注释

①东南形胜：谓钱塘为东南形胜之地。形胜谓地势优越便利，也指风景优美。

②都会：人民及货物集散的城市。

③钱塘：此指杭州。

④烟柳画桥：烟笼杨柳桥绘彩饰，形容钱塘到处是美景。

⑤参差：形容杭州依山建筑之高低不齐。

⑥云树：谓烟雾缭绕的杨柳。堤沙：西湖有白堤、苏堤、小新堤，因堤边多沙路，故曰“堤沙”。

⑦怒涛卷霜雪：此句写八月钱塘江涨潮，谓怒涛卷来有如霜雪般洁白。

⑧天堑（qiàn）：天然的壕沟。

⑨珠玑（jī）：珍珠。这里指市面上尽

是宝贵的东西。

⑩重湖：因湖上数堤将西湖分为里湖与外湖，故称。巘（yǎn）：小山，一说山峰。

⑪三秋桂子：秋天的桂花。宋之问《灵隐寺》："桂子月中落，天香云外飘。"白居易《忆江南》词："山寺月中寻桂子，郡亭枕上看潮头。"

⑫十里荷花：谓荷花之多。白居易《余杭形盛》："绕郭荷花三十里，拂城松树一千株。"

⑬羌管：即羌笛。菱歌：采菱之歌。嬉嬉：喜笑欢乐的样子。钓叟：渔翁。莲娃：采莲女。娃：漂亮的女子。

⑭高牙：高举的牙旗（将军之旗）。

⑮箫鼓：泛指音乐。宋制，长官出游，常有歌伎伴随。

⑯吟赏烟霞：谓欣赏美景，饮酒作诗。烟霞：泛指美景。

⑰图将：画出。

⑱凤池：禁中池沼，中书省所在地。

赏析

词写杭州繁华富庶的景象和西湖佳丽清秀的风光，是柳永的应酬之作。柳永为拜谒当时杭州的守帅，而作了这首以杭州为题材的词作，并希望杭州长官能将这里的美景绘成图画，带回朝廷，以赢得当权者的赞赏。词中，作者没有以阿谀的态度颂扬郡守的治绩功德，而是为我们留下了北宋盛世时期东南大都市风貌的画卷，再现了湖山的自然风光，因而其意义远超出文学的范畴，而具备了更深远的文化意义。北宋中期黄裳《书乐章集后》云："予观柳氏乐章，喜其能道嘉祐中太平气象，如观杜甫诗，典雅文华，无所不有。是时予方为儿，犹想见其风俗，欢声和气，洋溢道路之间，动植咸若。令人歌柳词，闻其声，听其词，如丁斯时，使人慨然有感。呜呼，太平气象，柳能一写于乐章。所谓词人盛世之黼藻，岂可废耶？"（《演山集》卷三十五）

>题解

《望海潮》，柳永自制曲，因词中写及钱塘潮而取名。《乐章集》注仙吕调，一百七字，前片十一句五平韵，后片十一句六平韵。

此词为柳词中名篇，写景优美，气势磅礴，大开大合，铺叙闲雅，是柳永写景词中的大手笔。

柳永词中描写北宋盛世太平气象的作品，为我们保留下了记录北宋社会状况的珍贵资料，因而受到后世的赞赏。李之仪追溯宋词发展过程时说：“至唐末，遂因其声之长短而以意填之，始一变以成音律，大抵以《花间集》中所载为宗，然多小阕。至柳耆卿始铺叙展衍，备足无余。形容盛明，千载如逢当日。”（《跋吴思道小词》《姑溪居士文集》卷四十）足见北宋中期以后人们缅怀过去盛世的文学作品，只能在柳词里看到，这足让当时那些以文词见长而一味吟赏花月烟霞的作家文人感到惭愧。

词的上片写钱塘的盛世景象，赞美其富庶繁华。“东南形胜，三吴都会，钱塘自古繁华。”介绍杭州自古为形胜之地，其地理位置优越，历史悠久，经济富庶繁荣。起首以大笔渲染，音调高亢，气势不凡。“烟柳画桥，风帘翠幕，参差十万人家。”具体地描写钱塘繁华富庶的景象，先用八个字概括此地景物的特点，尽显其旖旎的风光和百姓生活的富足，杭州城处处是美景，令人赏心悦目，驻足留恋。这里建筑众多，依地势而立，高低错落，聚集的人家非常多。据载杭州在北宋时期有近百万人口，其城市规模与发达程度，在公元十一世纪，与当时的西欧各国相比毫不逊色。北宋京都开封和江南的杭州在世界都市发展史上都居于领先地位。“云树绕堤沙，怒涛卷霜雪，天堑无涯。”描写西湖美景，钱塘江潮和地理优势。西湖之畔，烟雾缭绕，沙堤上杨柳披拂。钱塘江涨潮时，怒涛冲激，波浪翻卷，白如霜雪。钱塘江水面宽阔，如同天堑。“市列珠玑，户盈罗绮，竞豪奢。”形容杭州城的商业繁荣和百姓生活的富有。市面上陈列的尽是宝贵的商品，家家户户都放满绫罗绸缎，竞相显露出他们的豪华奢侈。上片的描写极其精炼而富有表现力，通过简笔的勾勒刻画出了杭州城的整体特点，给人以极为鲜明的印象。

下片在大面积描写的基础上，将视界集中在杭州西湖，突出描写西湖美景和热闹景象。“重湖叠巘清嘉，有三秋桂子，十里荷花。”谓西湖湖中有湖，小山重叠，景色清丽优美。“三秋桂子，十里荷花”以对举的形式，形象地表现出西湖桂树飘香，荷花十里的美景，意味不尽，令人回味。“三秋桂子”隐含着杭州灵隐寺月中寻桂的典故。荷花也是西湖的一大独特景观，白居易《余杭形盛》：“绕郭荷花三十里，拂城松树一千株。”“羌管弄晴，菱歌泛夜，嬉嬉钓叟莲娃”三句描写杭州人游历西湖的盛况。白天，晴空中飘荡着羌笛的乐曲，夜晚，湖面上传来采菱的歌声，钓叟莲娃言歌欢笑，乐在其中。据《武林旧事》记载：“西湖天下景，朝昏晴雨，四序总宜。杭人亦无时而不游，而春游特盛焉。……都人士女，两堤骈集，几于无置足地。水面画楫，栉比如鱼鳞。亦无行舟之路，歌欢箫鼓之声，振动远近。……张武子诗云：‘贴贴平湖印晚天，踏歌游女锦相牵，都城半掩人争路，犹有胡琴落后船。’”“千骑拥高牙。乘醉听箫鼓、吟赏烟霞”三句写杭州的长官出行时场面和饮宴的盛况。只见官员出行时牙旗招展，随从前呼后拥，气势不凡。官佐们乘着酒兴欣赏箫歌乐曲，观看烟光霞蔚的美景，兴味盎然，乐而忘返。“异日图将好景，归去凤池夸”是此类赠人词作的惯用语句，是对赠与对象的歌颂之词或祥瑞征兆。意为他相信不久杭州的长官就会官运亨通，重新回到京城，他将把西湖的美景盛况绘成图画，向朝禁中的皇帝和百官展示杭州太平繁荣的景象。

这首词境界宏大，意境优美，为人称道。特别是“三秋桂子，十里荷花”之句，极富诗意和美感，使人对杭州天堂美景顿生向往之情。南宋罗大经《鹤林玉露》卷一云：“此词流播，金主亮闻之，欣然有慕于‘三秋桂子，十里荷花’，遂起投鞭渡江之志。近时谢处厚诗曰：‘谁把杭州曲子讴，荷花十里桂三秋。那知草木无情物，牵动长江万里愁。’余谓此词虽牵动长江之愁，然卒为金主送死之媒，未足恨也。至于荷艳桂香，妆点湖山之清丽，使士大夫流连于歌舞嬉游之乐，遂亡中原，是则深可恨耳。”我们虽不能将金主南指中原之责归于柳永的词作，但足见柳词传唱之广，艺术造诣之高。自柳永和苏轼之后，文人墨客要想吟咏西湖，只能望而兴叹，真如“眼前有景道不得，崔颢题诗在上头”的情形了。

竹马子

登孤垒荒凉①，危亭旷望②，静临烟渚③。对雌霓挂雨④，雄风拂槛⑤，微收烦暑⑥。渐觉一叶惊秋⑦，残蝉噪晚⑧，素商时序⑨。览景想前欢⑩，指神京⑪，非雾非烟深处⑫。

向此成追感⑬，新愁易积，故人难聚。凭高尽日凝伫⑭。赢得消魂无语⑮。极目霁霭霏微⑯，暝鸦零乱⑰，萧索江城暮⑱。南楼画角⑲，又送残阳去。

>注释

①孤垒：孤立的残垒。
②危亭旷望：高亭远望。危：高。此句与上句由景入情。
③烟渚：雾气笼罩的洲渚。孟浩然《宿建德江》："移舟泊烟渚，日暮客愁新。"
④雌霓：《尔雅·释天》疏云："虹双出，色鲜盛者为雄，雄曰虹。暗者为雌，雌曰霓。"虹有二环时，内环色彩鲜盛者为雄，名虹；外环色彩暗淡者为雌，名蜺（ní），即霓，今称副虹。挂雨：为挂起、收束之意，指雨后出现彩虹，与下句"雄风拂槛"对举。
⑤雄风拂槛：意谓微风吹拂着栏槛。槛：古建筑常于轩斋四面房基之上围

以木栏，上承屋角，下临阶砌，谓之槛。
⑥烦暑：烦闷的暑热。
⑦一叶惊秋：《淮南子·说山训》："见一叶落，而知岁之将暮。"古时亦有立秋日梧桐始落一叶之说。
⑧残蝉噪晚：秋蝉在傍晚鸣叫。
⑨素商时序：谓时序已经到了秋天。素商：秋季之别称。
⑩览景想前欢：谓览景而想起了与女子从前的欢盟。
⑪神京：指京都，亦即汴京。
⑫非雾非烟：《史记·天官书》："若烟非烟，若云非云，郁郁纷纷，萧索伦囷，是谓卿云。卿云，喜气也。若雾非雾，衣冠而不濡，见则其域被甲而趋。"此句谓汴京在"非烟非雾深处"，既谓其地之神圣，又谓其遥远而难见。
⑬向此：到此。向：犹至、到。
⑭凝伫：伫立凝望，望得发愣、出神。伫：久立。
⑮赢得：落得，剩得。韩偓《五更》："光景旋消惆怅在，一生赢得是凄凉。"消魂：魂魄消灭。多以名悲伤愁苦之状。江淹《别赋》有"黯然销魂者，惟别而已矣"。
⑯雰霭霏微：天晴后的云气迷蒙。雰（jì）：雨雪之止也。霏微：烟雾、细雨等到处飘散。
⑰暝鸦：暮色中归巢的乌鸦。暝：日暮。
⑱萧索：萧条，冷落。江淹《恨赋》有"秋日萧索，浮云无光"。江城：此应谓杭州。
⑲画角：古管乐器。传自西羌。形如竹筒，本细末大，以竹木或皮革等制成，因表面有彩绘，故称。发声哀厉高亢，古时军中多用以警昏晓，振士气，肃军容。帝王出巡，亦用以报警戒严。

赏析

《竹马子》是柳永所创的曲子。这首词抒发了登高临远时的离愁别绪，而境界开阔，寓意深长，有其宏大深沉之处，从小处看，是柳永自我命运的写照，从大处看，则涵盖了封建时代失意士子的普遍情绪。

上片写登临所见，并联想到前欢旧爱，引发离思。"登孤垒荒凉"三句，用一"登"字领起下三句，写登临所见。柳永此行南去浙江，此孤垒具体指何处未详，也无须将其坐实索解。"孤垒""危亭"是他登临之处，展现出古垒残壁的沧桑之感。"荒凉""旷望"写出登临的感受和眼界的博大。"静临烟渚"交代远景，俯视可见烟水萦绕。"对雌霓挂雨"

>题解

《竹马子》,《钦定词谱》作《竹马儿》,柳永自制曲,《乐章集》注明仙吕调,全词一百三字,前片十二句四仄韵,后片十句五仄韵。此调除此词外,另有叶梦得依此调填写的一首,而以柳词为正体。这首词虽然是词人漫游江南时所作,所表现的景象却雄浑苍凉,所抒发的感情也极其沉郁。他登临的地方是古战场的残垣断壁,荒凉破败,但是词人并未由此引出怀古的幽情,而是将它与酷暑新凉交替之际的特异景象联系起来,抒写壮士悲秋的感慨。此作写景抒情,措辞雅丽,善用典故,表现出词人的文化修养和善于借景言情的深厚功力。

三句,写雨后秋风吹临,使暑气收敛。这里将“雌霓”与“雄风”对举,工稳而又语意妥帖,“雌霓”是一种色彩偏暗的彩虹,“雄风”则指清凉劲健之风。这两句表现了夏秋之交雨后特有的景象。“渐觉”三句则点明夏秋相序变换的独特感受。“一叶惊秋”表明秋天已在不知不觉中来临,令人乍觉而惊,而“素商”也正指的是秋令。上片词人将古垒残壁与凉暑交替之际的特异景象联系起来,以雌霓、雄风、孤垒、烟渚等景物,构成了雄浑苍凉的意境,又以惊秋、蝉噪表露出悲秋的情绪。词人的情感由惊秋继而转向了伤离,牵出了对前欢旧情的思念。“览景想前欢”两句,写他对京华烟柳巷陌之中一位女子的思念。“神京”代指汴京,“非雾非烟”指歌舞饮宴之处,形象地表现出烟花之地的靡丽与多变。登高怀远,遥想帝京权贵之地和牵情惹恨的女子,令他感慨重重。

下片乘接着“想前欢”的思路,表露他思念京华旧爱的痛苦情绪。他没有将这种情绪和“前欢”旧爱的缠绵和盟约结合起来详细铺衍,而是从时空推移世事变换的大角度抒发物是人非的感慨,而直抒心中愁绪。“向此成追感”三句,写“想前欢”而不可见的愁恨和感慨。“向此”即指回想他与红颜旧爱的交往经历，“新愁易积，故人难聚”以对举的方式写愁绪的无穷无尽旧愁未去，而新愁不断，以及对过去的美好时日无法重来的感慨。“凭高尽日凝伫，赢得消魂无语”，将人物放在景物的氛围中，来勾画深情传达愁绪。“赢得”一词用来连接“尽日凝伫”和“消魂无语”，突出了终日凝神伫立的结果，只不过是令人黯然神伤，悲凄无语，反衬其结果只不过是空想和徒劳。“极目”以下，再次将情感向外投射到景物中去，以秋色和残阳来传达悲愁的意绪。“极目”形容放眼远望，“霁”意为雨后云雾散去，这里用作动词，“霭霏”指天空的烟霞。“暝鸦”指暮鸦。这几句通过对黄昏时分烟霭，暮鸦、角声、残阳的刻画，勾摹出一幅苍凉悲壮的秋日暮色的景象，以之衬托和强化悲苦的离情别绪。“南楼画角，又送残阳去”，与唐朝诗人李贺《雁门太守行》诗中“角声满天秋色里，塞上燕脂凝夜紫”之意相仿，以残阳和号角传达悲凉意绪，在这里把羁旅之愁和人世的沧桑与兴衰，描绘成了一曲生命的浩叹和挽歌。

这首词在情与景的处理上表现出高超的技巧，虚实相生，情景互现。上片前九句实写景物，而景中含情，后三句虚写景物，而情中寓景。上片对景物的描写善于抓住时序的变化描绘特定环境中特有的景色，为全篇的感情倾向定下基调，也为抒发怀人的愁情做好了准备。下片中则前五句抒情，后五句写景，先虚后实，以景结情，情与景做好了完美交融。这种交错的布局，使全篇在变化之中有统一，而且全部统领于作品情感的传达和抒发的中心任务，显得脉络贯通，篇章严谨。

轮台子

一枕清宵好梦[①]，可惜被、邻鸡唤觉[②]。忽忽策马登途[③]，满目淡烟衰草[④]。前驱风触鸣珂[⑤]，过霜林、渐觉惊栖鸟[⑥]。冒征尘远况，自古凄凉长安道[⑦]。行行又历孤村[⑧]，楚天阔、望中未晓[⑨]。

念劳生[⑩]，惜芳年壮岁[⑪]，离多欢少。叹断梗难停[⑫]，暮云渐杳[⑬]。但黯黯魂消，寸肠凭谁表。恁驰驱、何时是了。又争似[⑭]、却返瑶京[⑮]，重买千金笑。

>注释

①清宵：清静的夜晚。
②唤觉：唤醒。
③策马：谓扬鞭驱马。策：马鞭。
④淡烟：谓凌晨薄薄的雾气。
⑤“前驱”句：谓导从在前，风吹马珂鸣。前驱：前导。宋代官员出行有导从呵引之制，荆湖南路为节度州，柳永为通判，可有前驱十五人。鸣珂：玉做成的马饰物，风触则鸣。此句为此词写于出仕后曾官湖南之铁证，与少年游湖南词迥别。
⑥“过霜林”句：谓经过霜染之林，马珂声与马蹄声惊起了树上的栖鸟。据“霜林”，知时间为秋季。此句以动衬静。
⑦“自古”句：柳永此时由湖南道州移任陕西华阴，然写此词时仍在湖南境内，故此句为设想去程之语。长安道：本汉乐府

《横吹曲》名，梁元帝、陈后主、李白、白居易等等都写有此曲，内容多写长安道上景象与客子情怀。

⑧“行行”句：意为走呀走呀，只见又经过一个偏僻的孤村。

⑨“楚天阔”句：楚天十分辽阔，一眼望去，天色仍未明。望中：谓视野之内。据此句，知柳永其时仍在湖南境内。

⑩念劳生：思量起这一辈子辛辛苦苦。劳生：劳累的一生。《庄子·大宗师》：“夫大块载我以形，劳我以生，佚我以老，息我以死。”后以劳生谓辛苦劳累的生活，此指劳累的一生。

⑪“惜芳年”句：可惜的是正当壮岁时的美好年华，却消耗在行役之中。

⑫“叹断梗”句：可叹的是行役于道，如风中断梗般难于停下。

⑬暮云渐杳：谓天色昏暗，暮云也渐渐消逝。杳：消逝，不见踪影。

⑭争似：怎似。

⑮瑶京：亦曰玉京、神京，谓京都。

赏析

词写行役之苦，抒发念远之情，是柳永辗转两地为官时对行旅生活的强烈内心体验，表达出对远宦生活的厌倦和对自由快乐生活的向往。

上片重在写途中所见之景。“一枕清宵好梦，可惜被、邻鸡唤觉”，这句的叙述表露出词人临行前的心情，他无心于出行，或者是对行役的生活已经麻木得失去了感受，贪于睡个好觉，但又不得不在鸡叫后起身上路，表达出他无可奈何而又身不由己的处境。“忽忽策马登途，满目淡烟衰草。”“忽忽”写出其急于登程的匆忙情态，“策马登途”，是走陆路行进于此地。清晨的景象，满眼是淡淡的晨雾和枯黄的衰草。“前驱风触鸣珂，过霜林、渐觉惊栖鸟。”此句写行走途中穿过树林时的情景。“前驱”，前导，指走在前面引导的人员。《诗经·卫风·伯兮》：“伯也执殳，为王前驱。”“鸣珂”是玉做成的马饰。导从的马匹走在前面，风吹过时，马珂发出相互撞击的清脆声音。穿过凝结霜花的树林，不断有栖息的鸟儿被惊起飞走。“冒征尘远况，自古凄凉长安道。”此句指出行程的目的地是陕西境内。词人蒙受一身征尘远涉江湖，感叹长安古道，自古以来就让人倍感凄凉。“行行又历孤村，楚天阔、望中

过霜林、渐觉惊栖鸟

> 题解
>
> 《轮台子》，柳永自制曲，宋人再无填此调者。《乐章集》注中吕调，此词一百十四字，前片八句四仄韵，后片十一句六仄韵。这首长达百字以上的慢词长调上片写行役苦况，下片抒念远之情，抒发了词人奔波劳碌之苦、漂泊不定之叹、潦倒不堪之痛。

未晓。”接上句继续描写行程中的景象，行行重行行，经过霜林惊起栖鸟，又继续前行，眼前出现了一处孤零零的村落，而南方的天空还没有完全放亮。可见他们出发得很早，行程很急，在半夜鸡鸣时即上路，行走了很久天还没亮。其行役之苦状由此可知一二。

下片抒发旅程劳顿之感想，表达对安乐生活的想往。“念劳生，惜芳年壮岁，离多欢少。”回想我这劳累的一生，可惜正当芳年壮岁的好年华，却消耗在行役之中，与家人妻子也是离别多欢乐少，聚会的时间很少。“劳生”指劳累的一生。“叹断梗难停，暮云渐杳。”词人感慨自己像风中的断梗一样飘飞难以停歇，奔忙之中天色昏暗下来，暮云也渐渐地消逝了。“但黯黯魂消，寸肠凭谁表。”此句以下直至结尾都是抒情。这一句意为只是心情黯淡如失魂落魄一般，自己的心迹向谁表露呢？“恁驰驱、何时是了。”这样地奔走行役，什么时候是个了结呢？连用了“凭谁表”“何时是了”两个反问，表达出内心的强烈苦闷和迷茫之感。“又争似、却返瑶京，重买千金笑。”连用第三个反问，表达对行役生活的不满和对京城生活的渴望。意为又怎么比得上重返都城汴京，重新过上抛掷千金以博佳人欢笑的生活呢。旅途之苦与京华的奢靡生活相比，倍觉其中劳苦，而重返京城，就成了他最大的希望。词中对羁旅行役生活的描写和感受，可谓不蔓不枝、不激不厉，在平缓有致的抒写中，表达了显豁近切的主题。

归 朝 欢

别岸扁舟三两只[①]。葭苇萧萧风淅淅[②]。沙汀宿雁破烟飞[③]，溪桥残月和霜白[④]。渐渐分曙色[⑤]。路遥山远多行役[⑥]。往来人，只轮双桨[⑦]，尽是名利客[⑧]。

一望乡关烟水隔[⑨]。转觉归心生羽翼[⑩]。愁云恨雨两牵萦[⑪]，新春残腊相催逼[⑫]。岁华都瞬息[⑬]。浪萍风梗诚何益[⑭]。归去来[⑮]、玉楼深处[⑯]，有个人相忆。

>注释

①别岸：指对岸。

②葭苇：芦苇，多生长于水边。萧萧：形容风声。淅淅：风吹芦苇，轻轻擦动的声音。

③汀：水边陆地。烟：烟霭。

④溪桥残月和霜白：挂在溪桥边的残月的月色与霜色连成一片。此句写出了天将明时的景色特点，月色与霜色相映照，难于分辨。

⑤渐渐分曙色：渐渐能分辨出月色、霜色与曙色的区别。

⑥多行役：天明之后，岸边多是行役之人。

⑦只轮双桨：谓岸边有乘车者，水上有坐船者。

⑧尽是名利客：无论是乘车者还是乘

船者，都是为名利而在奔波。句中有鄙薄名利之意。

⑨乡关：故乡，此处指汴京。祖咏《泊扬子津》：“才入维扬郡，乡关此路遥。”

⑩羽翼：翅膀。

⑪愁云恨雨：容易引起愁思的云雨。牵萦：牵念萦心。

⑫新春残腊：谓将近年关。腊：古时称祭百神为“蜡”，祭祖先为“腊”，秦汉以后统称“腊”。《左传·僖公五年》：“……宫之奇以其族行，曰：‘虞不腊矣。……’”杜预注：“腊，岁终祭众神之名。”腊祭在岁终，故称农历十二月为腊月。残腊：腊月的末尾。

⑬岁华：年华。瞬息：一瞬间，形容时间很短。

⑭浪萍风梗：即浪中之萍，风中之梗，形容行踪无定。

⑮归去来：犹云赶快回去吧。陶潜有《归去来辞》，抒归隐之志，故后用“归去来”为归隐之典。此处用其字面意思。

⑯玉楼：本指神仙所居之处，此处谓妻子的居室。《十洲记·昆仑》：“天墉城，面方千里，城上安金台五所，玉楼十二所。”

赏析

这首词用白描和铺叙的手法，描写了冬春之交早起赶路的情景，表达了作者怀念故乡的思绪和浪迹江湖的苦闷之情。

词的上片写冬末早起的所见所感，作者运用白描的手法，刻画了一系列带有明显特征的景物，描绘出了冬夜残晓时分荒野寒冷的景象。“别岸”是对岸稍远的江岸，“萧萧”是风吹芦苇的声音，“淅淅”是形容风声。清晨来到江边，只见远处江岸停着三两只小船，寒风吹动芦苇发出萧萧的声音。这里选取可以入画的景物表现江上的荒寒景象。“沙汀”即水间洲渚，是水鸟栖息的理想场所。洲渚上过夜的寒雁受惊飞起，冲破了清晨江上的雾霭，前三句的写景，将静态与动态的景物相结合，避免了死寂的感觉，江岸、葭苇、沙汀、宿雁，这些景物极为协调，互相补衬，组成江南水乡的画面。“溪桥残月和霜白”这一句的写景极为真切，使人如临其境，如浸其寒。与晚唐温庭筠的诗《商山早行》中的“鸡声茅店月，人迹板桥霜”有相通之妙。

旅人在江村陆路行走，远望江岸，走过溪桥。残月与晨霜并见，点出时节约是冬月下旬，与上文的芦苇、宿雁同为冬季南方的应时之景。三四两句对偶工稳，把握住了寒冬早行的景物特点。"渐渐分曙色"写出随着行程的推移，时间也发生了变化，天色渐渐明亮，东方出现了曙光，早起的路人已经过了一段行程，暗示路程的遥远和急于赶路的迫切心情。"路遥山远多行役"是转笔，由写景转写旅人。由于曙色已分，天已明亮，道路上人们渐渐多起来了。"只轮""双桨"，这里用"只轮"和"双桨"指古代交通运输的工具，也就是车船。这些早早赶路的人也都是"利名客"，他们追名逐利，匆匆赶路。柳永失意江湖，正同这些人一样为名利驱使，一道披星戴月而行。在柳永的羁旅行役之词中，经常出现诸如关河津渡、城郭村落、农女渔人、车马船舶、商旅往来等等描绘乡野社会风情的画面，为我们展现了较广阔的社会生活图景，拓展了词的表现范围，增加了词的社会意义，在宋词的发展史中有着积极的作用。

下片"一望乡关烟水隔"，承上片的写景转入抒情，写主人公因羁旅行役之苦而思念故乡。"一望"是说放眼远望，实则是想那故乡相隔遥远，烟水迷茫，根本无法望见；

> 题解

这首《归朝欢》是柳永的自制曲，柳永因盼望回到汴京而创此曲。《乐章集》注双调，一百四字，前后片各九句六仄韵。这首词中描写的是南国景色，没有明确的地域标志，但却点明了时间是在冬春之交，即是所谓的"新春残腊相催逼"的时间。每逢佳节倍思亲，更何况是在初春，故而发出"浪萍风梗诚何益，归去来、玉楼深处，有个人相忆"之叹。

既无法望见而又不能回去，思乡的愁绪是如此强烈，恨不能插上羽翼，飞回故乡。对于这种迫切念头的产生，词人做了层层铺叙，细致地揭示了内心的活动。“愁云恨雨两牵萦”喻儿女离情像丝缕一样，在两地相思，相互盼望；“新春残腊相催逼”是说明时序代谢，日月相催，残腊还没有过，新春又紧逼在后，客旅日久，对岁月飞逝自感惊心，真有“岁月催人老”的感觉。所以下句自然地引出对时光变迁的感受。“岁华都瞬息。浪萍风梗诚何益。”“岁华”句申上句“新春”意，时光流转，一年的时间转瞬间就成为过去，与天涯浪迹联系起来，更增深沉的感慨。“浪萍”和“风梗”是漂泊不定的典型意象，以喻羁旅生活像浪中的浮萍和风中的草梗一样飘荡无定。这种毫无结果的漫游确实令人厌倦，回乡的感觉在心中呼唤着他，漂泊旅途的艰难和思念之苦，使得家的温暖和爱人的关切具有无法抗拒的吸引力。于是，“归去来、玉楼深处，有个人相忆”。点明了思念的对象，进一步地具体到人的身上，他思念着玉楼中那想念着他的人，这也就在奔走江湖的艰辛之中，自己所思念的人也在玉楼丛中，伫立远望，思念着自己，这可谓不幸中的幸福，不失为词人感情的寄托，和心灵的一种归宿了。

玉 蝴 蝶

望处雨收云断[①]，凭栏悄悄[②]，目送秋光[③]。晚景萧疏[④]，堪动宋玉悲凉[⑤]。水风轻、蘋花渐老[⑥]，月露冷、梧叶飘黄[⑦]。遣情伤[⑧]。故人何在，烟水茫茫[⑨]。

难忘[⑩]。文期酒会[⑪]，几辜风月[⑫]，屡变星霜[⑬]。海阔山遥，未知何处是潇湘[⑭]。念双燕、难凭远信[⑮]，指暮天、空识归航[⑯]。黯相望[⑰]。断鸿声里，立尽斜阳[⑱]。

>注释

①望处：谓视野之内。
②凭栏悄悄：谓凭栏无语。
③目送秋光：有惜时之意，谓眼睁睁看着时光逝去。秋光：秋日之风光。
④萧疏：萧索疏旷。
⑤宋玉悲凉：典故出自宋玉《九辩》："悲哉秋之为气也！萧瑟兮草木摇落而变衰。憭栗兮若在远行，登山临水兮送将归。"故言秋必谓"宋玉悲凉"。
⑥蘋花：一种大的浮萍，夏秋间开白小花，亦称白萍。蘋花渐老，即至深秋，故云。
⑦月露：月光下的露滴。梧叶：即梧桐叶。
⑧遣情伤：使人伤情。
⑨"故人"二句：谓只见烟水茫茫，而

故人在何处呢？

⑩难忘：引起下文，即难忘“文期酒会”等事。

⑪文期酒会：友人相约在一定的日期饮酒相会，作文赋诗。古人有文期酒会之俗。《梁书·萧介传》：“介性高简，少交游，惟与族兄琛、从兄视及洽、从弟淑等文酒赏会，时人以比谢氏乌衣之游。”此句忆在汴京之文期酒会，故始有下句“几辜风月”。

⑫辜：辜负。

⑬屡变星霜：意谓过了一年又一年。星：指岁星，亦名木星、太岁。木星约十二年绕日一周，故古人以其经行之方位纪年，星变方位则岁移。据此句，知柳永离开汴京起码有两年了。

⑭潇湘：指潇水与湘水。二水均在湖南。因词人又从杭州去湖南，故有此问句。

⑮念双燕、难凭远信：为“念远信难凭双燕”之倒装，意谓远在汴京的妻子，很难遇到顺人将信捎来。

⑯指暮天、空识归航：在暮色中面对遥天远望着丈夫归来，但却一次又一次地将别人的归航错认作丈夫的归航。指：面对。

⑰黯相望：黯然神伤地望着。黯：黯然，伤神貌。

⑱断鸿：失群孤雁，叫起来十分凄惨，故云。

赏析

这首词是作者怀念潇湘故旧的怀人之作。词以抒情为主，而用写景作为衬托，间以叙事和回忆，将怀人和羁旅融为一体，时间和空间跨越较大，感情真挚而意境悠远，是柳永的词中并不多见的以写友情为题材的作品。

词的上片重在写景，以萧条悲凉的秋景写秋思，引出怀人的主题。“望处雨收云断”三句，写抒情主人公凭栏远望所见，“雨收云断”点明雨后远景，“目送秋光”，道出是秋季天气，与下文“晚景”“蘋花渐老”“露冷”“梧叶飘黄”层层深入的渲染描述相结合，披露出晚秋时节，天色向晚的时间概念。“悄悄”二字，状写作者感慨秋色，怀念友人的凝思情态。“晚景萧疏，堪动宋玉悲凉”，概括表述当时的心理感受。这种感受大的范围是“悲秋”，是秋士的感时伤事之情，由宋玉的《悲秋赋》进一步联想到人生际遇的不偶和感伤，从而达到了今人和古人的认同，并为全词定下了萧瑟苍凉的

>题解

《玉蝴蝶》，小令始于温庭筠，长调始于柳永。《乐章集》注仙吕调，一名《玉蝴蝶慢》，九十九字，前片十句五平韵，后片十一句六平韵。词既谓"屡变星霜"，则说明柳永离京远行起码在两年或两年以上。这是首怀人词。开头"望处"二字统摄全篇。凭栏远望，但见秋景萧疏，花老，梧叶黄，烟水茫茫，故人不见，悲秋伤离之感充盈心头。下片回忆昔日文期酒会、相聚之乐，慨叹今日相隔遥远，消息难通。最后"黯相望。断鸿声里，立尽斜阳"，回应开头"望处"。立尽斜阳，足见词人之其怅惘孤独。

感情基调。"水风轻、蘋花渐老，月露冷、梧叶飘黄"两句写近景，用物态变化渲染深秋意味，传达悲秋情绪。"水风轻、蘋花渐老"指水上漂萍因秋深而变老。《尔雅》："萍，其大者曰蘋。"这里用蘋花暗喻下文中指到得故人浪迹萍踪的飘荡不定的生活。"月露冷、梧叶飘黄"，除明写时令变化，也暗指友人凋零后的分别离散之状。"遣情伤"道出心中伤感，以引出对故人的思念，这三个字即是词眼所在。"故人何在，烟水茫茫"，他的情深老友究竟在何方，只能看见眼前烟水茫茫。"茫茫"道出了眼前景物的无边无际，也隐指不知故人踪迹所在。在渲染景物，以景传情的基础上，词人宕开一笔，由描写转而叙述，以三字成句，引点出思念"故人"的心绪，转换自然而气韵充沛。

下片以"难忘"二字，唤起对故人的回忆，进而写对故人的怀念之情，波澜起伏，错落有致。"文期酒会"是词人与友人交往的场景，说明他们的友情，是同道之交，相知之交，他们是相互唱和相互切磋的诗酒朋友。但是他们的酬唱纵酒的生活并不是很久，很快就天各一方，而且已经有了数年的时间，"几辜风月，屡变星霜"，言离别之久，也道出了离别后的惆怅。"海阔山遥，未知何处是潇湘"，写对故人的思念，因阻隔既远，与友人不通消息，无从知道友人在什么地方。"潇湘"应是"故人"所在之地，但因山海阻隔，词人已无从对潇湘形成一个清晰的概念了。“念双燕、难凭远信，指暮天、空识归航”，写与友人无从相见的失望和无可奈何的心情。因为双燕不能传递音信，只能向天际遥指故人的踪迹，但江天之间，航船如织，却让他的盼望一次次落空。这两句道出了对友人深深的思念和诚挚的情谊。据《开元天宝遗事》:“长安豪民郭行先，有女子绍兰适巨商任宗，为贾于湘中，数年不归，复音书不达。绍兰目睹堂中有双燕戏于梁间，兰长吁而语于燕曰 :‘我闻燕子自海东来，往复必经由于湘中。我婿离家不归数岁，蔑（杳）有音耗，生死存亡，弗可知也。欲凭尔附书授于我婿。’言讫泪下。燕子飞鸣上下，似有所诺。兰复向曰 :‘尔若相允，当泊我怀中。’燕遂飞于膝上。兰遂吟诗一首云 :‘我婿去重湖，临窗泣血书。殷勤凭燕翼，寄于薄情夫。’兰遂小书其字系在足上，燕遂飞鸣而去。任宗时在荆州，忽见一燕飞鸣于厅上。宗讶视之，燕遂泊于肩上，见有一小封书系在足上，宗解而视之，乃妻所寄之诗。宗感而泣下，燕复飞鸣而去。”词人将往潇湘，故用此典。此句以下皆从思妇着笔。“难”字和“空”字道出了阻隔之深和盼望之切，形象地表现了词人的心理状态。“黯相望。断鸿声里，立尽斜阳”，一个“黯”字道出了词人的心绪，惨淡哀伤之情，与“遣情伤”的叙述相互补充，写出了心情的凝重低沉，“断鸿声里”则以孤雁的哀鸣来衬托哀伤的心境，词人与友人分隔天涯，都像这孤单的飞鸿一般，惆怅孤寂，两相映衬，声情尤显凄婉。“立尽斜阳”，画出主人公伫立残阳之中久久凝望的形象，他沉浸在对友人的回忆与思念之中，羁旅之苦与怀人之深从中可见。

这首词于羁旅途中写怀念友人，而友人的际遇与词人似有不谋而合之处，因而同病相怜，惺惺相惜，挫折的经历与人生的失意，使他们的友情跨越了山水阻隔，因而显得更为深切诚挚。

阳 台 路

楚天晚。坠冷枫败叶，疏红零乱[①]。冒征尘、匹马驱驱[②]，愁见水遥山远。追念少年时，正恁凤帏[③]，倚香偎暖。嬉游惯。又岂知，前欢云雨分散。

此际空劳回首，望帝里[④]、难收泪眼。暮烟衰草，算暗锁、路歧无限[⑤]。今宵又、依前寄宿，甚处苇村山馆。寒灯畔。夜厌厌，凭何消遣[⑥]？

>注释

①疏红：指稀疏的枫叶。
②匹马：独自一人骑马。驱驱：策马行进的样子。
③凤帏：绣有凤凰图案的帷帐。此借指闺阁。
④帝里：指京都汴梁。
⑤路歧：道路分岔，指歧路、岔道。
⑥消遣：消磨、排遣。

>题解

《阳台路》，词牌名，调见《乐章集》，注林钟商。此调宋人只有此词，无别首可校。此《阳台路》当是柳永中年以后所作，词中况味，已和少年时期志气扬扬、恃才傲物的腔调大为不同。前途既已渺茫，所欢也已云散，青春年少的放纵和欢乐都成为了过去，帝都又是那样遥远，词人羁旅愁途之上，百无聊赖而委顿沉郁，陷入深深的失落与苦闷彷徨之中。

赏析

上片写羁旅途中的景象，回想少年时光的欢乐生活，感叹年华空度，岁月蹉跎。“楚天晚。坠冷枫败叶，疏红零乱。”点明时空关系，词人行旅之地在楚地，天色已晚，正逢深秋时节，枫树的红叶已经凋残，经不住风霜的侵袭而零乱地飘落下来。“冒征尘、匹马驱驱，愁见水遥山远。”词人单骑匹马，冒着一路征尘，行进在路途之上，流水无尽山影遥远，望之令人顿生愁绪。“追念少年时，正恁凤帏，倚香偎暖。”回想青春少年的时光，他纵情烟柳之地，疏狂放荡，在凤帏绣帐之中偎香抱玉。“嬉游惯。又岂知，前欢云雨分散。”他过惯了那种嬉戏玩乐的日子，当时怎么能够想象到，这种与情好之人相处的云雨生涯很快就会分飞离散。在坎坷的仕途上，柳永的宦运很不通达，他的理想和志趣与走科场为官之路格格不入，因声名所累再加上经世致用之术平平，所以让他备受折磨。官运不顺而难免奔劳之苦，青春的欢乐转眼间已成为过去，他的心中对青春已逝而功业无成充满深深的悔意。

下片写他行旅途中的苦闷枯索和孤寂失落之感。“此际空劳回首，望帝里、难收泪眼。”远离京城的去国之悲，让他心中怅恨，他远望都城，望眼欲穿，泪水模糊了双眼。柳永盼望回到帝都，其实并非是对朝廷的忠肝义胆所使，而是希望能够过上京官的稳定生活，并且接近于他苦苦怀想的红颜知己。“暮烟衰草，算暗锁、路歧无限。”途中所见的景象萧索荒寒，傍晚的烟霭、衰败的枯草，遮蔽住了前方的道路，前路漫漫，不知何处才是尽头。词人兴歧路之叹，感慨自己的道路艰辛而不顺畅，好像人生的际遇一样，到处都是歧道，一不小心就会误入歧途。“今宵又、依前寄宿，甚处苇村山馆。”又到了投宿歇息的时候了，和往日一样，今天不知又要寄住在什么样的荒凉馆舍了。“苇村山馆”形容投宿的馆舍地处偏僻、行人稀少。“寒灯畔。夜厌厌，凭何消遣？”在荒山野岭间的馆驿之中，只能够面对一盏寒灯独守漫漫长夜，用什么来排遣心中的孤寂呢？“厌厌”形容夜晚的安静沉寂，也可表现人的精神不振的样子，在这里两种意义都可解释得通，因不同的理解而使语意更为丰富。

这首词流露出青春不再的悔恨和事业未就的黯然，显露出人生的一对突出的矛盾，即青春与事业的矛盾。白居易诗云：“欲留年少待富贵，富贵不来所欢去。”为了猎取功名富贵而牺牲了青春的欢乐，最后富贵未得而失去了所爱的人，令他深为后悔。少年时期的柳永流连坊曲，鄙弃功名，到了中年，仕途之上一事无成，回首往昔，他深感虚度青春，辜负了美好时光。词中流露的感情，是迷惘、消沉而又苦闷彷徨的。

安 公 子

长川波潋滟[①]，楚乡淮岸迢递[②]，一霎烟汀雨过[③]，芳草青如染。驱驱携书剑[④]。当此好天好景，自觉多愁多病，行役心情厌[⑤]。

望处旷野沉沉，暮云黯黯[⑥]。行侵夜色[⑦]，又是急桨投村店。认去程将近[⑧]，舟子相呼[⑨]，遥指渔灯一点[⑩]。

>注释

①"长川"句：谓长长的川流水波荡漾。长川：当指洪泽湖。潋滟（liàn yàn）：水波相连的样子

②楚乡：战国时楚国在江南，所以古泛称江南为楚乡。淮：淮河。迢递（tiáo dì）：遥远的样子。

③一霎（shà）：一小会儿。汀（tīng）：水边平地。此句谓雨过云散，水边尚有雾气。

④携书剑：意谓携着行李。古人常常书剑对举，意谓文武双全。

⑤行役：后世谓行旅之事为行役。

⑥黯黯：昏暗。

⑦行侵夜色：行将至晚。侵夜：入夜。

⑧去程：去路，谓目的地。

⑨舟子：舟人，船夫。

⑩“遥指”句：遥遥看去，只见渔灯点点，却看不见船。遥指：遥遥对着。

赏析

词写行役之苦，是柳永在南方为官时所作。词中选取了在江南行舟途中两个不同的时间段，表达了对行役生活的厌倦和低落的情绪。

上片写雨后楚乡淮岸的美丽景象。“长川波潋滟，楚乡淮岸迢递”，写江面之上水波荡漾，南国的水乡景象横布在遥远的地方。开篇即有开阔轻快之感，小舟挂帆疾行，两岸景物变得遥远而渺小。“一霎烟汀雨过，芳草青如染。”雨过云散之后，江山芳草青翠，好像染过颜色一般。这一句突出景物的清新，天如洗，草如染，有令人神清气爽的感觉。“驱驱携书剑”，是词人自报行程，“驱驱”写出了驱驰道路的劳苦奔忙之态。“携书剑”意谓携带行李。古人常常将书剑对举，意为文武双全，这样的说法和人的胆气抱负相关联，因而乐为人道。这一句是说词人携带书剑，奔波于江湖之上。“当此好天好景，自觉多愁多病，行役心情厌。”抒写词人行役江湖的黯淡心情。面对着这样的好天气好景象，自己却觉得身体多病心中多愁，行旅途中心情颇觉低沉。“厌”指没有精神，无精打采，柳词中常将其并举而用作“厌厌”。词人面对南国的山乡美景，虽然目中有景，而其实心中无绪，他厌倦了这种奔波飘荡的生活，而希望能够留任京城。宋代的官职分为京城官和地方官职，要想在京做官，先得从地方官做起，经过业绩的考评积累，最后“磨勘”“改官”，才得以任京官。

>题解

《安公子》这一词牌，《乐章集》注中吕调。清代万树《词谱》共录五体，这是八十字的一体。陈振孙《直斋书录解题》称柳词"尤工于羁旅行役"，这一阕词正属于这一类，是抒写羁旅行役之愁的。柳词中的这一类词不但数量多，而且质量也高，值得我们重视。

柳永写此词时，已在各地任职多年，所以"改官"入京成了他此时最急切的心愿。

下片写傍晚投宿时的景象，从特定的时间写行役的生活，从一个侧面形象地表现出行役生活的劳动，与上片"心情厌"的说法相印证。"望处旷野沉沉，暮云黯黯"，天色将暮，远处的旷野变得阴沉起来，云朵也越来越阴暗，这时的景色令人阴郁沉重。"行侵夜色，又是急桨投村店。"由暮时写到"侵夜"，形象地表现出天色由黄昏进入黑夜的过程，"又是"一句，表达出行役日久，每日如此，很多时候都要在天黑的时候忙于赶路，以便到达投宿的地方。而"村店"的说法，表明投宿的地方偏远，离目的地依然很遥远。"认去程将近，舟子相呼，遥指渔灯一点。"通过细节的刻画，描述将到村店时船夫指点相呼的景象。"去程"指要去的地方。辨认出投宿的地方就要接近了。船夫们互相呼喊，指看远处那一点闪亮的渔灯。

词中以景物之美与心情之低落形成反差，又用夜间疾行投宿的景象来进一步说明行旅之苦，使人有身临其境之感。结尾处"遥指渔灯一点"的说法，是指行程中出现了目标和希望，其实也是作者的仕宦生活出现了一点遥远的希望。在经历一系列的曲折之后，柳永不得已改"三变"之名为"永"，最终才得改官，而最高仅仅做到屯田员外郎的官职，后世称其为"柳屯田"。

八声甘州[①]

对潇潇暮雨洒江天[②]，一番洗清秋。渐霜风凄紧[③]，关河冷落，残照当楼。是处红衰翠减[④]，苒苒物华休[⑤]。惟有长江水，无语东流。

不忍登高临远，望故乡渺邈[⑥]，归思难收。叹年来踪迹，何事苦淹留[⑦]？想佳人、妆楼颙望[⑧]，误几回、天际识归舟[⑨]。争知我[⑩]，倚阑干处，正恁凝愁[⑪]。

>注释

①唐教坊大曲有《甘州》，杂曲有《甘州子》。因属边地乐曲，故以甘州为名。《八声甘州》是从大曲《甘州》截取一段而成的慢词。因全词前后共八韵，故名八声。又名《潇潇雨》《宴瑶沁池》等。《词谱》以柳永为正体。九十七字，平韵。

②潇潇：形容雨声急骤。

③凄紧：一作“凄惨”。

④是处：到处，处处。红衰翠减：红花绿叶，凋残零落。李商隐《赠荷花》：“翠减红衰愁煞人。”翠：一作“绿”。

⑤苒苒：茂盛的样子。一说，同“冉冉”，犹言“渐渐”。物华：美好的景物。

⑥渺邈：遥远。
⑦淹留：久留。
⑧颙望：凝望。一作“长望”。
⑨天际识归舟：语出谢朓《之宣城郡出林浦向板桥》“天际识归舟，云中辨江树”。
⑩争：怎。
⑪恁：如此，这般。凝愁：凝结不解的深愁。

赏析

词的开头两句写暮雨之后，江天之间澄澈如洗。以一个“对”字起句，既合于词调之工，又托出了登临纵目、望极天涯的境界。正是清秋时节，加之又在雨后，江天之间，一碧如洗，一派清高旷远之致，“潇潇”形容雨声，秋雨潇潇，而雨后又继之以风，秋天的况味在层层加深。“渐霜风凄紧”三句状写秋天的凄冷，用一个“渐”字引领，似乎道出秋色秋味来得迟缓，而下来的秋深之感却一步比一步来得促迫。“霜风”“关河”的景物，极富质地感，令人顿生肃杀、高峻之感，而“凄紧”“冷落”则似有袭衣侵肤的一股寒气逼来，加之秋风过处，荡掠关河，空间跨度骤然拉大，使人觉得秋味无处不在。紧接一句“残照当楼”，境界全出，苍凉悲壮之感全在不言之间。“是处红衰翠减，苒苒物华休。”至此句又是一番缓和回转，气势有张有弛，词意由苍莽悲壮转入细致沉思，由仰观宇内之大，转向俯察万物之凋残。“红衰翠减”，乃化用李商隐《赠荷花》的诗句“翠减红衰愁煞人”，倍觉含蓄蕴藉。接下来“惟有长江水，无语东流”则含有时光流逝，天地不老而世事照旧的味道，其中深藏着无奈的感叹，这正是对宇宙人生的大观照大思索，是短暂与永恒、变化与恒久的对立与统一，写到此处，正是欲言而不能、百感交集的复杂心理。

不忍登高临远，望故乡渺邈

>题解

这首词是柳永羁旅行役之作中艺术成就最高的一首，历来为词家所传唱。词中通过景物描写状写秋景之萧瑟凄凉，令行旅之人深味路途之悲苦，又以推己及人的方法表达强烈的思归情绪，语浅而情深，耐人寻味。词中的景物描写情味浓郁，而境界幽远。连一向豪放旷达的苏东坡也赞其“渐霜风凄紧”一句说：“此语于诗句不减唐人高处。”（宋赵德麟《侯鲭录》）

上片状写羁旅途中的秋景，可谓登峰造极。下片则睹物思人，写故乡之思和闺阁愁绪。“不忍”一句写“登高临远”时的心情，心中不忍登临，则平添了一番曲折情致。“望故乡渺邈，归思难收”点明“归思”之切之深。故乡杳在天边，而归乡之心却难以停息。“叹年来踪迹，何事苦淹留”一句，表现出对自己所选择的道路做出的反思，流露出追悔之意。“淹留”则形容出旅途困顿愁苦的情状，正因“淹留”而心生悔意与倦怠，使他对这种“游宦成羁旅”的生活深感痛苦，“想佳人”以下几句，由思乡而转向怀人，但怀人而并未直抒怀想之情，而是用了曲笔，推己及人，写佳人怀想自己，这样两相感应，而思念的苦情全出，感人至深。他想象远方的佳人站在妆楼之上盼望自己归来，不知有多少次错将天际的归舟当成自己搭乘的那一只。“争知我，倚阑干处，正恁凝愁”，以佳人苦盼而不知“我”的苦思，来写思念之深，情极哀怨，表现的正是思念不为人知，即使思我之人也不知道的情形，可见思念被隔绝的苦痛，自己想象一番也难以承受其悲情。

这首词章法细密，结构紧凑，写景抒情融为一体，在铺叙之中，道出内心情怀，使得思乡怀人之情展衍尽致。语言于通俗之中又含有雅致高远的意绪，故而传诵悠远，成为柳词的代表性篇章之一。

柳初新

东郊向晓星勺亚①。报帝里、春来也。柳抬烟眼②，花匀露脸③，渐觉绿娇红姹④。妆点层台芳榭⑤，运神功，丹青无价⑥。

别有尧阶试罢⑦。新郎君、成行如画⑧。杏园风细⑨，桃花浪暖⑩，竟喜羽迁鳞化⑪。遍九陌、相将游冶⑫。骤香尘⑬，宝鞍骄马。

>注释

①东郊：古有迎春之俗，逢立春日，天子率群臣迎春于东郊。《礼记·月令》：“（孟春之月）立春之日，天子亲帅三公、九卿、诸侯、大夫以迎春于东郊。”向晓：凌晨。星勺：指北斗星柄之玉衡、开阳、摇光三星。观察北斗斗柄的转移，可以知四时，定节气。斗柄朝东则春至。《说文》曰：“勺，斗柄。”《诗词曲语词汇释》：“亚，有纵横二方面之二义。自其纵者而言，犹低也，俯也。”

②柳抬烟眼：柳叶初生，细长如眼，称柳眼。

③花匀露脸：谓带露之花，宛如美人脸上均匀地施了一层薄粉。

④绿娇红姹：谓百花开得十分漂亮。

绿：谓叶。红：谓花。娇、姹意均为娇美，二字系相对为文。

⑤层台芳榭：指楼台亭榭。层台：重台，高台。《楚辞·招魂》："层台累榭，临高山些。"榭：建在高台上的木屋，即亭子。《尚书·泰誓上》："惟宫室、台榭……"

⑥运神功：意谓天运神功。丹青：指图画。

⑦尧阶：金殿上的台阶。尧阶试罢：指殿试刚刚结束。

⑧新郎君：指初中之进士。

⑨杏园风细：谓进士参加杏园宴时风柔日丽。杏园故址在今陕西省西安市大雁塔南。唐代新进士赐宴于此，称"杏园宴"。宋宴新进士在汴京城外西南琼林苑，又称"琼林宴"。

⑩桃花浪暖：三月桃花开，天气渐暖，故云。宋进士放榜在三月。

⑪羽迁鳞化：指中进士后身份有了巨大变化。道士成仙谓之羽化，喻其飞升变化，若生羽翼。鳞化：鱼龙变化。《辛氏三秦记》："河津一名龙门，禹凿山开门，阔一里馀。黄河自中流下，而岸不通车马。每逢春之际，有黄鲤鱼逆流而上，得过者便化为龙。"

⑫九陌：汉长安城共九条大道。《三辅黄图·长安八街九陌》："长安城八街九陌。"后泛指京城大道或闹市。相将：相偕，相共。《诗词曲语词汇释》："相将，犹云相与或相共也。"游冶：出游寻乐。

⑬香尘：芳香之尘，多指女子之步履而起者。唐沈佺期《洛阳道》诗："行乐归恒晚，香尘扑地遥。"

赏析

这首《柳初新》是柳永的自制曲，因咏春而得名，曲名中包括有柳字，是否也寓含着柳永的命运将发生好的变化呢？这首词描写的是高中进士之后的欢庆景象和喜悦的心情，当是宋仁宗景祐元年（1034）春，柳永考中进士之后所作，经过十年的寓寄京华和六年的干谒奔走，重新走入科场的柳永终于一扫屡试不中或虽中而不取的霉运，受到皇帝的垂青而幸运地中第了。景祐元年开科取士，仁宗皇帝诏曰："朕念天下士，乡学益繁而取人之路尚狭，或匿迹田里，白首而不得进。其令南省就试进士诸科，十取其二。"（《太平治迹统类》卷二十八）这一年，计录进士499人，诸科481人，47岁的柳永终于登第，与他的兄长柳三接同榜得中，柳永从此告别了他流连坊曲

>题解

《柳初新》，柳永自制曲，盖因咏春而得名。《乐章集》注大石调。应是宋仁宗景祐元年（1034）柳永中进士后所作。此时的柳永沉浸在中举的喜悦之中，早将当年“才子佳人，自是白衣卿相”之自我解嘲丢在脑后了。此词全用铺叙。词上片写汴京春景，先后写了星勺报春、春满人间、春景如画等内容，写景由大到小，由远到近，层层铺设。下片写进士赴琼林宴与游冶的盛况，得逞一时之快的喜悦之情溢于言表。虽然最终满足了中举的愿望从此走上仕途，但经历过重重挫折的词人，在欣喜的同时，他的态度还是冷静和客观的。

的狂放生活，步入了仕途。与那些少年得志的才俊不同，久经磨砺的柳永并没有中举后的欣喜若狂，而是表露出淡淡的喜悦。词中较为客观地描写新科进士在京城游宴的场面，而隐没了自己登第后的主观情绪。

词的上片写琼林苑春景，下片写新进士游苑的盛况。

“东郊向晓星勺亚。报帝里、春来也。”在汴京城的凌晨时分，天子率群臣在东郊迎春，看见北斗星的斗柄低垂，这是在向京城报道春来的消息。据古代的迎春之俗，立春日天子率群臣迎春于东郊。“柳抬烟眼，花匀露脸，渐觉绿娇红姹。”描写春来时花红柳绿的清新景象。柳树的新芽初生，如同细长的眼睛，花朵带露，如同美人之面，春天的景色渐渐地让人觉得绿翠红鲜了。“妆点层台芳榭，运神功，丹青无价。”意指楼台亭榭之上，都被春色装扮起来了，大自然运用神功，将世界描画得如同价值无量的彩绘图画。帝都的春色带给了人间美景，带给词人以新的希望，毕竟柳永人生的新阶段就要从此开始了，天运皇恩，好像大自然的神奇力量一样，左右着一个读书人的命运。

下片写新中进士游苑庆贺的喜庆场面。“别有尧阶试罢，新郎君、成行如画。”在“尧阶”之上，也就是皇帝主持的殿试考察之后，新科进士们前后跟随走出来，和图画中描绘的一模一样。唐宋时称新科进士为新郎君。据《唐摭言》卷三：“薛监晚年厄于宦途，尝策羸赴朝。值新进士榜下，缀行而出……前导曰：‘回避新郎君。’，逢輾然，即遣一介语之曰：‘……阿婆三五少年时，也会东涂西抹来。’”“杏园风细，桃花浪暖，竞喜羽迁鳞化。”新科进士参宴庆贺，游赏京城，竞相庆贺能够登第，从此鱼龙变相，步入功名富贵之途。唐代新进士有赐宴杏园的旧事，《秦中岁时记》：“进士杏园初宴，谓之探花宴，差少俊二人为探花使。遍游名园，若他人先折花，二使皆被罚。”宋代宴新进士于汴京城外西南琼林苑，故而又称“琼林宴”。另据《唐摭言》：“新进士尤重樱花宴。”可见“杏园风细、桃花浪暖”除描写时令特点外，都和新科进士的饮宴活动双关。“羽迁鳞化”用来形容身份发生变化，“羽迁”指道士成仙，称为羽化。“鳞化”则指鱼龙变化，引用了鲤鱼跳龙门的传说。“遍九陌、相将游冶。聚香尘，宝鞍骄马。”意谓新进士们骑着雕鞍宝马，相伴着游遍了京城的大道闹市，腾起一阵阵灰尘。香尘多用来形容女子的步履生起的尘土，这里用来形容新进士的尊贵。

从词中的描写角度和语气来看，柳永的心情是欣喜之余的平静，他以客观的眼光用白描的手法勾勒出新进士登科后的种种场面，指出了其“羽迁鳞化”，“朝为田舍郎，暮登天子堂”的身份变化，读书人即使出身寒门，也从此摇身一变而成为人上之人，封建科举制度，向下层阶级的人打开了一条希望之路，有利于选拔人才巩固他们的统治。和柳永相比，唐代诗人孟郊在科场屡黜之后终于及第，他写了一首著名的诗《登科后》，其中表现了忘乎所以的狂喜心情：“昔日龌龊不足夸，今朝放荡思无涯。春风得意马蹄急，一日看尽长安花。”

满　江　红

暮雨初收，长川静，征帆夜落。临岛屿，蓼烟疏淡，苇风萧索[1]。几许渔人飞短艇，尽载灯火归村落。遣行客、当此念回程，伤漂泊。

桐江好，烟漠漠[2]。波似染，山如削。绕严陵滩畔，鹭飞鱼跃。游宦区区成底事[3]？平生况有云泉约。归去来，一曲仲宣吟，从军乐。

>注释

①萧索：萧条，冷落。江淹《恨赋》有“秋日萧索，浮云无光”。
②漠漠：迷蒙貌。
③游宦：离乡为宦。宦：为官。区区：小，少，形容微不足道。底：何。底事：犹言何事。

>题解

《满江红》，《乐章集》《清真集》入"仙吕调"。宋以来作者多以柳永词为准。九十三字，前片四仄韵，后片五仄韵，一般例用入声韵。声情激越，宜抒豪壮情感和恢张襟抱。亦可酌增衬字。姜夔改作平韵，附着于后，则情调俱变。这首《满江红》全词用仄韵，抒写柳永厌倦仕途、渴望归隐的悲愤之情，是柳永做官越中时，于桐江之上触景所作。

赏析

词的上片写舟行至桐江后所见之景，引发伤感漂泊之情。"暮雨初收，长川静，征帆夜落"写词人所乘之舟夜间停泊靠岸，交代词人行踪。"暮雨初收"句写傍晚时分，雨停下来，江面上一片宁静，"征帆"指词人所乘之船。"临岛屿，蓼烟疏淡，苇风萧索"，描写对面的岛屿之上，轻烟笼罩，芦苇间风声萧索，带着阵阵凉意。"几许"两句写夜色降临之后，渔船快速返航的情景，"飞"字描摹出了渔船行进之快和归航的急切心情。"尽载灯火"是写渔船之上举灯火为信号，飞动的灯火向远处的村落汇聚，渔人的归航之情，引发了词人归乡的情思。"遣行客、当此念回程，伤漂泊"，与渔人的归来形成反衬，行客更加感到了旅途漂泊之苦，心生伤感，希望结束这种长期飘荡的生活，回到家园之中享受安逸舒适的田园之乐。上片的主体是写景，由渔人归舟而牵出思乡之情，转换自然，而情思真切。

过片前四句句式短小斩截，语调急促，而对仗工整，语意连贯，从烟霭、水波、山形着手，写桐江上的美丽景色，语简意丰，特别传神。这几句应是桐江清晨的景象，因此显得格调清新，充满生机。"绕严陵滩畔，鹭飞鱼跃"写出了子陵滩上环境的清幽和自然界的欣欣向荣。桐江上的景色历来以秀丽而著称，这里江水上晨烟暮霭，波光潋滟，水色翠绿如玉，山峰笔立如削，再加上子陵滩上清幽恬静的自然风光，不由让词人生起归隐之意。“严陵滩”即因古代隐士严光曾在此隐居而得名。据《后汉书·严光传》记载：“严光字子陵，一名遵，会稽余姚人也。少有高名，与光武同游学。及光武即位，乃变名姓，隐身不见。……乃耕于富春山，后人名其钓处为严陵濑焉。”严子陵与光武帝刘秀同窗而终身不仕，在山水云泉之间享受着无拘无束的自在生活。桐江的景色，隐士的旧居之地使奔波疲劳的柳永对宦游生活产生了厌烦情绪。“游宦区区成底事？平生况有云泉约”，词人感慨自己仕途奔波不定，一身微细而无所成就，而心中对林泉生活心生向往，心中似与其有着约定一样。和众多的封建文人一样，儒道两家的思想都对他产生了深刻的影响，任运自在的无为思想和学而优则仕的入世态度成为他们文化人格中相互矛盾的两个方面。他向往严光的退隐生活，同时又受着仕进为官的人生轨迹的煎迫。结尾的三句，即流露出他的内心矛盾。“归去来，一曲仲宣吟，从军乐”，引出了三国时期魏国著名文学家王粲的典故，既想像陶渊明那样唱着《归去来兮辞》而优游林下，又抒发出想要建立军功的志向。词人的内心，到底不能做到完全的超脱。王粲，字仲宣，中国古代文学史上著名的“建安七子”之一，曾随曹操征张鲁，官至魏国侍中，其代表作有《七哀诗》三首，《从军行》五首。与严光的人生选择不同，同样以文才著名的王粲选择的是积极入之仕建功立业的道路，并且在壮年之后建立了军功，成为文人仕进的成功典型。这里柳永引用王粲的事例，与“平生况有云泉约”的志向截然相反，可以看出，他的“归去来”的说法，并不是坚决地说回去吧，而是以迟疑的态度发问，与后面的“仲宣吟”构成选择疑问句的两种选项，意为是归去呢，还是吟唱一曲王粲那样的从军乐？

留 客 住

偶登眺①。凭小阑②、艳阳时节③，乍晴天气④，是处闲花芳草⑤。遥山万叠云散，涨海千里⑥，潮平波浩渺⑦。烟村院落⑧，是谁家绿树，数声啼鸟⑨。

旅情悄⑩。远信沉沉⑪，离魂杳杳⑫。对景伤怀，度日无言谁表⑬。惆怅旧欢何处⑭，后约难凭，看看春又老。盈盈泪眼，望仙乡，隐隐断霞残照⑮。

>注释

①登眺：登高远望。
②小阑：楼阁或阶前的栏杆。
③艳阳时节：谓春天。
④乍晴天气：刚晴。
⑤是处：到处。
⑥涨海：涨潮之海。
⑦浩渺：水面旷远辽阔。
⑧烟村：烟雾缭绕的村庄。
⑨“是谁家”二句：究竟是谁家院落里的绿树上，发出了一阵阵啼鸟的声音呢？
⑩悄：寂寞。
⑪远信沉沉：谓家书遥遥无期。沉沉：深沉。
⑫离魂杳杳：指精神凝注于人或事而出现神不守舍的状态。杳杳：渺茫。

⑬谁表：谁能鉴察，向谁表白。
⑭旧欢：指旧日所欢爱的人。
⑮"望仙乡"二句：谓远望所欢的居处，而所望到的只是断霞残照。仙乡：借称所爱者的居处。残照：落日。

赏析

词的上片写春天的景象，为下片抒情做张本。"偶登眺"点明创作的因由，词人意兴萧疏，偶然登临远望，即兴而作此词。"凭小阑、艳阳时节，乍晴天气，是处闲花芳草。"凭栏远望处，正是春日艳阳当空，阳光明媚的天气，芳草闲花撒满山野，令人赏心悦目。"遥山万叠云散，涨海千里，潮平波浩渺。"海边的远山之上铺散开千万层云朵，海潮涨起，奔涌在广阔无边的海面上，潮落之后，平静的海上烟波浩渺，一望无际。"烟村院落，是谁家绿树，数声啼鸟。"和大海的变幻不定相比，渔村人家的生活场景则充满平和温馨。薄烟笼罩中，是谁家的院落，绿树阴翳，不时传来清脆的鸟鸣。词中景物的描写有着一定的距离感，同时也有远近景物的交替描写。大海的广阔深幽和岸边景物的明媚清新形成了强烈的对比，拓展了景物的时空感。

虽然眼前景色博大壮阔，亦具和煦明媚的特点，但却丝毫没有减轻词人的去国离乡之感。因柳永任盐监的地方非常偏远，是少有人乐意的差使。宋代张津《乾道四明图经》卷七记柳永曾为晓峰盐场盐官，晓峰盐场在昌国县（即舟山列岛）治西十二里，柳永有《留客住》词刻于官舍。祝穆《方舆胜览》卷七于庆元府昌国县名宦之下云："柳耆卿尝监定海晓峰盐场，有题咏。"盐监一职掌管盐税、场务及征输等事。下片"旅情悄"三字，道出

>题解

《留客住》系唐教坊曲名，为柳永所创制，《乐章集》中注为林钟商调，计九十八字，上片九句四仄韵，下片十句五仄韵。从词中描写的景物来看，当是柳永任昌国县（浙江定海县）晓峰盐场盐监时，于其境内的舟山列岛观海景后所作。词中"遥山万叠云散，涨海千里，潮平波浩渺"之句，描绘出海上波澜壮阔的景象，其雄壮处足可与《八声甘州》中的"渐霜风凄紧、关河冷落，残照当楼"相媲美，亦不减"唐人高处"。

了在偏远之地游宦为官的寂寞落拓，"情"指情怀，"悄"是寂寞之意。"远信沉沉，离魂杳杳"，谓家书很难送到，音信几乎隔绝，远宦他乡，离思萦怀，令他神魂散乱。"对景伤怀，度日无言谁表。"面对荒凉偏僻的景象心中伤感不已，默默地等待时日消逝，能够向谁去表白心迹呢？"惆怅旧欢何处，后约难凭，看看春又老。"令人伤感的是昔日与自己情好欢洽的人不知在什么地方，当初和她相约以后再次相会的话题那样不可凭信，看看又一个春天即将过去，多么令人伤感。"惆怅"为失意、伤感之意。苏东坡《东栏梨花》诗云："惆怅东栏一株雪，人生看得几清明。""盈盈泪眼，望仙乡，隐隐断霞残照。"他泪水盈眶，远望所爱者的居处，不知道在什么地方，只看到远处落日的余晖和淡淡的云霞。句中"仙乡"本指仙人所居之处，后用作对别人家乡的美称，这里借指所爱的人的居处。柳永这位风流成性的才子词人，无论在京城还是南方，都有一些脂粉旧交，其中也不乏热烈的恋情，但是自从踏入仕途，他身为朝廷官员，不得已和她们保持一定的距离，所以虽然怀念旧欢，但却已失去了联系，虽然也曾有海誓山盟的期约，却已难以实现。昔日的歌台舞榭、红粉翠眉，都已经如同雪泥鸿爪，踪迹渺茫了，这一切意味着柳永和他昔日狂放生活的告别，也即和他最沉迷的青春欢乐的告别。

塞孤

一声鸡，又报残更歇[①]。秣马巾车催发[②]。草草主人灯下别[③]。山路险，新霜滑。瑶珂响、起栖乌[④]，金镫冷、敲残月[⑤]。渐西风紧，襟袖凄裂[⑥]。

遥指白玉京，望断黄金阙[⑦]。远道何时行彻[⑧]。算得佳人凝恨切[⑨]。应念念[⑩]，归时节。相见了、执柔荑[⑪]，幽会处、偎香雪[⑫]。免鸳衾、两恁虚设。

>注释

①残更：更将残，即天将明时。
②秣马：喂马。秣：马料，此处做动词。巾车：有帷幔的车子。
③草草主人灯下别：为“灯下草草别主人”的倒装。
④珂：白色似玉的美石，一说为贝类，相击有声，常作马勒的饰物。《初学记》卷二十二引汉服虔《通俗文》：“凡马饰曰珂。”唐李廓《长安少年行》之八：“酒深和碗赐，马疾打珂鸣。”
⑤金镫冷、敲残月：谓残月之中马镫发出叩击的声响。
⑥凄裂：寒冷欲裂。
⑦白玉京、黄金阙：仙人所居之府，此处用以代指佳人居处。
⑧行彻：犹言行完。

⑨凝恨：聚集的怨恨。
⑩念念：念：怜念，重复使用来强调语气。
⑪柔荑：形容美人之手柔软白皙。《诗经·卫风·硕人》："手如柔荑，肤如凝脂。"荑（tí）：茅草的嫩芽。
⑫香雪：本指妇女用的花粉。前蜀韦庄《闺怨》："啼妆晓不干，素面凝香雪。"此处形容美人肌肤白而芳香。

赏析

这首词属行旅远役的题材，描写旅途景象，抒发怀想之情。上下片之间的关系以及内心情感，与柳永众多的行旅之词相似，特别是下片的抒情，往往与闺阁情思联系起来，但在表述上，此词尤显直白大胆，虽然表现了情感的真实，但难免有李清照所谓"词语尘下"之嫌。

上片用一连串的短句，描写行役途中的景象和感受。"一声鸡，又报残更歇。"雄鸡啼叫，更鼓之声停歇了，正是天色将晓时分。"秣马巾车催发"一句写新的一天又一次行程即将开始。马匹已经喂足，车驾已经备好，正在催促着赶快上路。"巾车"是有帷盖的轻车，晋陶渊明《归去来兮辞》中说"或命巾车，或棹孤舟"。"草草主人灯下别"，意为清晨启程上路前，与寓旅主人在灯下匆匆告别。接下来的八个短句，为我们描绘出早起赶路途中所见的种种景物。"山路险，新霜滑。瑶珂响、起栖乌，金镫冷，敲残月。"这六个短句，为我们勾画出北地早行的图景。山路险峻，道路崎岖，霜花凝结在石路上，令马蹄跌滑。行走间，马身上的佩饰发出碰击之声，惊起路边树上栖息的乌鸦离枝飞去。冰冷的马镫叩击着马腹，天边正挂着一弯黎明前的

>题解

《塞孤》,《乐章集》注般涉调，九十五字，前片十句六仄韵，后片九句六仄韵。填此调者只有柳永与朱雍。这首词以调名为题目，塞指边塞之地，孤有孤独的况味，意指独自一人在荒寒凄冷的边地行旅，加之时逢深秋，给人以悲凉旷远之感。

残月。荒寒的山路之上，行进的车马之声打破了黎明前的寂静，马蹄、鸣瑶、乌鹊惊起的声音，在静中显得响亮，突出了动的感觉。“金镫冷，敲残月”则将触觉与听觉结合起来写，使词的意境更显幽深灵动。“渐西风紧，襟袖凄裂”，与前面的“霜滑”“镫冷”相照应，这一句交代了季节的特点，突出了秋深天冷的感受，衣袖之间凄清寒冷，凌晨的秋风显示着越来越大的威力。上片中以早行、路险、风紧、寒冷等因素，衬托出行旅的艰难和辛苦，使人对其望而生畏，为下片的抒情做好了铺垫。

下片的抒情由行役之苦而转到对京城佳人的思念。从上片来看，作者出行时乘坐巾车，应是朝廷官员的身份，且出行的队伍中有骑马的随从，他们踩着马镫而马珂发出撞击之声，可见他们是为公事而群体赶路。但是词人所关心的，并不是公务如何，而是由道路上的沉闷苦寂而不禁想到了京都的情人。“遥指白玉京，望断黄金阙”，这里以“白玉京”和“黄金阙”指代京都，但这种望穿秋水的渴望，并不是想要见到天子侧身朝堂，而是为了早日见到佳人以慰其相思。“远道何时行彻。算得佳人凝恨切。”他不禁抱怨，这样漫长的奔走何时才能结束，什么时候才能见到佳人呢？而京都的女子，也应该正是殷切地盼望着他，满怀愁怨地翘首期盼着。“应念念，归时节”，她应该是时刻地想念着自己，不停地掐算着归来的日期。思念心切之时，词人不禁想象着相会时的美好景象。“相见了、执柔荑。幽会处、偎香雪。”等到相见的时候，拉着她白皙柔嫩的玉手，和她幽会时，依偎着她雪白芳香的肌肤。这四句描写颇具香艳体的特色，也极为露骨大胆，表现出词人对爱情和感情生活的强烈渴望。“免鸳衾、两恁虚设”，意即盼望团聚，免得使两下的人经受思念的折磨。

此词中柳永已经是朝廷的官员，地位发生了改变，然而他和歌伎们的关系依然纠缠不清，他思恋着秦楼楚馆中人，想象着和她“幽会”，希望重温旧梦，可是现实的情况已经是旧梦难圆了。词中反映了词人重视感情而轻视利禄，这难免成为他仕途上不图进取的一个证据。

定 风 波

伫立长堤[①]，淡荡晚风起。骤雨歇、极目萧疏，塞柳万株[②]，掩映箭波千里[③]。走舟车向此[④]，人人奔名竞利[⑤]。念荡子、终日驱驱[⑥]，争觉乡关转迢递[⑦]。

何意[⑧]。绣阁轻抛[⑨]，锦字难逢[⑩]，等闲度岁[⑪]。奈泛泛旅迹[⑫]，厌厌病绪[⑬]，迩来谙尽，宦游滋味[⑭]。此情怀、纵写香笺，凭谁与寄[⑮]。算孟光、争得知我，继日添憔悴[⑯]。

>注释

①伫立：久久地站立。

②塞柳：要塞之处的柳树。宋人于河堤栽柳树，以固河堤并供行人遮阴。

③箭波：形容急波如离弦之箭。典出《诸子集成·慎子·慎子逸文》："河之下龙门，其流，驶如竹箭，驷马追，弗能及。"

④走舟车：意谓遇陆乘车，遇水乘船。

⑤奔名竞利：争名逐利，为名利而奔走。

⑥荡子：犹"游子"，指辞家远游的男子。驱驱：奔走辛劳于道路。

⑦争觉：只觉。与"争奈"之"争"不同，不能训"怎"。乡关：犹"故乡"。柳永以汴京为故乡。迢递：遥远。此处谓疏远。

⑧何意：为何，到底是为了什么呢？
⑨绣阁轻抛：指远离家室。
⑩锦字难逢：谓收不到家书。唐宋时驿站只发送公文，私人信件只能靠人传捎，故古人常发家书难逢之叹。
⑪等闲度岁：白白地打发时光。
⑫泛泛：飘游，飘浮。
⑬厌厌病绪：无精打采，情绪若病人一般。
⑭迩来：近来。谙：经受。
⑮香笺：对纸的美称，此指家书。
⑯算：料想。孟光：梁鸿妻，侍梁鸿举案齐眉，后世传为美谈。争得：怎得。继日：日继一日。

赏析

这首词系柳永的宦游之作，词中表达了受名利驱遣终日奔走的劳苦与厌倦之情，抒发了对妻子的歉疚与怀念之情。

上片的写景描写了奔波行旅之中所见的自然景象和名利之客奔走道路的匆忙，流露出对仕宦生涯的无奈之感。开头两句入笔，交代观察景物的着眼点在一长堤之上，从词中描写的景物可以看出，应是柳永在陕西任职时转任苏州的途中所作。“长堤”当为渭河入黄河的长堤。“淡荡晚风起”交代时间向晚，晚风清爽骀荡。“骤雨歇，极目萧疏，塞柳万株，掩映箭波千里”是词人在行经黄河长堤时观览河畔景物所见。骤雨之后，河边的景物一片萧疏，但风却是“淡荡”的，由此可见其季节不在秋冬之际，而应是春初，景物萧瑟，还没有重披绿装，但是春风已经是温和舒适的了。塞柳意为要塞之处的柳树，此处应指古崤山所在地潼关附近黄河河堤上的柳树。“掩映箭波千里”形容在柳树的掩映之下，黄河的波涛一泻千里，奔腾而下。“走舟车向此，人人奔名竞利”句，由黄河的急波，想到人世间的追名逐利，联系到词人自己的宦游生涯，暗合着为名利驱使，不得已而四处奔走的无奈。“念荡子、终日驱驱，争觉乡关转迢递”一句，写自己为了做官，长年累月艰辛地东奔西走，只觉得乡关反而更加遥远了。荡子，即游子，是词人自谓。《古诗·青青河畔草》：“荡子行不归，空床难独守。”乡关指故乡，柳永意下以京城为乡关，他常年担任地方上的初等职官，一直在为进入京城而努力，但是“改官”入京的条件非常严格，难度也非常之大，官越做反而好像离京城越远了。

下片侧重写怀人，由长期奔走的艰辛想到在故乡持理家务的妻子。“绣阁轻抛，锦字难逢，等闲度岁”，自从他年轻时抛家别妻流落京师，就与妻子相隔一方，科场沉浮，久试不第，四十七岁才登第为官，而仕途受挫，转任各地，饱受颠簸之苦。妻子写的书信，也无从交到他的手中，这样虚度年岁，经历了很长的时间。“奈泛泛旅迹，厌厌病绪，迩来谙尽，宦游滋味”，词人辗转旅途之中，行迹飘浮，精神困顿，无精打采如同病人一般，近来看破悟透了宦游的滋味。词中表现出对宦游生活的厌倦，虽则流露出鄙视功名利禄的思想，但是在名利的束缚下，他并不能脱于流俗，所以仍旧终日驱驱于道途之中。“此情怀、纵写香笺，凭谁与寄。”这种仕路艰辛和思乡怀人之苦，即使是写成家书，又靠

>题解

《定风波》，双调，一百五字，前片九句四仄韵，后片十二句五仄韵。柳永写于外地之词，多思念汴京之美女，而《定风波》词结尾却谓“纵写香笺，凭谁与寄。算孟光、争得知我，继日添憔悴”，用孟光典，表示对妻子之思念，这在柳永词中极为罕见。词以抒情为主，兼及写景。全词在辗转反复中抒发感伤和思念，感情尤为深沉。

谁去传递呢？离家之后便四海为家，身如漂萍，居无定所，连捎一封家书也成为一种幻想了。“算孟光、争得知我，继日添憔悴”，词人料想他家中的贤妻，也无法知道自己为思念她而日益憔悴。《后汉书·梁鸿传》：“梁鸿字伯鸾，扶风平陵人也……同县孟氏有女，状肥丑而黑，力举石臼，择对不嫁，至年三十。父母问其故，女曰：‘欲得贤如梁伯鸾者。’鸿闻而娉之。……每归，妻为具食，不敢于鸿前仰视，举案齐眉。”孟光是东汉年间梁鸿的妻子，他们夫妻先是耕种于霸陵山中，后又到吴地。梁鸿贫困，给人做佣工，每次回家，孟光都为他备好饭食，举案齐眉，相敬如宾。后世将孟光作为贤妻的典范。

词人将妻子比作孟光，推想只有妻子才能理解他的痛苦同情他的境遇。对结发妻子的怀念是柳永众多写赠和描述歌伎生活的词作中所没有的，妻子对他的忠贞感情和坚定的支持，无疑也让浪迹江湖的柳永感到负疚和遗憾。

卜算子慢

江枫渐老①，汀蕙半凋②，满目败红衰翠③。楚客登临④，正是暮秋天气。引疏砧、断续残阳里⑤。对晚景、伤怀念远⑥，新愁旧恨相继。

脉脉人千里⑦。念两处风情，万重烟水⑧。雨歇天高，望断翠峰十二⑨。尽无言⑩、谁会凭高意⑪？纵写得、离肠万种⑫，奈归云谁寄⑬？

>注释

①江枫渐老：江岸上的枫叶渐渐发红。
②汀蕙半凋：沙汀上的蕙草也多半都凋谢了。汀：水中或水边之平地。蕙：香草。凋：衰落。
③败红：指渐老之枫叶。衰翠：指半凋之汀蕙。
④楚客：谓宋玉。柳永此次自楚地而来，一语双关。
⑤砧：捣衣石。
⑥伤怀念远：既自己伤怀，又思念远方的妻子。
⑦脉脉：本作“眽眽”，凝视貌。后多用以示含情欲吐之意。
⑧念两处风情，万重烟水：谓天各一方，虽思念之情相同，却隔着万水千山。

赏析

这首词写羁旅行役和离情别绪，词中表露了词人宦游吴越之间时的悲秋和对远方佳人的怀念情绪。

词的上片写江南暮秋之景，引出怀人之情，“江枫渐老，汀蕙半凋”，表现出草木的衰残之状，虽然衰残，然而色彩依然鲜丽，这是南国与北地景物的不同之处。江边枫叶已老，虽未着红，但难掩其红，汀洲兰蕙凋残将半，虽未言绿，但其绿已经不够精神，所以“满目败红衰翠”即顺理而出，“楚客登临，正是暮秋天气”一句，点明行踪和时序，这一句看似平铺直叙，但是用“楚客”之典，道出“暮秋”之时，却别有深意，其中引用了宋玉《九辩》中的悲秋之意。“引疏砧、断续残阳里”，写秋深时妇女们浆洗寒衣的声音，以写寒冷将至的时令特点，并隐含着家人对游子和行役者的思念。疏砧，古人描写思妇多用。杜甫诗《秋兴八首其一》云：“寒衣处处催刀尺，白帝城高急暮砧。”语甚急切，而本词中“疏砧”“断续”则隐示秋寒正在渐渐加深。“对晚景”两句，叙写主人公的心绪，直言“伤怀念远”，表明词作主题，同时“新愁旧恨相续”，则将游宦悲秋之新愁与怀念远人的旧恨相连接，故而意绪更深。

下片笔锋转向念远怀人，而所怀想之人，是词人的红颜旧好，因而情绪悱恻缠绵。“脉脉人千里”，词人凝视无语，望着远方，而所思念

⑨翠峰十二：巫山有十二峰，洞庭湖君山亦有十二峰。但观下句“凭高”，巫山不能登，故知此指君山十二峰也。黄庭坚《登岳阳楼望君山》其二：“满川风雨独凭栏，绾结湘娥十二鬟。”即写君山十二峰。

⑩尽无言：尽管无言。

⑪谁会：谁能理解。

⑫离肠：别离之心怀情绪。

⑬奈归云谁寄：以归云托归心，犹言归心似箭，谁能寄此意呢？奈：怎奈。

>题解

北宋时盛行《卜算子》，清代万树《词律》以为取义于“卖卜算命之人”。双调，四十四字，上下片各两仄韵。宋时教坊复演为慢曲，《乐章集》入“歇指调”。八十九字，前片四仄韵，后片五仄韵，《乐章集》注歇指调。此词为摹写羁旅行役和离情别绪的词作，全词以真挚、浓厚的情意和流利的词笔，描写了游宦异乡的客子暮秋时节登高怀人的情事，抒发了异乡客子对伊人的深切怀念和望而不见、传书无凭的凄苦情怀。

的妻子却远在千里之外。虽两地之间相隔千里，但情意深长，相思无限。“念两处风情，万重烟水”是对“人千里”的详细铺陈，“两处风情”言两人的情思隔断，“万重烟水”形象地表现出隔绝之远，两情相念而相去遥远，心中悲情尤深。“雨歇天高，望断翠峰十二”，相思而相隔千里，不免遥遥相望，“雨歇天高”，秋光澄澈，即使望断群山，依然痴心不改，情思难消。“望断”极言相望之切，真有望眼欲穿化身为石的痴心，“翠峰十二”言山峦重叠，而亦被望断，又言相望之久之切。“尽无言、谁会凭高意？”以反问的语气，写独自相思相望的苦情无人可会，无人倾诉，只有两地相思之人才能领会和珍惜，但是如何才能沟通心意？这正是词人的苦闷之处，因此结句便有了寄书传情的想法。“纵写得、离肠万种，奈归云谁寄？”可惜想要写信，也找不到信使传书。同样的情形，晏殊《鹊踏枝》中有：“欲寄彩笺兼尺素，山远水阔知何处？”一个“纵”字道出了写书欲寄的枉然，“离肠万种”足见情致之深，“奈”字与“纵”字一同道出了无由实现的哀伤、无奈。“归云”即乘云归去之意，意为无人可为他乘云寄书。

这首词用衬托渲染的手法烘托意境和离思氛围，婉转往复地表达相思之意，通过“念”“望”“会”“写”“寄”一系列的内心活动，将相思之情表达得淋漓尽致、波澜迭起，于层层深入中生发出无穷意绪，耐人赏会。

安　公　子

远岸收残雨，雨残稍觉江天暮。拾翠汀洲人寂静[①]，立双双鸥鹭。望几点、渔灯隐映蒹葭浦。停画桡、两两舟人语[②]。道去程今夜，遥指前村烟树。

游宦成羁旅，短樯吟倚闲凝伫[③]。万水千山迷远近，想乡关何处？自别后、风亭月榭孤欢聚。刚断肠、惹得离情苦[④]。听杜宇声声，劝人不如归去[⑤]。

>注释

①翠：翠鸟的羽毛，可作妇女的装饰。拾翠：捡拾翠鸟的羽毛，指妇女的踏春郊游等活动。
②画桡(ráo)：画船，装饰华丽的船只。
③樯：桅杆。
④刚：正，正当。
⑤杜宇：古蜀帝名，相传其死后魂魄化为杜鹃，后人因名杜鹃为杜宇。杜宇又名子规，鸣声哀怨悲切，好像在说“不如归去”。

>题解

这首词是柳永游宦他乡、暮春思归之作，反映了作者长年落魄、官场失意的萧索情怀。词人对于萧疏淡远的自然景物似独有偏爱，他笔下的春景，也不以绚烂秾丽见长，这与他长年过着落魄江湖的生活、名场失利有关。

赏析

这首词属游宦羁旅之作，词中写仕宦生涯的江湖漂泊之感，抒发对家乡和亲人的思念。词意凄苦，情味索然，表现出对宦游生活的厌倦之感。

词的上片写行船途中舟中所见。时间将近日暮，刚刚下过一阵雨，词中的主人公放眼所见的江景和人迹。“远岸收残雨，雨残稍觉江天暮”两句以顶真的手法前后衔接，写向晚时分江天之间下起了一阵雨，雨势凌乱，还没有完全住歇，天渐渐晚了，江天之间光线渐渐变得昏暗。“拾翠汀洲人寂静，立双双鸥鹭”是写江边上拾翠游玩的人们早已散去，静寂之中，一对对水鸟在水边的小洲上伫立着，一片凄清冷寂之感。“拾翠”一般指初春时人们的踏青、郊游的活动，杜甫的诗《秋兴八首》之中有“佳人拾翠春相问，仙侣同舟晚更移”之句，但词中的景物描写并无明显的季节特色，仅凭“拾翠”一词，并不能完全肯定就是春天，也只能将它理解为人们在水边的游赏活动。“望几点”、“停画桡”两句写水边人的活动迹象，天黑以后，江上的渔船闪烁着几点灯火，在芦苇滩的掩映之下，若隐若现。主人公所乘的船只也靠岸住歇，船工们三三两两地闲聊，这是他们奔波劳苦一天之后难得的放松和休息，而他们聊的话题是什么呢？“道去程今夜，遥指前村烟树”，他们谈论着走过的路程和对下一步行程的安排，其神态、口吻和指指点点的动作宛如眼前，真切而又生动。可以看出他们的住歇并非要宿营，而是有走夜路的打算，“遥指前村烟树”，实中带虚，有虚实相生之妙。

下片由外景而转内情，由目中所见转写心中所感，表达词人的羁旅之愁和宦游之苦，是全词的中心所在，也为上片的凄清景象写明注脚。“游宦成羁旅”一句，极写词人的感慨，写尽了柳永落魄官场、游宦四方的失意情绪。这种东奔西走的生活，名义上是做地方小官，但整日车船奔走，实则与远道行旅无异。“短樯吟倚闲凝伫”，由对游宦的反思转向沉吟，他倚着低矮的船桅，因心有所思而寻词觅句，久久地凝神伫立。“万水千山迷远近，想乡关何处”一句表达对家乡的思念，远涉江湖，与家乡相隔已是千山万水，对距离的远近已经没有办法估量，不知道家乡究竟在什么地方了。“自别后”“刚断肠”两句，由思家转向怀人，抒发对闺人离妇的思念。意为自从分离以来，在风亭月榭这些赏乐饮宴之所，即使场面再热闹，心中仍觉孤单，“孤”写心中所感，“欢聚”则写聚会的场面，因思念情苦，所以难以掩盖心中“孤”的感受。“刚断肠”写出他刚刚为离情而忧伤肠断，“惹得离情苦”写出他由断肠的痛切感受到对离情悲苦的感慨，由“感”而及“想”，写出了感情和理智之间的矛盾。他想在羁旅途中忘记相思的忧愁，保持心绪的平静和随遇而安的从容，但是悲苦之情不期然地袭来，令他方寸难安。末句“听杜宇声声”两句，借物意而达人情，婉转地道出“归去”的强烈愿望。

这首词由景语而及情语，以“游宦成羁旅”点透题旨，以羁旅之情贯穿全篇，景为情设，情由景生，结体精巧，而语句凝练，结尾寓情于物，更属巧思。

洞仙歌

乘兴，闲泛兰舟[①]，渺渺烟波东去。淑气散幽香[②]，满蕙兰汀渚[③]。绿芜平畹[④]，和风轻暖[⑤]，曲岸垂杨，隐隐隔、桃花圃[⑥]。芳树外，闪闪酒旗遥举[⑦]。

羁旅[⑧]。渐入三吴风景[⑨]，水村渔市。闲思更远神京[⑩]，抛掷幽会小欢何处[⑪]。不堪独依危樯[⑫]，凝情西望日边[⑬]，繁华地、归程阻。空自叹当时，言约无据。伤心最苦。伫立对、碧云将暮[⑭]。关河远[⑮]，怎奈向、此时情绪[⑯]。

>注释

①闲泛兰舟：近来乘船。闲：同“间”，近来。《左传·成公十六年》：“君之外臣至，从寡君之戎事，以君之灵，间蒙甲胄，不敢拜命。”兰舟：即木兰舟，言舟之华贵。

②“淑气”句：谓春天的温和之气散发出一股幽香。淑气：温和之气。

③满蕙兰汀渚：即“蕙兰满汀渚”之倒。意谓长满汀渚的蕙兰，使空气中也充满了和淑幽香之气。

④“绿芜”句：谓一眼望去，原野一片绿色。平畹（wǎn）：犹云平川。畹：古代衡量地面积之单位，或以三十亩为一畹，或以十二亩为一畹，或以三十步为一畹，说法不一。

⑤轻暖：微暖。

⑥曲岸：曲折的河岸。垂杨：即垂柳。古人

将杨柳混称。桃花圃：即桃花园。

⑦“芳树外”二句：谓透过垂柳，可以看见远处的酒旗在风中高举飘扬。

⑧羁旅：客居异乡。《左传·庄公二十二年》：“齐侯使敬仲为卿，辞曰：‘羁旅之臣……敢辱高位？’”杜预注：“羁，寄；旅，客也。”柳永自庆历三年后，一直在外地为官，故云。

⑨“渐入”句：谓渐渐进入苏州境域。三吴：宋税安礼《历代地理指掌图》以苏、常、湖为三吴。

⑩“闲思”句：近来更常常想起远在天边的汴京。

⑪抛掷：抛却。

⑫危樯：高高的船桅。

⑬“凝情”句：谓含情凝视着遥远的汴京，何时才能回去呢？日边：指汴京。

⑭“伫立”句：谓面对着天边的碧云伫立了很久，一直到傍晚时分。

⑮关河远：谓路途遥远。

⑯怎奈向：即怎奈，如何奈。向：语助词，无实义。

赏析

词中详细描绘了行进在南国水乡所见到的景象，表达了远离乡关和京华之地的忧愁。唐诗宋词中抒写文人墨客离京外放，远离故土的作品，大都以这两种情绪为主要基调。因其所至之地大多偏僻荒蛮，或是风俗怪异，生活方式和水土气候令人难以适应，所以产生思乡思归的情绪，这是人之常情。而思念京华之地，除留恋京城的繁华富庶这一浅层次因素之外，更深刻的原因是封建社会读书人“学成文武艺、货于帝王家”的理想抱负不得实现所致。遭贬谪或外放的官员，对其中的感触尤为强烈。相关的诗句如崔颢的《黄鹤楼》中“日暮乡关何处是，烟波江上使人愁”，写旅途怀乡之情，而李白的《登金陵凤凰台》中“总为浮云能蔽日，长安不见使人愁”，则抒发了思君思国的情绪。柳永词中对帝京的怀念，则大多牵涉到其绮丽浮华的生活。

词的上片景物描写的部分，蕴含的情感较为平淡，而重在表现南方风物的鲜活清丽，其温婉柔美的景致与词人惯常看到的北地景象有很大不同，因而引起词人留目观赏，有目不暇接的新奇感受。“乘

> 题解

《洞仙歌》，唐教坊曲名。此调有令词，有慢词。令词自八十三字至九十三字不等；慢词自一百十八字至一百二十六字不等。《乐章集》注仙吕调，一百二十三字，前片十一句四仄韵，后片十四句八仄韵。是一首去国怀乡，抒发思乡和想望京城之情的作品。

兴”三句先交代词人的踪迹，他的出行方式和前进方向。“乘兴”和“闲”字流露出词人的心绪尚还不错，与其忧怨悲愁的一贯心绪大为不同。他乘船出发，沿着水路向烟波渺茫的东方前行，这是作者的平叙之笔。“淑气”以下几句全是作者行役所见之景，他的目光由近及远，一一展现南国美丽如画的景致。“淑气散幽香”两句，谓春天的温和之气散发着缕缕幽香，江水两边的汀渚之上遍布蕙兰，争香吐艳。“绿芜平畹，和风轻暖”写绿色的田野平缓开阔，和风轻吹而微带暖气。“曲岸垂杨，隐隐隔、桃花圃”，写行舟途中，透过曲岸上的垂柳，隐约可以看见岸上的桃花圃，柳翠桃红，杨柳掩映中隐现灼灼桃花，令人眼前一亮。“垂杨”即垂柳，古人称柳树时将杨、柳混用。“芳树外，闪闪酒旗遥举”，谓透过垂柳，可以看见酒旗在风中招展，吸引着行人驻足稍歇。以上的景物描写为下片抒情做好了铺垫。

下片随着旅程的推进，词人到达了三吴古地，途中欣赏美景的闲雅兴致已经淡去，而渐生伤感和愁绪。“羁旅”两字，点明他是客居异乡，有一身如寄之感。“渐入三吴风景，水村渔市”是写到达此行的终点苏州所看到的水乡景象。“闲思更远神京，抛掷幽会小欢何处。”“闲思”是说他的心绪与为官理事的政务无关，“更远神京”说明京城距此地远而又远，“抛掷”一句是怀想他在京城坊曲中留恋狎乐的生活，那些人、那些地方已是如此遥远，不可寻觅。“不堪独依危樯”三句写出他对京城的想望，他不忍心独自靠着船桅远望京城，向西凝望日落之处的帝城繁华之地，想要回去而路程阻绝。“空自叹当时，言约无据。伤心最苦”三句承接上文继续说“幽会小欢”的内容，进一步披露他的“闲思”。他感叹当时与佳人的盟约，是多么的不切实际，如今看来都是一句空话。“言约”是他们定下盟誓或约定，“无据”则说明他们的盟誓脱离实际，经不住现实的检验，“悲莫悲兮生别离，乐莫乐兮新相知”（屈原《九歌·少司命》），留给他们的，只有相思之苦，令人不堪。“伫立对、碧云将暮”至结束都是对相思愁苦的表述。而对着天边的碧云伫立许久，直到日暮，关河阻隔路途遥远，怎么能承受住此时的悲愁心绪？“怎奈向”意为怎奈，如何奈，如何面对、承受的意思。“向”为语气助词，无意义。

从通篇来看，词中的情绪演变经历了由闲情逸致到悲愁相思的过程，旅途中的美景固然令人欣慰，而远离神京后对佳人的思念更让他备受折磨。过去幽会小欢的缠绵和信誓旦旦，推开了初踏征途的兴致，而以愁苦之情终结全篇，使全词的色调由明丽而转向了黯淡。

迷 神 引

一叶扁舟轻帆卷[①]。暂泊楚江南岸[②]。孤城暮角，引胡笳怨[③]。水茫茫，平沙雁，旋惊散[④]。烟敛寒林簇，画屏展[⑤]。天际遥山小，黛眉浅[⑥]。

旧赏轻抛[⑦]，到此成游宦。觉客程劳，年光晚[⑧]。异乡风物，忍萧索、当愁眼[⑨]。帝城赊，秦楼阻，旅魂乱[⑩]。芳草连空阔，残照满。佳人无消息，断云远[⑪]。

>注释

①扁舟：形容舟之小。
②楚江南岸：这首词作于宋仁宗庆历四年（1044）柳永在荆州南路地方做官时所写，楚江应是泛指楚地的江水。
③胡笳：汉时从西域传入中国的乐器。
④平沙：广阔的沙原。平沙雁：即落在沙滩上的雁。旋：旋即，忽然。
⑤画屏：古时用在室内隔离空间的屏风，有装饰的作用。
⑥黛眉：用黛色画的眉毛，特指女子之眉。
⑦旧赏：旧日曾游赏之地，指汴京。
⑧觉客程劳：感觉到旅途非常劳累。年光：年华，岁月。年光晚：年纪大了。

⑨当：面对。当愁眼：即面对着萧索的景色怎能不发愁呢？
⑩帝城赊：帝城远。赊：长、远的意思。秦楼：指佳人所居之楼。
⑪断云：片云。南朝梁简文帝《薄晚逐凉北楼迥望》："断云留去日，长山减半天。"

赏析

这首《迷神引》是柳永在道州为官时所作，是一首典型的羁旅行役之词。词中深刻地反映了柳永的矛盾心理，流露出一名不得志的封建文人仕途的苦闷和不满，抒发了在偏远地方为官的烦闷和愁怨，以及对远方佳人的思念之情。

上片写景，借景抒情。"一叶扁舟轻帆卷"，用"一叶扁舟"形容小船的轻小，表现出漂荡无着之意。"轻帆卷"，指明小船要卷帆靠岸，为停泊做准备。"暂泊楚江南岸"，点明小船的停靠是旅途中的稍休，并非长久停驻，地点是在楚江南岸。接下来连用轻快的短句描述楚地的景色。傍晚时，孤城上响起吹角之声，声音悲凄呜咽，如同胡笳，勾起了旅人凄黯的情绪，使人愈感旅途的寂寞。水边的景色清冷空旷，烟水茫茫之中，平沙落雁被小船的动静惊起而飞散。薄雾聚敛起来，远处的树木带着寒意一丛丛簇拥着，如同展开了一道花屏。天边上远山渺小，如同美人黛眉的颜色那样浅淡，景物描写有动有静，用比喻的修辞勾画点染，十分形象，句式长短错落，富有韵律之美。

下片叙述抒情，发旅途之愁思，抒写宦游生涯的感慨。"旧赏轻抛，到此成游宦"，

>题解

《迷神引》词牌，双调，九十七字，仄韵。《词谱》以柳永词《迷神引（红板桥头）》为正体。另有九十八字体。此词约为宋仁宗庆历四年（1044）自成都至湖南道州为官时所作，词中有“觉客程劳”句，知为初到道州之作。宋制，去包括道州在内的边远八路为官时，不许携家室前往，此词上片描写南国凄凉萧索之景，下片即抒发怀远思人之情。

他放弃了与自己相互赏爱的故交老友，到这里来做个小官。“轻抛”写出了他对这次出游为宦的不满和无可奈何，“游宦”则写出在偏远地方做官的游移不定。“觉客程劳，年光晚”，旅途劳顿，让他感觉到了仕路艰辛，年龄已经老大，感慨之情寓于其中。“异乡风物”三句直抒胸臆，眼前萧索的景象令人不堪，愁眼所见的伤心景象挡住目光，无法回避。“帝城赊，秦楼阻，旅魂乱”，京城距离遥远，汴梁的楼阁被阻隔在千里之外，身在旅途，心神多么的烦乱。“帝城赊”点出旅人的去国怀乡之愁，寓示出仕途的不得意。在京城为官辅助君王才是他们的理想所在。“秦楼阻”则说明他远离了自己流连的歌楼酒肆的生活，正与上文“旧赏轻抛”相照应。“秦楼”代指京城的楼阁，但同时也是女子所居之处。“芳草连空阔，残照满”一句以景写情，用满川芳草，一片残照来状写悲凉的情绪无边无际。“佳人无消息，断云远”，则落在对佳人的思念之情，佳人没有消息相通，只有云水茫茫，将他们阻隔两地。按照宋朝的官制，一旦外放出京，想要转为京官是十分困难的，而朝廷命官更不能同青楼坊曲中的歌伎来往，否则会受到弹劾，于是柳永不得不与歌伎及旧日的生活断绝关系。但是他厌倦仕途怀恋旧友，内心十分矛盾和痛苦。

这首《迷神引》可以看作是柳永个人生活的缩影，少年时期不能平步青云，便客居京城繁华之地，流连坊曲歌宴之间，中年时期步入仕途，但是官运蹇阻，游宦外乡，心中苦不堪言，在向往和思念中抒发悲怨。词中将漂泊之愁和游宦之苦寄寓景物之中，景以情发，情以景现，技巧娴熟，意蕴隽永，使心中真味得到充分地抒发和传达，令人叹赏。

少　年　游

长安古道马迟迟[①]，高柳乱蝉栖。夕阳岛外，秋风原上，目断四天垂[②]。

归云一去无踪迹[③]，何处是前期？狎兴生疏[④]，酒徒萧索[⑤]，不似少年时。

>注释

①马迟迟：马行走缓慢的样子。
②天垂：天际。
③归云：飘走的云彩。代指词人所思念的人。
④狎兴：游玩的兴致。
⑤酒徒：一起喝酒的朋友。萧索：寂寞冷落的样子。

> 题解

柳永在创作词调方面的成就，人们往往多强调他在长调慢词方面的拓展，而忽略了他在小令方面的成就，其实他在这方面的贡献也是令人瞩目的。这一首《少年游》小词，就是柳永将其“秋士易感”的失志之悲，写入了令词的一篇代表作。

柳永之所以往往怀有一种“失志”的悲哀，盖由于其一方面既因家世之影响，而曾经怀有用世之志意，而另一方面则又因天性之禀赋而爱好浪漫的生活。当他早年落第之时，虽然还可以借着“浅斟低唱”来加以排遣，而当他年华老去之后，则对于冶游之事既已失去了当年的意兴，于是遂在志意的落空之后，又增加了一种感情也失去了寄托之所的悲慨。而最能传达出他的双重悲慨的便是这首《少年游》小词。

赏析

这首词用《少年游》的曲调来写，曲调的名称给人以意气风发、游乐正当时的放纵和快意。但开篇第一句的“长安古道马迟迟”，就给人以出乎意料的反差，而透露出丰富深远的意蕴。“长安”用在这里应该有写实和喻托两重含义。写实是指柳永曾有过长安之游，实地体验过古都长安的风物景象，他在另一首《少年游》中有“参差烟树灞陵桥”的句子，写的就是长安灞河上的景象。喻托之意是指“长安”一词而包含的引申含义，“长安”是汉唐的首都，是引发人丰富想象和聚集着人生功名成败的极具诱惑力的字眼。而无数车马在通往长安的道路上奔走，所为无非功名利禄。“马迟迟”形容车马行动迟缓，与人们前往都城追逐功利的急切心理形成鲜明对比，也和“古道”形成意象上的统一，给人以沧桑迟重之感，增加了表达的意味，“长安古道马迟迟”，一句吟唱，给人多么咀嚼不尽的浓厚韵味，功名之路多么艰难，饱经挫折之后也已让人心灰意冷了，其中表现出世路艰辛，古今沧桑的深沉感慨。“高柳乱蝉栖”一句表现出萧瑟凄凉的秋天景致，给人以时节变易的惊心之感。“高柳”二字，一来点明蝉鸣的位置，二来表现出了柳树因秋来枝叶凋疏而显得突兀的感觉，三来则与秋天天高气爽的背景相统一，天空明净，树自然地就显高了。“夕阳岛外，秋风原上，目断四天垂”，由“高柳”句的近景转向远景明写，写秋日郊野上萧瑟凄凉的广阔景象。“目断”两字，形容其广阔难以穷尽，不见边际。上片的景物描写包含着词人失意落魄的内心感受，悲凉之至。

下片由景物而转写人事，追思过去的快乐时光，感慨希望与快乐一去不复返。“归云一去无踪迹，何处是前期？”感慨过去的事情如同浮云，一旦消逝就去而不返，自己过去曾有过的期许，如今都到哪里去了呢？“前期”可指词人曾有的期望之心，对人生目标的追求，也可指对故人的约定，但是无论何者，现在都如归云一样没有踪迹了。“狎兴生疏”，过去失意之时狎玩作乐的意兴已经很淡漠了，已经没有了“幸有意中人，堪寻访”的兴趣。“酒徒萧索”，那些和自己整日流连酒宴的酒友玩伴也大都老去凋零，志意衰减，时光空度，那种尽情行乐的生活终不能长久，于是便只剩下“不似少年时”的悲哀和叹息。用这句话结尾，既点醒了曲调的标题，又形成反差，突出了落拓失意的情感基调。

这首词是柳永写景抒情的名作，也是词人悲剧性人生的艺术化概括。作为一个才华横溢而又有满腔抱负的青年词人，他有着封建士子同样的人生理想，希望跻身仕途，平步青云，建立功名，但是他的才情和表现方式却背离了冠冕堂皇的主流文化取向，从而使他走向乖奇多舛的人生道路。词中不光是描绘出日暮秋风、夕阳飞鸟的凄凉景象，更寄寓着作者身世沉浮和一事无成的困顿颓丧。全词情景虚实相生，感情抑郁沉厚，意境幽深绵长，表现出高超的艺术造诣。

少　年　游

参差烟树灞陵桥[①]，风物尽前朝。衰杨古柳，几经攀折[②]，憔悴楚宫腰。[③]

夕阳闲淡秋光老[④]，离思满蘅皋。[⑤]一曲阳关[⑥]，断肠声尽，独自凭兰桡[⑦]

>注释

①灞陵桥：即灞桥，在长安城东（陕西长安县东）。古人送客至此，折柳赠别。唐李白《忆秦娥》词中有“年年柳色，灞陵伤别”句。汉文帝葬于此，称灞陵，故亦称桥为灞陵桥。

②几经攀折：不知道经过多少次攀折。

③楚宫腰：即细腰。古代楚国国君喜爱细腰女子，于是宫中妃嫔争相节食束腰以博取宠幸。《韩非子·二柄》：“楚灵王好细腰，而国中多饿人。”此处以美女细腰喻杨柳之姿。

④秋光老：指秋深。

⑤蘅皋：长满杜蘅的河岸。三国魏曹植《洛神赋》：“税驾乎蘅皋，秣驷乎芝田。”

⑥阳关：曲名，唐朝王维所作《阳关

三叠》，又名《渭城曲》，被选入乐府，为送别之曲。

⑦兰桡（ráo）：借指兰舟。

赏析

这首词乃是柳永游历经过长安时所作，词中抒发了作者怀古的情绪和对家乡、对故人的思念。作为前朝古都，长安城往往能够触发读书人的很多感慨，在这里发思古之幽情，感叹人世的兴衰变换，所以历史的苍凉感与封建文人济世伤时的情绪便成为这类作品的基调。

词的开篇便从古长安的旧俗写起，勾起人别离的忧伤情绪。对景物的描写与特定的情景与感情倾向紧密地结合成整体。眼前的典型景物，是寄寓着独特文化内涵的意象——柳树。“参差烟树灞陵桥”，杨柳的风姿蔚然茂密，织成一道绿色的烟雾，“参差”表现出柳树的高低错落和飘拂多姿。“灞陵桥”是长安城东灞河之上人们送别的地方。起首的一句话在勾画景物的同时，便勾起了历史的陈迹。“风物尽前朝”，意为凭着这些景象便能领略到前朝的风物人情。古时人们有折柳相送的风俗，借用“柳”的谐音“留”来表达留恋惜别之情，寄托对远方亲友的思念。“衰杨古柳，几经攀折，憔悴楚宫腰”三句，用“衰杨古柳”来表现历史沧桑感，传达一种苍凉悲壮的气氛。在这个地方，不知上演了多少离别的悲欢，承载了多少哀愁和思念。

> 题解
>
> 《少年游》曲调名得自于晏殊《珠玉集》，因词有“长似少年时”而得名。汉代长安城东门外灞桥之上柳色如烟，送别亲友时，人们在这里折柳相赠，以表挽留之意。柳永宦游的足迹曾到过陕西渭南等地，词中抒写在长安的离别，能够让人感受到汉唐人折柳相送的诗情画意。柳永写在陕西的几首词，都能够描写出地方景物的典型特点，表达出羁旅之苦和对东京偎红倚翠生活的怀念。从词中可以品味到柳永在秋季行役于长安道上悲凉感怀的景况。

“几经攀折”写出了思念之久之深，“憔悴”一句则写出了盼望行人归来时望眼欲穿、忧戚肠断的情状。“楚宫腰”承接上文来看，似以细腰美人来喻杨柳之姿，但“衰杨古柳”则无多少婀娜可言，而与“憔悴”连用，又让人联想到折柳的女子盼望行人归来的愁苦和悲切。上片的写景怀古，在写前朝故事的同时，表达了一种浓浓的离别伤怀的情绪，这就自然地引出了下片的离思感怀。

“夕阳闲淡秋光老，离思满蘅皋”，“夕阳”一句中用“闲淡”来形容秋光，写出了心绪的悲凉和秋光的无情，因秋光之无情已逝，反衬人的离思。行人游子的离思情绪，已与眼前的景物交融在一起，散布在杜蘅和河岸之上了。“一曲阳关”三句，又引用了古人表达离别主题的代表性作品《阳关三叠》来强化词的主题。唐朝王维所作《阳关三叠》，又名《渭城曲》，其中的“劝君更尽一杯酒，西出阳关无故人”便是唐代送别诗的巅峰之作。在《阳关》曲令人肠断的曲调中，满心离愁的人独自站在船头，陷入深深的悲愁之中。这篇《少年游》通过引用古曲和描写旧时风俗，在灞柳风烟的画面中传达出了苍凉遒劲的韵味，是柳永不可多得的词作之一。

曲玉管

陇首云飞[①]，江边日晚，烟波满目凭阑久[②]。立望关河，萧索千里清秋，忍凝眸[③]？

杳杳神京[④]，盈盈仙子，别来锦字终难偶[⑤]。断雁无凭[⑥]，冉冉飞下汀洲，思悠悠。

暗想当初，有多少幽欢佳会，岂知聚散难期，翻成雨恨云愁？阻追游。每登山临水，惹起平生心事，一场消黯[⑦]，永日无言[⑧]，却下层楼。

>注释

①陇：泛指山。陇首：意即山头。
②凭阑：凭栏。
③凝眸：注视，目不转睛地看。
④杳杳（yǎo）：犹渺茫。神京：指宋朝的都城汴京，今河南省开封市。
⑤锦字：出自前秦苻坚时窦滔、苏蕙的典故，窦滔、苏蕙夫妻二人恩爱，后窦滔获罪被流放，苏蕙就作了一首回文诗，织在锦上寄给他，后人就用锦字指夫妻之间传情达意的书信。难偶：难遇。
⑥断雁无凭：失群的孤雁没有依靠。
⑦消黯：黯然消魂，心怀沮丧得如同丢魂，形容非常悲伤或愁苦。
⑧永日：终日。

>题解

《曲玉管》出自唐代教坊曲名，柳永词集《乐章集》中将其注作大石调，全词共一百零五字，分为三片。从音律的角度来讲，前两片句数、字数相同，内容上也较为关联，称为“双拽头”，第三片是“换头”（也叫过片），是另起一层意思，与前两片声情相应。依《曲玉管》的曲调而填的词，流传至今的只有柳永这一首。

这首词意境开阔寂寥，感情幽深悱恻，将远行之愁与思念之苦结合在一起，写出了词人内心的失意和深深的怅恨。写法上情景交融，相互映衬，笔触在景色与情思之间回环转换，有愁肠百结、千转无穷之感，令人回味不尽。

赏析

这首词抒写的是行旅远途中怀旧伤别的情绪，表露出的是一段无法言说的心事。词的上片写眼前所见，中片写所思之人，又将两段情景交织起来，使其成为有内在联系的双头。下片交代出相思相恋的往事，采用层层深入的手法，剥理出了词人的感情脉络。

上片首句化用了梁朝柳恽的名句“亭皋木叶下，陇首秋云飞”（《捣衣诗》），点出了词中的时间和地点。时间是在秋季的一个傍晚，正是天冷气清、草木凋落的时节；地点是在“陇首”“江边”。“陇首”三句写当前景物和情况。词人放目远眺，只见清秋千里，关河萧索，山头游云飞动，江上烟波浩渺，牵惹起满心的愁绪，所以久久凭栏。“立望”是一眼望过去，由近及远，由实而虚，清秋的千里景色，可见而不可尽。“凭阑久”“忍凝眸”，词人的心情是郁结的，沉重的，一个“忍”字再加上一个反问的语气，道出了心情的痛切。极写对景怀人、不堪久望之意，将内心活动全部贯注到上写景物之中，做到了情景交融。这不免激发读者的疑问，而急于探究词人的内心。

中片由眼前所见，转到了写心中所想。词中流露的情绪也暗中发生了变化，这从中片用词的表达效果可以看出。上片的久久伫立、不能凝望，是写神情外表，而这里则转向了外表之下丰富的内心世界。短短六句中，连用了四个重叠词“杳杳”“盈盈”“冉冉”“悠悠”，词人的思绪突破了眼前的山水关河，飞到了伊人的身旁。“杳杳神京，盈盈仙子”，点出了思念对象所在的地方和身份，她身在遥远繁华的东京汴梁，是一位姿态轻盈柔美的美人。“仙子”在唐代的文字中代指美女，但多是青楼女子或者女道士。从柳永的生活轨迹来看，她应该是一位风尘女子。“别来锦字终难偶”，道出了词人的心曲，不情愿地分别之后，心中有万千思念，强烈期待能得到她的音讯，而连这种期待也不免落空，心里留下的是失望和痛苦。“断雁”承接上面对“锦字”的盼望而来，一语双关，明写眼前实景，意指失群的孤雁无所依托，缓缓地飞落沙洲，暗中则指传递书信的鸿雁，是词人期待的信使。鸿雁传书，无非是个传说或比喻，而断雁“冉冉飞下汀洲”，则是眼前实事。这里亦由虚而实，亦实亦虚，体现出既见不了面又得不到音信的惆怅心情。“思悠悠”三字，既总结了这一节的意思，又与前面“忍凝眸”响应，在情感的表达上更深了一层。这一片的文字表达效果，一反上片的迟涩凝重，而给人以轻盈飞动的美感，突出了现实的残酷与情感的自由之间的矛盾。

下片由思念转到回忆，由抒情转到叙述，是对“思悠悠”的承接铺叙。中片重在写思念之深，下片重在写思念的根由。“暗想当初”四句，交代了曾经的一段短暂而热烈的恋情，写出了先相爱，后相离，难再遇，无消息的愁恨心情。今天的惆怅，缘于昨日的欢情，由“暗想”可知，这是一段压在心底的往事，是对心中隐秘的直率而又大胆的披露。“有多少幽欢佳会”，直言两人的关系如胶似漆，难分难舍。但是好景不长，世事多变，这种发生在浪迹词人和风尘女子之间的恋情终究如梦幻空花，转瞬即逝，热烈的爱恋转而成了翻腾在心中的“雨恨云愁”。“阻追游”三字单独成句，蓦然打断回忆，惊醒梦中人，由内心活动再次回到了现实中来，其中包括了多少难以言说的辛酸，也说明了下句“每登山临水，惹起平生心事”的来由。这种伤情离痛，并非一次两次才有，而是每每如此，每次登山临水都会产生，难以消散；而这桩心事，也不是三年五载所能忘记，而是终其一生。结束处“一场消黯”，概括世情，说透就里，说明这种离情别恨是人生的一大痛事，因而令人难忘。这里化用南朝时候的著名文学家江淹的《别赋》中的名句“黯然消魂者，惟别而已矣”。做出这样的人生论断之后，又以人的行动来渲染，以“永日无言，却下层楼”结句，写出了销魂的情状，终日默默无语，心绪无法排遣，只有黯然地走下楼来。“却下层楼”与开头的“凭阑久”遥相呼应，使结构紧凑连贯，同时也收到了意味深长、回味无穷的表达效果。

临江仙引

上国①。去客②。停飞盖③，促离宴。长安古道绵绵④。见岸花啼露⑤，对堤柳愁烟⑥。物情人意，向此触目，无处不凄然⑦。

醉拥征骖犹伫立⑧，盈盈泪眼相看。况绣帏人静⑨，更山馆春寒⑩。今宵怎向漏永⑪，顿成两处孤眠。

>注释

①上国：泛指京都以西地区，此处指长安。
②去客：离去的行客，谓离开陕西。
③停飞盖：停下如飞的车子。盖：车盖，这里以车盖指代车子。
④长安古道：通往古都长安城的道路，这里应指湖城至巩县包括古函谷关、殽山在内的一段路程。
⑤岸花啼露：谓河岸之花尤带着朝露。据此知为早行之景。
⑥堤柳愁烟：谓河堤上的垂柳与春天之烟景。
⑦“物情”三句：因函谷关与殽山乃历代征战之地，故云。
⑧拥：谓勒住马辔让马停下。骖：旁驾之马，此处泛指马。

⑨绣帏：指闺阁。
⑩山馆，指山野偏僻地方之客馆。
⑪漏永：夜永。永：长。

赏析

这是一首离别词，据考证写在宋仁宗庆历七年（1047）柳永离开陕西赴苏州的时候，词中描写了告别陕西故旧时所见的景物，抒发了离别的悲愁和对闺中女子的思念之情。词的上片写景，下片抒情，景中含情，寓情于景，意象丰满而情感深沉，耐人寻味。

词的上片语句简短有力，节奏快捷，写出了离开长安时的紧迫、匆忙之感。“上国”点明离别之地，为古都长安，宋朝的都城在开封，长安就成了前朝古都。“去客”，点明自己要告别远行，成为去国之客。“停飞盖”指停下来飞奔的车子和亲朋告别。“盖”指车盖，这里用来代指车子。“飞盖”即为飞奔的车子。“促离宴”意为匆促地参加送别的宴会。根据宋朝的制度，如果官员从地方经过，当地官员要负责迎送。按照当时柳永的行程，应是他出陕西到达陕州时，陕州知州送别柳永而设的宴会。但是词人并未交代宴会的场景，而是点到为止，只用一“促”字点明了宴会的匆忙和无心绪，而快速地将笔锋转向路途中的景色。“长安古道绵绵”以下三句即为途中所见。宋时入长安之道有二：一为自陕州

>题解

《临江仙引》，据《临江仙》词牌所作的引曲，调创自柳永，《乐章集》注南吕调，七十四字，前片十句两仄韵四平韵，后片六句三平韵。词为宋仁宗庆历七年（1047）离陕西赴苏州之作，上片写景，下片抒情。是一首离别词。

湖城县（今河南芮城县南）入潼关，二为自武关（今陕西丹凤至商南之间）人商州。从词中所写内容看，柳永此次出陕当先由水路而后由陆路，故知此处之所谓“长安古道”当指湖城至巩县包括古函谷关、殽山在内的一段路程。与出发时的匆促相比，路途中则觉得漫长落寞。长安古道，绵绵无尽，岸边的野花带着晨露如同哭泣，堤岸上的垂烟笼雾寒烟惹人愁绪。由景物描写的角度可以看出词人经历了陆路和水路行程的交替，而时间上不尽统一。“物情人意”三句表达作者的内心感受，沿途所见景物使人心生感慨，目光所及之处，无不让人心中凄楚，词人在此以叙述而表白心情，语言直白简捷，词意浅近。

下片的抒情从两处着眼，花开两朵，用思念的主线连接起所属的地方。“醉拥征骖”两句从马上的思念联想到泪眼相对，词人借酒浇愁，醉中赶路，因思念而心情沉重，“拥”字表现出赶路的迟滞缓慢，以至伫立而望眼欲穿。他想象与闺中的人双目相对，泪水模糊了双眼。“骖”代指马匹，古时驾车称两边的旁驾之马为骖，“征骖”指所乘之马。“况绣帏人静，更山馆春寒”，由“一样相思”写到“两处闲愁”，通过对闺中人和词人自己所处境地的描写，刻画思念的意境，表达内心的深切感受。“绣帏人静”写思妇，“山馆春寒”写行人，两处全然写景，但通过对“静”和“寒”的感受与触觉，将相思的意境烘托出来，更显想念的浓烈和真切。“今宵怎向漏永，顿成两处孤眠”，“漏”指古人计时的工具夜漏，这里代指夜晚，“漏永”意为夜长。今晚如何面对漫漫长夜，两处相思的人却只能孤枕独眠了。“顿”字表现出分离的突然和痛心，有难以接受、不堪忍受的意思，“两处孤眠”则写出了分离后的清冷孤寂。这两句警策传神，如画龙点睛，将全篇一笔叫醒。

引 驾 行

红尘紫陌①，斜阳暮草长安道，是离人、断魂处，迢迢匹马西征②。新晴。韶光明媚，轻烟淡薄和气暖，望花村③、路隐映，摇鞭时过长亭④。愁生。伤凤城仙子⑤，别来千里重行行。

又记得临岐⑥，泪眼湿、莲脸盈盈⑦。消凝⑧。花朝月夕，最苦冷落银屏⑨。想媚容、耿耿无眠，屈指已算回程⑩。相萦⑪。空万般思忆⑫，争如归去睹倾城⑬。向绣帏、深处并枕，说如此牵情。

>注释

①红尘：谓路上所起之尘。紫陌：指京师郊野的道路。
②迢迢：形容道路遥远或水流绵长。戴叔伦《雨》诗："历历愁心乱，迢迢独夜长。"
③花村：花草掩映的村庄。
④长亭：古人送别之处。古时道路每十里设一长亭，故亦称"十里长亭"。
⑤凤城仙子：指汴京佳人。凤城：秦穆公女弄玉吹箫而凤降其城，因号曰丹凤城，其后谓京城曰凤城。
⑥岐：歧路。临岐：临分手时。
⑦"泪眼"句：为"泪眼盈盈湿莲脸"之倒装。莲脸：喻美人脸如莲花。
⑧消凝：因伤感而出神。
⑨银屏：镶银的小屏风。室内陈设物，

能映人影，亦作房中狎昵之用。

⑩屈指：弯起手指计算行程日期，为替佳人设想语，正所谓“计程今日到梁州”也。

⑪相萦：谓被思念之情所萦系。

⑫空万般思忆：尽万般思忆。空：尽。

⑬争如：怎如。

赏析

这首词作于柳永在华州为官的时候，是一篇行旅怀人之作。词的上片写旅途之中所见之景，下片转入怀旧念远，抒发对闺中人的思念之情。

词的起首写词人在长安行旅途中之所见，前朝的古都如今已经满目萧条，行走于此，难免让人伤怀。“红尘”二句，意谓昔日非常繁华的长安道，如今却变得十分萧条。“红尘紫陌”，化用了刘禹锡的诗“紫陌红尘拂面来，无人不道看花回。玄都观里桃千树，尽是刘郎去后栽”。这里形容原来的长安道上车马扬扬、尘霾四起的景象。“斜阳暮草”是说如今的长安在夕阳暮草中荒凉萧索，繁华不再。看到这番景象，令西去的行客心酸肠断。“迢迢匹马西征”交代路程漫长，只身匹马向西而行，途中兴味落寞，黯然神伤。宋时华州属永兴军路，路之治所在长安（今西安市），州之治所在郑县（今县已不存，其地相当于今华阴与华县之间），辖华阴、郑县、渭南、下邦、蒲城五县，其中唯渭南在郑县西。所谓“西征”，可能是去长安或渭南，由上句长安道观之，则似去长安。接下来写途中雨后新晴的明丽景象。下过一场雨天气放晴，阳光明媚，和风温暖，空气中浮

> 题解

《引驾行》，此调有五十二字，一百字，一百二十五字三体，此首一百二十五字，前片十五句六平韵，后片十句六平韵，《乐章集》注仙吕调。《引驾行》是柳永创长调慢词的一个范例。此词作于庆历六年官华州时。词上片写行役中景色，下片怀旧念远，极尽反复吞吐之妙。在词中从紫陌到长亭，从风景到天气，从离别到相思，千转百回，极尽之能事，就是为了给“说如此牵情”蓄势，为“说尽牵情多少话”（宋贺铸《木兰花》之一）营造荡气回肠的氛围。

着淡淡的烟雾。远处花草簇拥的村落中，道路若隐若现。这几句景物描写基调略显轻松明快，看似快乐，实则是一种反衬的方法，用眼前的美丽景色来反衬行役之苦。“摇鞭时过长亭”写旅途的漫长，“时过长亭”即不时地经过长亭，古时官家在道路之上十里设一长亭，五里设一短亭，作为行人休息之所，“时过长亭”即谓已行走了几十里的路程，且长亭又是送别的地方，以此引出词人的离愁别绪。“愁生”后几句转向了离别后对心中女子的怀想，语气也转向哀伤。词人伤怀的是汴京城中的佳人，和她告别以来相隔千里，而自已的旅程还在继续，没有停止。“重行行”谓不停地走，表现出了道路的漫长。“又记得”后两句，回忆临出发时，女子泪眼相送的悲伤神态。“临歧”是面对岔路，意指即将离别上路。“泪眼湿、莲脸盈盈”，勾画出了女子不忍心让词人离去的哀伤之情，这一句的正常语序应为“泪眼盈盈湿莲脸”。词人由旅途的劳苦引起对佳人含泪送别的回忆，引出下片的思念情绪。

下片写思念之情，并非从自身写起，而转写闺中人对自己的思念，使感情交互回环，更显思念悲苦和真切。“消凝”点明相思之情让人伤感销魂。“花朝月夕，最苦冷落银屏。”

写出闺中人的孤单冷清。“花朝月夕”突出时光的美好，“冷落银屏”突出她独守空闺的悲苦。“银屏”是闺中陈设之物，指镶银的小屏风，能映照人影，所以多在闺房之中陈设。温庭筠《南歌子》：“扑蕊添黄子，呵花满翠鬟，鸳枕映屏山。”欧阳修《蝶恋花》：“枕畔屏山围碧浪，翠被华灯，夜夜空相向。”都是银屏能映人的证明。银屏之中人影孤单冷落，可见其苦状。“想娟容、耿耿无眠，屈指已算回程”，想象闺中之人也正在思念着自己，满心愁绪不能入睡，正在屈指掐算着自己返回的路程和日期，“耿耿”指忠诚，也指有心事，这里形容思妇相思之情的深切浓厚。“相萦”以下，又转换角度，从词人自身的位置来写闺中之人，心中被思念之情所萦系，纵然是千万般思念，怎么比得上亲身归去对面相见呢？“空”是尽、用尽的意思，意谓穷尽万般的思忆。“倾城”在这里指代闺中的思妇，古时用“倾城”形容女子容貌之美，可以倾动满城的人。这两句是想象归去见到伊人之后的情景，那是他们在闺房的重重绣帏之中，并枕相向，互相诉说衷情，倾诉着自己是如何如何地牵挂着对方。李商隐的诗《夜雨寄北》，也以同样的方法写思念：“君问归期未有期，巴山夜雨涨秋池。何当共剪西窗烛，却话巴山夜雨时。”现实的阻隔无法克服，但并不能阻碍他们在精神世界的团聚，这是情到深处的自然表露，也是天下有情人萦系心头的梦想。

凤归云

向深秋，雨余爽气肃西郊[1]。陌上夜阑[2]，襟袖起凉飔[3]。天末残星[4]，流电未灭[5]，闪闪隔林梢。又是晓鸡声断，阳乌光动[6]，渐分山路迢迢[7]。

驱驱行役[8]，冉冉光阴[9]，蝇头利禄[10]，蜗角功名[11]，毕竟成何事，漫相高[12]。抛掷云泉[13]，狎玩尘土[14]，壮节等闲消[15]。幸有五湖烟浪[16]，一船风月[17]，会须归去老渔樵[18]。

>注释

①肃：清除，使清净。
②陌上夜阑：行路中已觉夜将尽。陌：田间小路。夜阑：夜残，夜将尽。
③凉飔：凉风，微寒的风。
④天末：天边。
⑤流电：残星的流光。
⑥阳乌：太阳。
⑦山路迢迢：山路很深远。迢迢：指山路深邃。
⑧驱驱：奔走辛劳。
⑨冉冉：同“荏苒”，意为渐渐，形容光阴流逝。
⑩蝇头利禄：小小的利禄。蝇头：喻细小之物。
⑪蜗角功名：意谓功名也不过是微不足道的小事而已。蜗角：喻微小的境

地。《庄子 · 则阳》："有国于蜗之左角者曰触氏，国于蜗之右角者曰蛮氏，时相与争地而战，伏尸数万。"

⑫漫相高：互相轻慢地攀比高下。

⑬云泉：指流云泉水等大自然的美景和风光。

⑭狎玩尘土：戏弄尘世。狎玩：戏弄。尘土：尘世。

⑮壮节：壮烈的节操。此处之"壮节"，不是指建功立业之壮节，而是归隐山林。

⑯五湖烟浪：泛指游山玩水。五湖：其说不一，一谓太湖，见晋张勃《吴录》；二谓指包括太湖在内的周围五个湖，即滆湖、洮湖、射湖、贵湖、太湖，见虞翻《后汉书注》；三谓胥湖、蠡湖、洮湖、滆湖、太湖为五湖，见韦昭《吴越春秋注》。此处泛指天下的江湖。烟浪：烟波。

⑰风月：指美景。

⑱会须：会当，应当。李白《将进酒》："烹羊宰牛且为乐，会须一饮三百杯。"这句的意思是应当及早归去，终老于山林之中。渔樵，指钓鱼打柴的隐居生活。

赏析

词写行役之苦，表达对世俗和官场生活的厌倦之情，流露出归隐之志，是词人晚年对人生的反思和感悟。

上片写行役途中所见之景，以时间的推移和空间的变换组织素材，展现不同的景物，表达内心的无奈和苍凉感受。"向深秋，雨余爽气肃西郊。"首句点明起始的时间和出发点。"深秋"时分，已是景物萧疏，足动文人士子悲秋愁绪。"雨余爽气"是当时的天气特点，雨后天地如洗，更觉秋意渐浓。因天气转冷草木凋零，秋天呈现出肃杀收敛的气象，所以用一"肃"字来描述对秋天的整体感受，即清静萧索之意。"西郊"点明出发地是在某城郭的西郊，又是行役的开始。"陌上夜阑，襟袖起凉飙。"踏上征程，未过多久已是夜深时分，行走在道路之上的征客还没有投宿，深夜之中冷风袭人，直扑衣袖，使人顿觉寒意。"天末残

> 题解

《凤归云》，唐教坊曲名，《乐章集》平韵一百一字者注仙吕调，仄韵一百十八字者注林钟商调。此词为前者，即一百一字，前片十句四平韵，后片十一句三平韵。此词为行役词，从表达的主题来看当为晚年的作品。词的上片写景，下片抒情，表达出对追名逐利的厌倦和对归隐云泉的向往。

星，流电未灭，闪闪隔林梢”，是夜行时所见之景，但是从上下句意思来判断，并没有明确点明有歇止或是起程之意，应是通宿走夜路的一段行程。“残星”表明已是天将破晓的时分，与“夜”“晓”承接，中间并没有停歇迹象。天边还挂着稀疏的残星，流星划过夜空，隔着林梢可以看到闪闪的亮光。流星闪过，倏忽即逝，既是少见的天文景观，又让人生出人生短暂、瞬间即逝的感叹。“又是晓鸡声断，阳乌光动，渐分山路迢迢。”报晓的鸡声已经叫过，太阳光渐渐显现，迢迢的山路也慢慢地能分辨清楚了。这一段路程，从白天走到天黑，又从夜晚走到天亮，凉飙、流电、晓鸡等景物，将行役的漫长过程贯穿起来，使人对行人的心理感受产生强烈的关切。

下片抒情，表达对人生道路的感悟和反思。首韵连用六个短句，概括自己半生的历程和追求目标的虚幻。“驱驱行役，冉冉光阴”，意谓自己长期地在路途上奔走辛劳，光阴渐渐流走，为的是什么目标呢？“蝇头利禄，蜗角功名”，连用两个比喻句，形象地说明自己所追求的东西，现在看来都十分渺小，微不足道。功名利禄，如同蝇头蜗角，都不值一提。“毕竟成何事，漫相高”，到底成就了什么样的事业呢，为了这么一点微小的功名在别人面前漫自夸耀。此时，道家的虚无和出世思想，使他以旷达的态度来看待自己的毕生追求，流露出追悔之意。“抛掷云泉，狎玩尘土，壮节等闲消。”意谓自己抛弃了赏游和投身大自然的快乐，游戏于尘世的风月和官场之间，壮烈的节操被白白地消耗。词人此时对壮节的理解，不再是觅取功名，而是归隐林下，不受世俗羁绊的自由自在。“幸有五湖烟浪，一船风月，会须归去老渔樵。”表述了词人归隐渔樵，享受清静自在的生命乐趣的意愿。幸亏有五湖之上的风烟浪涛，一船的清风明月，可以让他享受大自然的美景，应当及早归去，在山林之中无牵无绊，终老一生。

这首词表明了柳永后期价值取向的明确转变，以议论的方式表达了鄙视利名的观念。与青年时代相比，在攀缘功名受挫时，他愿“把浮名、换了浅斟低唱”，在一种狂傲的洒脱和纵情声色的宣泄中，贪恋的是风月场所的满足。现在他谙尽人生滋味，饱经风霜磨砺，不再流连于偎红倚翠的歌楼坊曲间生活了，他的身心已经疲惫，需要得到憩息怡养，归隐之路，成了他最终的理想选择。

醉蓬莱

渐亭皋叶下，陇首云飞①，素秋新霁②。华阙中天③，锁葱葱佳气④。嫩菊黄深⑤，拒霜红浅⑥，近宝阶香砌⑦。玉宇无尘⑧，金茎有露⑨，碧天如水⑩。

正值升平，万几多暇⑪，夜色澄鲜⑫，漏声迢递⑬。南极星中，有老人呈瑞⑭。此际宸游⑮，凤辇何处⑯，度管弦清脆⑰。太液波翻⑱，披香帘卷⑲，月明风细。

>注释

①渐亭皋叶下，陇首云飞：化用南朝梁柳恽诗。皋：沼泽地。陇首：可释为陇首山，在今陕西、甘肃交界处。亦可释为陇头，田野间。此两句意谓秋云飞处，木叶到处飘落。

②素秋新霁：即秋天刚刚天晴。梁元帝《纂要》："秋曰白藏，亦曰……素秋。"

③华阙中天：意谓皇居壮丽，耸入高空。阙：本谓门两旁所建之楼观，可以观望。此处泛指皇宫建筑。

④佳气：指祥瑞之气。

⑤嫩菊：刚刚开放的菊花。

⑥拒霜：芙蓉之别名。因其艳若荷花，八九月始开，能拒霜冷，故名。

⑦近宝阶香砌：谓嫩菊与拒霜都种在

近台阶之处。

⑧玉宇：华丽的宫殿。南朝宋刘铄《拟古·拟（明月何皎皎）》："玉宇来清风，罗帐延秋月。"

⑨金茎：指仙人承露盘之铜柱。据《三辅黄图》载：汉武帝在建章宫建神明台，台上有金铜仙人，舒掌捧铜盘以盛云表之露。

⑩碧天如水：谓水天一色，形容碧空晴朗而又清净。

⑪万几多暇：谓皇帝在太平盛世多所闲暇，即所谓"垂躬而治"。万几：亦作"万机"，谓皇帝日理万机。

⑫澄鲜：澄朗而又鲜明。

⑬漏声迢递：漏声遥远。迢递：遥远貌。

⑭南极星中，有老人呈瑞：意谓老人星出现，象征天下太平。《晋书·天文志》："老人一星，在弧南，一曰南极，常以秋分之旦见于丙，春分之夕而没于丁。见则治平，主寿昌，常以秋分候之南郊。"

⑮宸游：谓皇帝出游。宸：北极星所在为宸，后借用为皇帝所居，又引申为王位帝王的代称。

⑯凤辇：皇帝的车子。

⑰度管弦清脆：按曲谱奏出的曲子十分清脆悦耳。度：按曲谱奏曲。管、弦：本指管乐与弦乐，此处泛指乐器。

⑱太液：指禁苑池沼。汉武帝营造建章宫，于宫北造大池、渐台，名曰太液池。后泛称禁苑池沼。

⑲披香：即披香殿，汉宫殿名。唐上官仪《初春》："步辇出披香，清歌临太液。"

赏析

这首词是柳永自制曲，为歌颂北宋的太平盛世而作。宋仁宗庆历年间（1042—1044），秋日南极星现，柳永为了由任职地方的初等职官"改官"而入京，特作这一首《醉蓬莱》，希望得到仁宗皇帝的赏识，谁知事与愿违，非但没有招来好运，反而让皇帝对他愈加嫌恶了。

词的上片写秋季京城皇宫的壮丽景象，下片歌颂宋朝帝王的清平统治。因是进呈皇帝的作品，所以词中脱离了现实观察的基础，而一味运用华丽、吉瑞的辞藻，刻画出神仙宫阙一般的境地。

"渐亭皋叶下，陇首云飞，素秋新霁。"意谓秋天雨后放晴的时候，山野之上白云飞动，木叶飘落，秋高气爽。"渐亭皋叶下，陇首云飞"化用了南朝梁柳恽诗，据《南史·柳恽传》："（柳恽）少工篇什，

>题解

《醉蓬莱》，柳永自制曲，《乐章集》注林钟商，九十七字，前片十一句四仄韵，后片十二句四仄韵。

这首词在柳永之中并非上乘之作，但却对柳永的命运产生了重大的影响。有关此词记事，均谓因写此词而得罪仁宗，确系事实。叶梦得谓“永初为上元词，有‘乐府两籍神仙，梨园四部弦管’之句，禁中多称之。后因秋晚张乐，有使作《醉蓬莱》词以献，语不称旨，仁宗亦疑有欲为之地者，因置不问”。

为诗云：‘亭皋木叶下，陇首秋云飞。’琅邪王融见而嗟赏，因书斋壁及白团扇。”这两句中的“亭皋”“陇首”都是虚指，而不是具体指某个地方。“素秋”指秋天，因秋天木叶脱落，天地间一片素静，故称为素秋。“华阙中天，锁葱葱佳气”，形容辉煌壮丽的皇宫高耸空中，笼罩着一片葱茏的祥瑞之气。“嫩菊黄深，拒霜红浅，近宝阶香砌。”描写皇宫的台阶两边，刚刚开放的菊花一片金黄，木芙蓉花一片淡红，使台阶更显华贵而芳香飘荡。“玉宇无尘，金茎有露，碧天如水。”华丽的宫殿一尘不染，铜柱之上凝结露珠，碧空晴朗，天色如水。“玉宇”指华丽的宫殿。南朝宋刘铄《拟古·拟（明月何皎皎）》：“玉宇来清风，罗帐延秋月。”“金茎”指仙人承露盘的铜柱。上片对皇宫的描写，极尽华词丽语之能事，景物的描写化用的是古人名句，“华阙”“佳气”“宝阶香砌”“玉宇”“金茎”，这些词语衬出了皇宫的不同凡响，而鲜花拥簇，花香飘溢，天空一碧如洗，清澈无尘，将皇宫描写的如同神仙府第，没有一点儿人间气息。

下片描写太平盛世皇帝歌舞升平的生活。“正值升平，万几多暇，夜色澄鲜，漏声迢递。”意谓正值太平时期，皇帝治理有方，而多有闲暇。夜色清朗澄明，更漏之声从远方传来。这几句描述老人星显现的背景，因为太平盛世，皇帝垂躬而治，天下百姓安居乐业，所以才会在夜色澄明的时分出现老人星。“万几”，也作“万机”，指皇帝日理万机，这里用来指代皇帝。“几”指事物的微小状态，尚处在发展的萌芽时期。“漏”指更漏，“迢递”形容遥远。“南极星中，有老人呈瑞”，意为老人星出现了，象征着天下太平。“此际宸游，凤辇何处，度管弦清脆。”皇帝巡游宫中，他乘坐的车子停留在哪里呢？只听到按曲谱奏出的乐曲十分清脆悦耳。“宸”指北极星所在处，这里指皇帝。“度管弦清脆”一句中，“度”指按曲谱奏曲。“管”和“弦”分别指代管乐和弦乐，合在一起泛指各种乐器。“太液波翻，披香帘卷，月明风细。”意谓皇宫之中太液池上波涛翻卷，披香殿上帘幕卷起，明月之中，微微地吹来阵阵清风。

柳永入仕以后，长期担任地方初等官职，他渴望升迁为京官，曾经为“改官”之事进行活动。据宋人王辟之《渑水燕谈录》卷八记载：“皇佑中，（柳永）久困选调，入内都知史某，爱其才而怜其潦倒。令教坊进新曲《醉蓬莱》，时司天台奏老人星现。史乘仁宗之悦，以耆卿应制。耆卿方冀进用，欣然走笔，甚自得意，词名《醉蓬莱慢》。比进呈，上见首有‘渐’字，色若不悦。读至‘宸游凤辇何处’，乃与御制真宗挽词暗合，上惨然。又读至‘太液波翻’，曰：‘何不云波澄？’乃掷之于地。永自此不复进用。”可见要想讨好皇上也不是很容易的事，柳永自鸣得意的作品，却让仁宗皇帝大为不悦，这种结果与其初衷相差何其之大，确是一个初等小官无法预见的事情。

采 莲 令

月华收、云淡霜天曙①。西征客、此时情苦②。翠娥执手，送临岐、轧轧开朱户③。千娇面、盈盈伫立④，无言有泪，断肠争忍回顾。

一叶兰舟，便恁急桨凌波去。贪行色、岂知离绪。万般方寸，但饮恨、脉脉同谁语⑤。更回首、重城不见⑥，寒江天外，隐隐两三烟树。

>注释

①月华收：指月亮落下，天气将晓。霜天：指秋天。

②西征客：西行之客。

③翠娥：指美女。临岐：岔路口，此指临别。轧轧：拟声词，唐许浑《旅怀》诗："征车何轧轧，南北极天涯。"

④盈盈：形容仪态姣好。

⑤方寸：本谓心，此指心绪。见《列子·仲尼第四》："文挚乃命龙叔背明而立，文挚自后向明而望之，既而曰：'嘻！吾见子之心矣，方寸之地虚矣。'"脉脉：含情貌。

⑥重城：此指都城。唐李白《鼓吹入朝曲》："槌钟速严妆，伐鼓启重城。"

>题解

《采莲令》，柳永自制曲，《乐章集》注双调，九十一字，前后片各八句四仄韵。这首词系柳永自汴京西去时的离别之作。这首送别词，既表现了送行者的无限依恋，也抒写了行人的感怀。把送别和别后相思的情景，层层铺开。深刻细致地写出了人物的感受。最后以景结情，备觉有情。

赏析

这是一首送别词，但并非自己送别人，而实为别人为自己送行的告别之作。词中的女子美丽多情，与自己难分难舍，但是前路漫漫，兰舟催发，不得不执手送别，惜别留恋之情令人痛绝方寸。

开篇“月华收、云淡霜天曙”叙写送别的时间和景物，时间应是霜天凄冷的秋夜黎明时分，这时，月光暗淡，即将收敛起它的光华，天边露出淡淡的微云。此时，词人即将告别上路，他心中关切的，只怕时间过得太快，出发的时间临近，而无暇去交代告别的地点和场景。他直抒胸臆，表露与爱人告别的苦闷。“西征客、此时情苦”，他即将西行为客，不得不告别深爱而又眷恋不舍的爱人。“翠娥执手”以下六句，皆为描写女子送行时的情态。“翠娥”指美女，这里指为自己送行的女子。“临歧”指面临即将分手的歧路，即将告别之意。“轧轧”是拟声词，摹写启开朱门的声音。这两句的正常语序应是“轧轧开朱户，翠娥执手，送临歧”，写出了两人执手相送的依依不舍。对这位女主人公的刻画，也是用了一组特写的镜头，她执手相送，脸上千娇百媚，然而娇中含悲，眼中带泪，盈盈地伫立岸头，望着行人不舍分手，心中肝肠欲断，怎么能忍心回顾分手以后的日子呢。

下片重在表现别离之后心中之痛。“一叶兰舟，便恁急桨凌波去”，早早地起程上路，足见路程之远行程之急。执手相送，只怕要马上离去，而一旦出发，又恨这小船走得如此快疾。一个“恁”字便道出他的心绪，其中含有“为什么如此之快”的责怪意思，因为船行越快，便离她越远了。“贪行色、岂知离绪”，是在抱怨那驾船的人了，光知道急着赶路，怎么能体会到分别的人心中的离情别绪呢？“万般”两句，直击心中的千愁万绪，表达自己的思念之情，和思念而无处可诉的悲苦。“方寸”指心，因心中乃方寸之地，所以以方寸指代。“饮恨”形容痛恨离别的情绪之深，“脉脉”则表现出相思的情意之深，心中的万千愁恨向谁表白，脉脉深情向谁诉说？他的心中痛恨、留恋，无限感慨。这里正在抱怨舟行之速，再回首已经远在江湖了。“更回首”三句，写出了旅途之中，眺望不见的笼罩着愁绪的江水景象。他想要再看一眼送别的人，但是连城郭也望不见了，更何况是人呢？只能看见隐隐约约的烟树而已。一顾再顾，足见他步步流连的深情。

这首词的结尾开阔而朦胧，与起首相呼应，这种以景结情、落句含思谋的手法，大有“曲终人不见，江上数峰青”（唐钱起《省试湘灵鼓瑟》）的妙趣。日本僧人遍照金刚的《文镜秘府论》对此有一段精辟的论述：“含思落句势者，每至落句，常须含思，不得令语尽思穷，或深意堪愁，不可具说。”意思是说词的结句之处若过于写实，不留余地，便会堵死读者的通道；只有寓实于虚，才能空灵蕴藉，才能有效地调动读者的再造想象。这首词的结尾处，如果回头而望，人物俱有，便少了意趣，只有人不见，城亦不见，只见烟树渺渺，才会令读者为之遗憾，为之共鸣。这种以景结情，落句含思的手法，正是柳词继承传统文人诗词的证明。柳永善写离愁别绪，这首《采莲令》，与柳永的另一名作《雨霖铃》可作为姐妹篇来读，两首词的题材相似，情境相似，感受相似，不同之处在于这一首写得简约，而另一首写得繁密；这一首写得含蓄，而另一首写得深刻，同工异曲，各尽其妙，从中足见柳永的才情之富和经历之曲折。

戚　　氏

晚秋天①，一霎微雨洒庭轩②。槛菊萧疏③，井梧零乱，惹残烟④。凄然。望江关⑤。飞云黯淡夕阳间。当时宋玉悲感，向此临水与登山。远道迢递，行人凄楚⑥，倦听陇水潺湲⑦。正蝉吟败叶，蛩响衰草⑧，相应喧喧。

孤馆⑨，度日如年。风露渐变，悄悄至更阑⑩。长天净，绛河清浅⑪，皓月婵娟⑫。思绵绵⑬。夜永对景那堪，屈指暗想从前。未名未禄⑭，绮陌红楼⑮，往往经岁迁延⑯。

帝里风光好，当年少日，暮宴朝欢。况有狂朋怪侣⑰，遇当歌对酒竞留连⑱。别来迅景如梭⑲，旧游似梦，烟水程何限⑳。念名利憔悴长萦绊。追往事、空惨愁颜。漏箭移，稍觉轻寒㉑。听呜咽画角数声残㉒。对闲窗畔，停灯向晓㉓，抱影无眠㉔。

>注释

①晚秋天：谓秋天向晚时分。
②一霎：指一阵，顷刻。庭轩：指庭院的长廊。
③槛：菊圃周围的护栏。
④井梧：井旁梧桐。零乱：梧桐黄叶纷纷落下。残烟：指梧叶飘洒时，叶上雨珠散落造成的水雾。
⑤江关：江河关山，也指故乡。
⑥凄楚：凄凉悲哀。

⑦陇水：河流名，源出陇山，故名。潺湲：水流声。
⑧蛩（qióng）：蟋蟀。
⑨孤馆：谓一个人孤独地住在客馆。
⑩更阑：更残夜深。
⑪绛河：天河的别名。
⑫"皓月"句：月色明媚漂亮。
⑬思绵绵：思绪不断。
⑭未名未禄：谓名利俱无。实际上柳永此时已官至州通判阶，在此不过是嗟叹官职低微而已。
⑮绮陌红楼：指歌伎所居处。
⑯经岁：一年又一年，谓时间很长。
⑰狂朋怪侣：谓狂放恣肆、不拘礼节的朋友。朋、侣：相对为文，即朋友。狂、怪：狂放恣肆，不拘礼节。
⑱当歌对酒：面对着歌酒。
⑲迅景如梭：犹云光阴如梭，比喻时间过得很快，就像穿梭一般。
⑳烟水程：指茫茫无边的征程。
㉑漏箭：漏壶上之箭，用以指刻度，漏滴则箭移，以计时间。
㉒呜咽：形容画角的声音低沉悲愁。画角：古时军中用声音传递信号的一种工具。
㉓向晓：到晓，到天明。
㉔抱影：亦作"抱景"（yǐng），守着影子，形容孤独。

赏析

《戚氏》的曲调是柳永创立的长调慢词，全词长达二百一十二字，是慢词中字数最多的体制之一。全词分上、中、下三片，通篇音律谐协，句法活泼，平仄韵位错落有致。这首词以时间为统摄全篇的线索，上片描写晚秋微雨后的薄暮景象，中片写入夜更阑后清宵独处的黯淡心情，下片则写深夜将晓时分，对少年时代寻欢作乐生活的回忆，并抒发了往事如梦的悲怆感慨。全词重在表现远旅独宿的行人悲秋伤感，对功名未就、一事无成，而前程渺茫、年光虚度的颓唐心境，是柳永词作中的名篇。这首词流传极广，在当时有"《离骚》寂寞千年后，《戚氏》凄凉一曲终"的称誉。

词的上片描写暮秋时节的萧疏景象，集中呈现了能勾起旅人愁肠与伤感的种种意象，并为全词定下凄楚伤感的感情基调。首句交代时间、主人公所在的处所和当时的情景。晚秋时节，刚刚下过一阵微雨，庭前窗下，一片凄凉冷落之感。"一霎"句，谓一阵微雨洒在了庭院的长廊上。接下

>题解

《戚氏》，调始自柳永，为柳永自制曲，《乐章集》注中吕调，二百一十二字，前片十五句九平韵，中片十二句六平韵，后片十六句六平韵，是宋词中第一个使用这样大容量的长调。它的长度仅次于后来出现的二百一十四字的《胜州令》和二百四十字的《莺啼序》。这首词可谓词人一生的总结，浸透着悲苦凄凉的情感。全词三叠，抒写从黄昏到天明的思绪情怀，以时间为顺序展开铺叙，将往昔、现实、写景、抒情、叙事结合在一起，回环往复，笔势波澜纵横，声韵谐婉，脉络清晰。南宋词学家王灼引述前辈的话说："《离骚》寂寞千年后，《戚氏》凄凉一曲终。"（《碧鸡漫志》卷二）这可见《戚氏》曾受到当时人们的重视，认为其凄凉悲怨的情调可以与屈原的《离骚》相提并论。

来的三句，词人转移视角，审视周围的秋景、秋色。他看到篱边的菊花已经凋零稀疏，井旁的梧桐衰叶凌乱，在雨后笼上了淡淡的烟雾。"槛菊萧疏"谓雨打菊残，零乱萧条，故云萧疏。"井梧"句意谓雨打叶落，水雾点点。因梧桐叶大，容易遮阳挡雨，故唐宋时多于井旁植梧。如唐彦谦《红叶》云："薜荔垂书幌，梧桐坠井床。"陆游《秋思》："黄落梧桐覆井床，莎根日夜泣寒蛩。"以上五句写近景。接着，作者将目光投向远方，并由远处的景物而联想到古人，抒发了思古之幽情。他心情凄然地远望江河与关山，但见飞云阴沉黯淡，夕阳低垂若闲。"飞云"句：谓看不见江关，只能看见飞云暗淡，夕阳明灭。这里以"黯淡"写飞云，实际上关涉到了心情和云色的双重黯淡。而用一"间"字来写夕阳，看似平淡，实则既有拟人的意味，又与云的飞动形成了明显的动静互衬，正所谓平字见奇，朴字见色。词人心情凄然，对着秋景而动愁思，放逸胸怀，不免将心思投向了"悲秋"情绪的创始者宋玉。"当时"二句引出了宋玉悲秋的旧事，意谓无怪宋玉的悲感是在登山临水时才产生的，将悲秋的情绪做进一步的阐发。"摇落深知宋玉悲"，战国时楚国的宋玉在《九辩》中曾写下悲秋的名句，并开文人临秋色而悲怀的先河，而这些人也因此得到“秋士”的名号。“远道”三句，又由寄寓馆舍而想到前路的漫长，行人的心情是凄楚的，凄凉到心生痛楚，而他们的脚步是沉重的，早已感到倦怠而步履维艰。“倦听陇水潺湲”，透露出了作者的行踪和行旅的艰难，意谓听倦了陇水的潺湲声。陇水，河流名。李白《秋浦歌》之二：“青溪非陇水，翻作断肠流。”王琦注引《陇头歌》：“陇头流水，鸣声幽咽；遥望秦川，肝肠断绝。”足见陇山、陇水皆险恶，容易引发行人乡关之思。前路茫茫，行人凄楚，陇水潺湲，其悲可知，这种情绪将如何发落？接下来笔锋一转，融情于景，用极富秋意的景物来深化这种情绪。“正蝉吟”三句，谓寒蝉在败叶中悲鸣，蟋蟀在衰草里绝唱，两相呼应，让客子的心情变得更加沉重了。上片的景物描写极具秋意，同时又用“凄然”“悲感”“凄楚”这些字眼，为全篇定下了感情基调。

中片另辟蹊径，通过流连夜景表露缠绵的思绪，追怀昔日的游乐生活，而发出一事无成的悲叹，表现的是客子的失意情绪。前四句以“孤馆”点明情境，接下来全是描写时间推移的句子，在孤寂清冷中时光流转，悄然间到了深夜。“度日如年”形容时间之慢，无意间时光难度，“风露渐变，悄悄至更阑”形容时间的不易知觉，无意间时光已逝。随着夜深更阑，天空中展现出了一幅令人心旷神怡的景观，词人的心情也发生了很大变化，经历了由孤寂沉重到神思飞扬，由思绪绵绵到回忆留恋，由叹息功名未就到甘愿迷途不返的曲折的心路变化。“长天净”三句，刻画出了秋夜天空的美丽景象，但见长空明净，银河清浅，明月皎洁，使旅人愁苦的心绪得到了片刻的欢愉，也勾起了他对美好生活的回忆与留恋。绛河指天河，古代观天象以北极为基准，天河在北极之南，南方属火，尚赤，因借南方之色称之，故曰“绛河”。“思绵绵”三句抒写内心感受，突现现实处境与内心追求的矛盾带来的精神痛苦。词人由眼前的美景回想到曾经的美好时光，而这些又与眼下的处境如此相左，因此让他痛苦不堪。暗想起从前的生活，他曾经有过长期放浪形骸的状态，可以看出他在功名与放纵之间是有所取舍并且心甘情愿的。虽然功未成名未就，他依然是只顾在烟花柳巷之中偎红倚翠，经年累月，流连忘返。中篇虽简短，但在表达上多种方式并用，在手法上虚实相生，动静互现。词人的思绪在深广的时空中跳宕变换，行文流转自如，气脉通畅。

下片承接“经岁迁延”的回想，继续叙写少年时期的快意生活。“帝里风光好”三句指明那是在京城徘徊的时日，“风光好”与“年少”相合，也指当时的欢娱时光。“暮宴朝欢”，这种生活是多么频繁。“况有狂朋怪侣，遇当歌对酒竞留连”，更加上他还有一帮狂放恣肆，不拘礼节的朋友，遇到了歌舞酒宴的场面，就往往流连其中，不肯轻易放过。这几句写出他狂放不羁的少年生活，也补足了“暗想”到的内容。“别来迅景如梭”，在回忆的虚写之后转向实写景物，用“别来”完成了转换过渡，“迅景如梭”用比喻表示时光如梭，过得很快。“旧游似梦，烟水程何限”，过去的生活恍然如一场梦，眼前的征程还茫茫无边，没有尽头。“念名利憔悴长萦绊”一句谓思念起过去，常常让名利萦绊着自己，因而憔悴不堪。这一句指出造成他歌酒流连和漂泊羁旅的根本原因，对名利的追求使他身心疲惫，但是却无法做到超然不顾，封建社会读书人的科场情结和仕进梦想深深地铭刻在他们的心里，与血液融在一处。“追往事、空惨愁颜”，追想起过去这些事（指为名利而奔波之事），实在觉得是愁惨，他回想过去的结果是名利的落空和心境的惨淡。“漏箭移”至结束的五句，再一次回到现实中来，描写长夜向晓的时间变换和内心感受，其写时间的多变手法与高超技巧，与中片前四句所相似而又毫不雷同。“漏箭移”两句谓随着时间的推移，渐渐夜深了，感觉到一阵寒意。“听呜咽画角数声残”，谓在黄昏时分传来画角呜咽的声音。画角是军中的号角，有人认为始自黄帝，也有人以为本出胡羌，用以应胡笳之声。其形上大下小，以竹木或皮或铜做成，外形彩绘装饰，故名画角。其声哀厉高亢，闻之令人兴奋，故军中用来报时“以惊昏晓”。“停灯向晓，抱影无眠”形容孤独的情形。“抱影”出自晋左思《咏史》之八："落落穷巷士，抱影独空庐。”末句为全篇词眼，尽现客子在旅途中的孤苦感受和伶仃况味，为我们传神地勾画出一个对窗伤神、形影相吊的天涯倦客形象。

图书在版编目（CIP）数据

中国古典诗词名家菁华赏析. 柳永 / 马玮主编. —
北京：商务印书馆国际有限公司, 2013.9
ISBN 978-7-80103-998-9

Ⅰ. ①中…　Ⅱ. ①马…　Ⅲ. ①宋词—诗歌欣赏　Ⅳ.
①I207.2

中国版本图书馆CIP数据核字（2013）第159542号

ZHONGGUO GUDIAN SHICI MINGJIA JINGHUA SHANGXI.LIUYONG

中国古典诗词名家菁华赏析. 柳永

商务印书馆国际有限公司出版发行

（北京市东城区史家胡同甲24号　邮编：100010
电子信箱：*cpinter@public3. bta. net. cn*）

责任编辑：解洪科
责任校对：陈桂杰
封面设计：皓　月
插图临摹：石　径
全国新华书店经销
发 行 热 线：（010）65598498　　传真：（010）85118347
编辑部电话：（010）65122489
北京信彩瑞禾印刷厂
字数：235千字
开本：850×1168　1/32　　印张：10
2014年1月第1版第1次印刷
定价：19.80元

如有印装质量问题，请与我公司联系调换。